IMPROVING SELF-ESTEEM STEP BY STEP

# 자신감을 키워라

BOOST YOUR CONFIDENCE

BOOST YOUR CONFIDENCE

# 자신감을 키워라

멜레니 파넬 지음 /김주희 · 조미경 옮김

도서출판 예림

## WRITERS

Melanie Fennell 박사는 임상심리학자이자 세계적으로 알려진 낮은 자신감 전문가이다. UK에 최초로 인지요법을 소개한 임상 연구원일 뿐만 아니라 인지 요법과 훈련 분야에서 세계적으로 명성이 자자한 옥스퍼드 인지 요법 센터(OCTC. Oxford Cognitive Therapy Centre)의 설립 멤버이다.

옥스퍼드 대학교 정신 의학과에서 몇 년간 연구원으로서 일했으며, 광범위한 감정 문제에 대한 정신 치료가 발전하는 데 공헌하였다. 환자들을 돌보면서도, 낮은 자신감을 연구하는 주요 국제 인지 협회의 많은 연구실을 운영하며 연구 보고서를 발표했다.

또한 그녀는 베스트셀러 『Overcoming Low Self-Esteem』의 저자이기도 하다.

이 책은 의학적 조언이나 치료를 대신하려고 만들어진 것이 아니기 때문에 의학적 치료가 필요한 사람은 의사나 적절한 치료사를 찾아가 상담을 받아야 한다.

김 주 희

현대 오일뱅크 인사부문 상무 겸 자문위원, 윌슨러닝코리아 HR 컨설턴트 겸 Master Trainer, 금호아시아나 인재개발원 서비스컨설팅 팀장, 아시아나항공 공채 1기 승무원을 지냈다.
현재 서울여대 겸임교수이자 (사)아시아태평양 마케팅포럼 사무총장을 맡고 있고, (사)한국액션러닝협회 부회장, 대한민국 명강사 선정위원, 청와대 위민포럼 자문위원, 고용노동부 여성고용정책 자문 등을 지내고 있다.

저서로는 『매너백서(2008) – 북 폴리오 How to be well-mannered』가 있고, 『Coaching Question(2010)–동쪽나라』, 『현명한 코칭이 인재를 만든다(1999,2002)–중앙경제평론사』 등을 번역했다.

조 미 경

국내 최고의 비주얼 이미지 컨설턴트이자 CMK 이미지 코리아 대표를 맡고 있다.
아모레퍼시픽 뷰티아카데미 창설 멤버이며, LVMH그룹 겔랑화장품 임원, SBS 뷰티아카데미 대표 원장을 역임했다.
현재 국내 유수기업과 공기업, 금융, 유통업체에서 이미지 메이킹 강의. 문화체육관광부 주최 장차관급 미디어트레이닝 등 정치인과 기업 CEO, 임원급의 개인 PI를 진행하고 있다.

저서로는 『퍼스널 컬러리스트』, 『프리젠테이션 코칭북』이 있다 .

**자신감을 키워라** BOOST YOUR CONFIDENCE

2011년 12월 26일 초판인쇄
2012년 1월 9일 초판발행

**옮긴이** 김주희 조미경
**발행인** 석종환
**발행처** 도서출판 예림
**디자인** 이지언
**교 정** 소지숙 손정원 황성은

ISBN 978-89-6475-025-4

서울특별시 성북구 안암동 4 가 28-1 경호빌딩 505호
Tel: 02) 921-6045~6 Fax: 02) 921-4524
E-mail : yaelim21c@hanmail.net
www. yelimbook.com

정가 11,000원

● 잘못된 책은 바꾸어 드립니다.

# CONTENTS


1 자신감이 중요한 이유 1
*Why confidence matters*

2 낮은 자신감은 어디서부터 시작되는가? 16
*Where does your low self-confidence come from?*

3 자신에 대해 좀 더 알아보기 43
*Getting to know you*

4 당신을 힘들게 하는 불안을 멈추는 방법 61
*How to stop anxiety holding you back*

5 자기 내면의 비판에 도전하기 89
*Challenging your inner critic*

6 있는 그대로의 자신을 받아들이자 118
*Accepting your Rules for Living*

7 삶의 원칙 변화시키기 150
*Changing your Rules for Living*

8 당신은 어떤 사람이 되고 싶은가 182
*Who would you like to be?*

9 미래를 설계하라 219
*Shape your future*

# FOREWORD

혹시 당신은 살을 빼지 못해 안달이 나 있지는 않은가? 날씬한 몸매만이 당신의 행복을 좌우할 수 있다 생각하고, 언제나 그것만을 신경 쓰고 있지는 않은가? 아니면, 남들이 자신의 좋은 의견을 가로채도 말도 못 하고 끙끙 앓는다든지, 길에서 마주친 지인이 자신에게 인사를 하지 않았다 하여 분명히 저 사람이 나에게 화가 난 것이라고 자책하며 고생하고 있지는 않은가?

이 책은 당신이 날씬하지 않아도 아름답다고 둘러댄다거나 혹은 누가 당신에게 인사하지 않은 것에 대한 이유를 만들어 내며 단순하고 무책임하게 얼버무리는 해결책을 제시하지 않을 것이다. 훨씬 자세하고 친절하게 설명해 주면서 당신의 손을 잡고 그보다 높은 경지에 이르도록 함께 걸어 줄 것이다.

당신은 아주 작은 것을 놓치고 있다. 당신에게 있는 장점, 남들보다 우월한 점, 일상의 소소한 행복들과 남들이 반했던 매력까지도 단 하나의 단점이나 자격지심 때문에 못 보고 지나치고 있는 것이다. 당신은 혹시 완벽주의자인가? 완벽주의자는 자신감이 충만해 보이지만 실은 그 반대이기 때문에, 하나라도 마음에 들지 않는 것이 있다면 모든 일을 팽개치고 그 일에 매달리곤 한다. 그것은 당신이 진실한 자신을 마주하지 못했기 때문이다. 당장은 이해할 수 없겠지만 이 책을 읽다 보면 그에 대한 해답을 알게 될 것이다.

당신이 어떤 이유로 자신감 없고 보잘 것 없는 사람이라고 생각하게 되었는지부터 시작하면 어떻게 해야 당신이 생각한 것 이상의 자신을 발견할 수 있는지 차근차근 짚어나갈 수 있을 것이다. 이 책은 여러 가지 단계별 연습표를 제시하고 있다. 그것들을 꾸준히 따라하다 보면 당신이 정말로 좋아하는 일은 무엇인지, 어떤 생각을 하고 있었는지, 또 자신에게 얼마나 상처 주고 있었는지 깨닫게 될 것이다.

이 책은 내 인생과 주변 사람들, 나에 대해 새롭게 바라볼 수 있는 눈을 키워 주었다. 『자신감을 키워라』가 많은 사람들에게 도움을 줄 수 있기를 바라며 책을 준비하는 동안 많은 도움을 주신 예림출판사의 석종환 사장님 및 직원에게 깊은 감사의 마음을 전한다.

2011년 12월

옮긴이

# 1

# 자신감이 중요한 이유
WHY CONFIDENCE MATTERS

당신은 자신만의 비밀스러운 인생 비전 Vision 을 가지고 있는가? 어쩌면 사랑하는 사람과 행복하게 사는 모습을 상상할 수도 있고 열정적으로 일하는 자신을 꿈꿀 수도 있다. 또는 좀 더 건강하고 에너지 넘치는 모습을 그릴 수도 있다. 그렇다면 이렇게 꿈꾸는 삶이 왜 손에 잡힐 듯 잡히지 않는 것일까?

당신은 그 이유에 대해 이미 알고 있을 수도 있다. 어쩌면 자신도 모르는 사이에 "그것은 비현실적이야. 상황이 어려웠어. 운이나 기회가 없었어"라며 스스로에게 변명을 하고 있는지도 모른다. 혹은 당신 안의 무언가가 꿈을 이루는 것을 방해하고 있다는 느낌을 받을 수도 있다.

현재 자신이 살아가는 방식이 미래를 만든다고 생각해 본 적 있는가? 그렇다면 당신의 생각이 맞다. 우리의 깊은 내면에는 인생의 모든 면에 강력한 영향을 주는 무언가가 있는데, 그것이 바로 '자신감 Self-confidence' 이다.

당신이 알고 지낸 사람들 중 자신감이 넘치는 사람을 떠올려 보자. 그들에게서 무엇을 배울 수 있는가? 그들은 처음부터 자신감이 넘쳤는가? 천부적으로 인생의 역경을 잘 견디고, 힘들 때 그것을 인생의 또 다른 기회라고 여기는가? 늘 새로운 경험이나 모험을 즐기며, 열정과 진솔함, 열린 마음을 스스럼없이 보여 주는가?

분명 자신감이 자신의 경계를 무너뜨리고 모험적인 삶을 살게 해 주는 것은 맞다. 하지만 자신감이 있다는 것이 단순히 목소리가 크고 외향적이라거나 늘 분위기를 주도하는 것을 말하지는 않는다. 또한 자신이 최고라고 생각하는 '자만' 도 아니다. 진정한 자신감이란 자기 스스로가 행복을 느끼는 것이다. 내면의 자신감은 믿을 수 있는 가장 친한 친구와도 같으며, 팀을 하나로 뭉쳐 주는 응원단과 같은 역할을 한다. 또한 좋아하는 친구를 대하듯 친절하고 상냥하게 자기 자신을 대할 수 있도록 해 주며, 자신이 가장 관심 있는 것에 대해서 주저 없이 행동할 수 있게 한다. 뿐만 아니라 당신을 최고의 파트너, 친구, 부모가 되게 함으로써 당신 주변 사람들의 삶을 향상시켜 주기도 하고, 자신의 내재된 역량과 가능성을 믿으며, 최대한 능력을 발휘할 수 있게 해 준다.

당신이 이 책을 집어 들었다면 이미 당신은 부족한 자신감이 스스로의 삶에 어떤 영향을 미치는가에 대해 깨닫고 있을 가능성이 크다. 다음 질문들을 자신에게 던져 보자.

## ● 왜 타인과의 관계 Relationships 가 제대로 지속되지 않는가?

다른 친구들은 다 짝을 찾았는데 왜 나만 항상 싱글인지 생각해 본 적 있는가? 새로운 관계가 항상 처음의 기대에 못 미치진 않는가? 혹은 악영향을 주는 부정적인 관계나, 늘 똑같은 관계 패턴에서 빠져나올 수 없는가? 남들이 나를 인정해주지 않거나 비판하는 것에 대해 상처 받고, 그들이 날 좋아하지 않는다는 생각에 참을 수 없는가? 또는 당신이 불평하지 않기 때문에 종종 친구나 동료들이 당신을 이용한다고 생각한 적 있는가? 당신은 잘 모르는 사람들과 함께 있을 때 불편함을 느끼는가? 친구들과 만나면 자꾸 겉도는 이야기만 하게 되는가? 모든 이들을 즐겁게 해 줘야 한다는 강박감을 갖고 있다거나 분위기 메이커가 되지 못하면 사람들이 당신을 잘 몰라줄 거라고 생각하는가?

Meena 미나 는 늘 자신이 다른 사람들보다 열등하고 내세울 만한 게 없다고 생각하며 자랐다. 어른이 된 Meena는, 그녀로부터 끊임없는 관심을 요구하지만 정작 그 관심을 돌려주지는 않는 이기적인 남자에게 자꾸 빠지는 경향이 있다.

## ● 왜 나의 경력Career은 진전이 없는가?

당신은 지금 하고 있는 일에 대해 불만이나 따분함을 느끼는가? 혹은 잦은 야근을 하거나, 일에 대한 인정이나 보상을 제대로 못 받고 있다고 생각하는가? 실패라는 두려움이 자신을 늘 따라다니며 괴롭히진 않는가? 당신은 자신이 이룬 것들이나 재능, 노력에 대해 좀처럼 만족하기 어려운가? 늘 좀 더 잘할 수 있었다고 생각하는가? 당신은 편안한 일상이 틀어지게 될까봐 도전이나 상황을 일부러 피하고 있지는 않은가? 뭔가 더 배우고 싶은 것이 있어도, 잘 못할 것 같아서 아예 시도조차 해 보지 않는가?

Kevin 케빈은 난독증 Dyslexia 때문에 학창시절을 매우 힘겹게 보냈으며, 자기 자신을 '바보'라고 생각하며 자랐다. 그는 몇 년간 똑같은 단순 업무에만 종사했고, 그의 매니저로부터 승진 제의도 받았지만 거절했다. 나중에 다른 사람들이 그가 얼마나 어리석은지 알아챌 거라 생각했기 때문이다.

### ● 왜 나는 살을 뺄 수 없는가Lose weight?

당신의 옷장은 작아서 못 입는 옷들로 넘쳐나진 않는가? 좀 더 날씬했다면 지금과 다른 스타일의 옷을 입었을까? 자신이 뚱뚱하고 매력적이지 않다는 생각 때문에 사적인 모임을 피하거나, 균형 잡힌 식사를 하려고 노력하지만 늘 포기하게 되는가? 몸에 안 좋은 줄 알면서도 술을 많이 마시고, 담배를 피우거나 마약을 하진 않는가? 몸이 아파도 휴가를 내거나 남에게 도움을 요청하는 일이 없는가? 스스로에게 보상을 하거나 휴식 시간을 갖기가 어려운가?

Nicki니키는 늘 에너지 넘치고 활발한 아이였으나 18살이 되면서 뚱뚱해졌다. 그녀는 15년 이상을 늘 요요 현상에 시달려 왔으며, 아침에 재는 몸무게와 온종일 무엇을 먹었는지에 따라 하루의 기분이 좌우된다.

## 건강한 자신감이란 무엇인가?
What is healthy self-confidence?

건강한 자신감을 갖기 위해 반드시 특별한 사람이 될 필요는 없다. 대부분의 평범한 사람들도 모두 가지고 있기 때문이다. 그러나 건강한 자신감을 갖고 있다는 것이 꼭 모든 면에서 뛰어나다는 뜻은 아니다. 있는 그대로의 자신의 모습을 받아들이는 것이며, 무엇이 자신에게 중요한지 깨닫고 그 가치에 따라 사는 것이다. 만약 건강한 자신감을 가지고 있다면 당신은 …

- 주변 사람들로부터 인정을 받고 싶어하지만, 만나는 모든 사람들이 모두 자신을 좋아해 줄 것이라고는 기대하지 않는다.
- 관계 속에서 당신이 필요한 것과 감정을 잘 표현하며, 도움을 잘 요청하는 동시에 남을 잘 도와줄 것이다.

- 살면서 상처를 받거나 근심과 같은 부정적인 감정들을 피할 수 없다는 것과 잘 대처하는 법을 알고 있으며 그 속에서 교훈을 얻을 것이다.
- 자기 자신을 위한 현실적이고 융통성 있는 목표를 세우고, 목표 달성 여부만큼이나 목표를 향해 가는 과정 또한 즐긴다.
- 스스로 휴식 시간을 만들며 쉬거나 놀 때 죄책감을 느끼지 않는다.

## 사람은 정말 변할 수 있을까?
Can people really change?

그렇다, 우리는 신경과학 Neuroscience 덕분에 그 사실을 증명할 수 있다. 상상력은 당신이 생각하고 행동하는 방식을 변화시킬 뿐 아니라 자신이 갖는 감정까지도 변화시킬 수 있다. 이는 사실 뇌의 구조를 바꾸는 것인데, 과학자들은 이 현상을 '신경 가소성 Neural plasticity'이라 말한다. 처음에는 생각하는 습관과 행동을 고치는 것이 인위적이고 어렵게 느껴질지라도 편안하게 생각하자. 시간이 지날수록 점차 자연스러워질 것이다.

## 책에서 도움받는 방법
How this book can help

이 책을 읽음으로써 당신은 미래로 향하는 가능성의 문을 열게 될 것이다.

***이 책에서 당신은…***

- 자신감이 부족한 채 태어나는 사람은 없다. 가장 먼저, 무엇이 당신의 타고난 자신감을 무너뜨렸는가에 대해 알게 될 것이다.
- 낮은 자신감이 어떻게 악순환을 만들어 내는지 알아볼 것이다. 이러한 악

순환은 당신이 지니고 있는 본래의 자신감이 충분히 회복되거나 발전하지 못하게 생각하고 행동하게 만든다.

- 자기 자신을 배려하는 것은 자신감을 높이는 데 큰 역할을 하며, 스스로를 좀 더 객관적으로 보는 데에 도움을 준다.
- 재능과 장점은 발전시키고, 단점들도 다른 측면에서 고려하게 될 것이다.

이 책이 삶을 변화시키고, 당신을 완전히 새로운 사람으로 만들어 줄 것이라고 확신할 필요는 없다. 그냥 마음을 열고 자신을 바라보는 관점이 어떻게 바뀌는지, 자신의 낮은 자신감이 어디에서 왔고 또 인생에 어떤 영향을 주는지를 알기 위한 시간만 투자하면 된다. 과감히 뛰어들어 이 책 깊숙한 곳까지 자신을 던져 보자. 단순히 이 책을 읽는 것만으로 당신이 다른 사람으로 변화되지는 않는다. 반드시 연습과 실천이 필요하다. 공책을 한 권 옆에 두고, 책에서 중요한 생각을 발견할 때마다 옮겨 적는 게 좋다. 연습 문제들도 거기다 함께 풀면 효과적이다. 계속 그렇게 하다 보면 자신에 대한 낡고 부정적인 믿음을 파헤칠 수 있을 것이다. 또한 당신은 생각과 행동을 제한하는 자신의 패턴을 이해하기 시작하고, 자신의 낡은 습관을 대체할 현실적인 대안들을 실천하게 될 것이다. 이 책은 '인지 행동 치료 Cognitive Behavior Therapy' 또는 CBT라고 불리는 심리치료법에 기반을 두었다. 최근 몇 년간 많이 거론되어 이미 한 번쯤은 들어 보았을 것이다. CBT는 1960년대에 생겨난 것으로 전 세계 수많은 심리학자 및 정신 건강을 연구한 교수들이 효과가 있다고 입증한 치료법이다. 다른 치료법들과 달리 CBT는 굉장히 실용적이며 더할 나위 없이 현실적인 접근법이다. 감정, 동기, 가치관, 느낌 등 딱 꼬집어 말할 수 없는 것들에 대해 CBT는 이것이 무엇인지, 어디서부터 시작되었는지, 또 어떻게 지속하는지를 알 수 있도록 도와줄 것이다. CBT는 원래 미국의 심리학자 Aaron T. Beck. 교수가 우울증을 치료하기 위한 목적으로 개발한 것이다. 그러나 최근에는 자신감 Self-confidence, 공포 Phobias, 스트레스 Stress, 낯가림 Shyness, 섭식장애 Eating disorders, 공황 발작 Panic attacks, 약물 남용과 알코올 중독 Drug and alcohol misuse까지 광범위한 문제들을 치료하는 데 사용되고 있다.

CBT는 '상호 작용' 과정을 통해 비교적 짧은 시간 내에 의미 있는 변화를 가져온다. 당신은 매일 새로운 아이디어들을 실제로 적용하고 다르게 행동해 봄으로써 자신의 변화를 강하게 느낄 수 있을 것이다. 또한 당신의 가치관 Thoughts, 소신 Self-beliefs, 자아상 Self-image에 대해 질문을 던질 수 있도록 유도함으로써 새로운 시각에서 자신을 이해하게 해 준다. 물론 자신을 객관적으로 바라본다는 것이 매우 어려운 일이지만, CBT의 실용적인 단계별 적용을 통해 이 과정들은 생각보다 쉽게 느껴질 것이다. 또한 본래 해결법에 초점이 맞춰져 있기 때문에, 단지 오래된 상처를 드러내는 것만이 아니라 어떻게 치료해야 하는지도 알려 준다.

이렇듯 생각하고 행동하는 방식을 매순간 변화시키는 것은 자신을 바라보는 데에도 즉각적인 영향을 주며, 평생 의지하고 길러야 할 여러가지 능력을 가르쳐 준다.

## 【체크리스트】 당신은 얼마나 자신감 Self-confidence 넘치는 사람인가?

자신감을 높이기 전에 현재 자신에게 어느 정도의 자신감이 있으며, 그것이 일상생활 속에서 어떻게 표출되는지 아는 것이 중요하다. 다음의 10가지 질문을 읽고 각 문항마다 자신이 느끼는 감정을 가장 잘 반영한 칸에 표시한다. 답을 정할 때에는 솔직해야 한다. 거짓이 조금이라도 있으면 자신을 바로 보는 일이 불가능하기 때문이다. 이 문항들은 옳고 그름을 분별하는 것이 아니라, 현재 당신의 자신감 상태를 파악하기 위한 것이다. 표시가 모두 끝나면 A, B, C의 개수를 세어 본다.

| 당신은 얼마나 자신감 넘치는 사람인가? | 〈A〉 대부분 그렇다 | 〈B〉 가끔 그렇다 | 〈C〉 거의 그렇지 않다 |
|---|---|---|---|
| 1. 나에 대해 비판적이기보다는 너그럽고 스스로를 잘 다독이는 편이다. | | | |
| 2. 나는 스스로에 대해 좋은 생각을 하고 있다. | | | |
| 3. 좋은 것들과 즐거움은 내 인생의 일부이다. | | | |
| 4. 나는 나 자신을 좋아한다. | | | |
| 5. 나는 나의 흠과 단점만큼이나 장점, 능력들도 잘 얘기할 수 있다. | | | |
| 6. 나는 나에 대해 긍정적인 느낌을 받고 있다. | | | |
| 7. 나는 다른 사람의 관심과 시간을 가질 자격이 충분히 있다. | | | |
| 8. 나에게 건강과 복지는 매우 중요하며 스스로를 잘 보살피려고 노력한다. | | | |
| 9. 다른 사람을 평가하는 기준과 똑같은 기준으로 나를 평가한다. | | | |
| 10. 전체적으로, 지금까지의 인생 경험은 나 자신을 사랑하고 소중하게 여길 수 있도록 가르쳐 주었다. | | | |

## 점수

A가 대부분일 때 : 축하합니다! 질문에 솔직하게 대답한 것이라면 당신은 이미 자신감이란 큰 선물을 가지고 있다. 있는 그대로의 자신을 잘 받아들일 수 있으며, 충분한 자신감을 바탕으로 자신의 길을 성공적으로 걸어가고 있다. 당신은 긍정적인 좋은 관계들을 맺고 있고 자신을 돌보는 것이 우선이며 삶이 아무리 바쁠지라도 재미와 긴장을 풀 수 있는 충분한 시간을 가지려고 노력한다. 또한 자신의 약점을 알지만 동시에 자신이 충분히 가치 있는 사람이라는 것도 잘 알고 있다. 하지만 현재 자신감이 있다고 해서 당신이 이 책을 읽을 필요가 없는 것은 아니다. 자신감이 꽉 차 있는 사람일지라도, 직장 면접이나 첫 번째 데이트 날처럼 때로는 자신에 대해 불안감을 갖기 마련이다. 따라서 미래에 어떤 어려움이 있을지라도 자신감을 잃지 않기 위해 이 책은 충분히 읽을 만한 가치가 있다.

B가 대부분일 때 : 당신은 비교적 현실적으로 자신을 바라보고 있다. 자기 성찰이나 스스로 끊임없는 동기 부여를 하여 인생의 굴곡을 잘 대처해 나가고, 좋은 친구나 파트너, 가족과의 대화로 도움을 받는다. 하지만 일이나 사람들과의 관계 등 특정 상황에서 당신은 자신감이 떨어지면서 불안을 느끼거나 자기비판을 하게 될 때가 있다. 그리고 그럴 때마다 무작정 그 상황을 피한 적도 있을 것이다. 혹시 모임이 겁난다거나 상사에게 자신의 아이디어를 제시할 때 두려움을 느끼는가? 아니면 면접에 자신이 없어서 승진의 기회나 새로운 직업을 마다하고 있는가? 개인과의 만남은 괜찮으나 여러 사람이 함께하는 자리는 싫어하는가? 혹은 여러 사람이 모이는 그룹의 일원이 되는 것이 더 편하고, 긴 일대일 관계를 맺는 것은 어려운가? 당신은 성공한 삶을 살고 있고 사랑받는 존재이지만, 목표한 몸무게에 도달하지 못해서 인생에 실패한 것처럼 느껴지는가? 그렇다면 이 책을 통해 당신은 자아에 대한 의구심의 출처를

찾을 수 있을 것이고, 이와 관련된 사고방식 및 행동 패턴 또한 알 수 있을 것이다. 뿐만 아니라 당신이 지닌 어려움을 극복하도록 새로운 시각을 어떻게 구축해야 하는지도 알게 될 것이다.

**C가 대부분일 때** : 이 책을 고른 것은 참 잘한 일이다. 이제 당신은 자신의 삶을 변화시킬 수 있는 큰 무기를 갖게 되었다. 당신의 답은 부족한 자신감이 이미 삶에 영향을 끼치고 있다는 것을 말해준다. 당신은 항상 부족하다는 생각을 하고 있는가? 아니면 늘 뭔가 충분하게 하지 않은 것 같은 느낌에 죄책감을 갖고 있거나 자아를 비판하고 있을 수도 있다. 당신은 불확실함과 자기 회의에 빠져 힘들어하며 일이 잘못되었을 때 늘 자신의 탓으로 돌린다. 또 타인보다 자신에게 더 까다로운 잣대를 들이대며 스스로의 가치를 잘 깨닫지 못한다. 혹은 자신이 남에게 당연히 존중 받아야 한다는 생각 역시 하지 못한다. 다른 사람과 친해지는 데도 어려움이 있을 수 있는데 이는 사별, 이별, 실직, 엄마가 되는 과정, 심한 스트레스에 시달리거나 질병이 원인일 가능성이 크다. 실제로 당신은 알코올 중독, 섭식 장애, 우울, 자살 충동을 경험해 본 적이 있을지도 모른다. 이러한 문제들은 내면 깊숙한 곳에서 아주 길게 지속하기 때문에 반드시 변화를 주어야만 한다. 이 책은 자신이 느끼는 감정의 원인과, 다른 감정을 느낄 수 있도록 필요한 변화 또한 알려 줄 것이다. 당신은 더 큰 만족으로 통하는 문을 찾았다. 이제 단계별로 들어설 준비가 되었는가?

## 자신감을 높이고 인생을 변화시켜라

Improve your self-confidence, change your life

**다음은 시간과 노력을 투자해서 자신감을 높였을 때 당신이 얻을 수 있는 여러 혜택이다.**

- 어려운 상황이 닥쳤을 때 약간의 불안함을 느낄 수 있지만, 곧 문제를 해결할 수 있다. 왜냐하면 자신을 신뢰하며, 자신의 능력을 최대한으로 끌어내서 한계를 극복하게 해 주는 자신감이 있기 때문이다.
- 앞을 내다보는 관점이 달라지게 된다. 살면서 여러 가지 어려움에 부딪혔을 때, 그것을 자신의 탓으로 돌리기보다는 해결해야 할 하나의 문제로 인식하게 된다.
- 자기비판적인 생각에 대처할 수 있으며, 특히 힘들 때 자기 자신을 돌보는 능력이 있다.
- 다른 사람과 관계 맺는 것이 훨씬 쉬워지며 도움을 요청하기 편해진다.
- 좀 더 균형 잡힌 자신의 모습을 발견하면 제대로 평가할 수 있다.
- 자신의 장점과 능력을 존중하게 된다.
- 자신의 가치를 깨닫고 행복한 삶을 살 권리를 느끼게 된다.

## 낮은 자신감의 이유는 무엇인가?

What causes low self-confidence?

당신은 이 책을 통해 낮은 자신감을 유발하는 원인들을 더욱 상세하게 살펴보게 될 것이다. 일반적으로 낮은 자신감의 원인은 크게 다음의 세 가지 경우로 분류할 수 있다.

- 과거의 일들, 예를 들어 어린 시절 따돌림을 당한 경험이나 혹은 부모와의 관계가 어려웠던 경우
- 현재 일상의 여러 양상, 예를 들어 가까운 지인과의 문제, 업무로부터의 압박 및 다툼 또는 지속되는 스트레스들
- 우울증, 공황장애 등 건강 문제와 관련된 치료에 의한 부작용

### 자신감이 없는 것인가? 아니면 우울증인가?

가끔 만성 우울증의 부작용으로 자신감이 떨어질 수 있는데 이러한 경우 치료가 필요하다. 적어도 2주 동안 다음과 같은 증상들 중 5개, 혹은 그 이상 경험이 있는지 살펴보자.

- ☐ 계속해서 기분이 좋지 않거나 '허무' 하다는 느낌이 든다.
- ☐ 평소 좋아하던 것들에 대한 즐거움이나 흥미를 잃어버렸다.
- ☐ 식욕이 없고 살이 빠진다.
- ☐ 잠자는 데 있어서 변화가 생겼다.
- ☐ 다른 사람들이 느낄 정도로 무기력하고 느리게 행동하는 것 같다.
- ☐ 늘 피곤하다.
- ☐ 죄책감이 느껴지고 자신이 무가치하게 여겨진다.
- ☐ 집중하기가 어렵고 무엇이든 결정하기가 쉽지 않다.
- ☐ 죽음이나 자살에 대해 많이 생각한다.

이러한 증상들이 느껴지는 경우 자신감을 회복할 치료법을 찾아야 하는데, 그 이유는 자신에 대한 부정적인 생각이 우울증의 주요 원인이 되기 때문이다. 이 책에서 소개하고 있는 여러 아이디어들은 많은 도움이 될 것이다. 한 연구는 낮은 자신감이 사람을 우울함에 쉽게 빠지게 한다는

것을 보여주는데, 만약 자신이 가진 시각 때문에 고통을 느끼고 있다면 5, 6, 7단원을 집중적으로 읽어 보자. 이 단원은 자기비판적 사고에 대해 다루고 있으며 자신이 인정할 수 있는 스스로의 장점에 대해 생각해 볼 수 있도록 할 것이다.

## 이 책을 활용하는 데 도움이 되는 10가지 팁

1. 이 책을 하나의 프로젝트로 생각하라. 20~30분 정도 매일 시간을 내서 이 책을 읽고 생각해 본 다음 실제 삶에 적용해 보도록 한다. 만약 힘든 시기를 겪고 있는데 무엇이 그토록 자신을 고통스럽고 힘들게 하는지 이유를 모르겠다면 이 과정은 큰 도움이 될 것이다.
2. 옆에 있는 공책이나 종이 한 장을 꺼내서 이 책을 읽으며 당신의 아이디어 또는 추억과 느낌 등을 떠오르는 대로 적어라.
3. 개방된 사고를 가질 수 있도록 노력하고 이 책에서 찾은 여러 아이디어 혹은 기법에 대해 호기심을 가지고 접근해 보자. 자신이 깨달아야 할 것은 무엇인가? 실제 삶에 어떻게 적용할 것인가? 모험가가 되었다고 생각하고 자신 마음의 여러 영역을 잘 살펴보자.
4. 적극적으로 참여한다. 책을 읽으며 내용에 대해 고민해 보는 것은 수많은 과정의 일부일 뿐이다. 자신에 대한 감정을 바꾸는 최고의 방법은 새로운 아이디어와 여러 방법들을 일상생활에 직접 적용해 보는 것이다. 직접 경험만큼 훌륭한 선생님은 없다.
5. 자신에게 맞는 방법을 택하자. 이 책을 구체적으로 사용하기 전에 어떤 사람들은 전체적으로 먼저 훑는 것을 선호할 수 있지만 단원별로 꼼꼼하게 살펴보는 것을 선호하는 사람도 있을 것이다.

6. 필기를 멈추지 않는다. 이 책을 읽는 동안 자신의 사고 패턴을 알아볼 수 있는 다양한 연습 문제들을 만나게 된다. 이 연습 문제를 푸는 과정은 자신을 관찰하기에 앞서 전체적인 구조를 잡는 데 도움을 줄 것이다. 또한 올바른 과정을 밟아갈 수 있도록 도와주며 자신이 원하는 변화를 계속해서 상기시켜 줄 것이다. 머릿속으로 떠올려 보거나 필기 및 일기를 쓰는 것도 필요하지만 연습 문제를 직접 풀어 봄으로써 실제 그것들이 유용한지 아닌지 알아보자.
7. 생각하는 시간을 충분히 가진다. 다음 단원으로 빨리 넘어가고 싶은 유혹은 떨쳐 버리자. 다음 단계로 넘어가기 전에 각 아이디어를 제대로 이해할 시간을 충분히 갖는다면 최상의 결과를 얻을 수 있다. 너무 서두를 경우, 책 속에 소개된 여러 아이디어들이 자신을 바라보는 관점을 변화시키는 데에 큰 영향을 주지 못한다. 이 책의 내용을 자기 것으로 만드는 데 정해진 시간이 있는 건 아니다. 일주일이 걸릴 수도 있고 한 달 혹은 6개월이 걸릴 수도 있다. 각자에게 맞는 방법을 고르도록 하자.
8. 친구와 함께해 본다. 몇몇 사람들은 팀으로 하는 것을 더 선호하기도 한다. 동료나 친구 등 자신이 신뢰하고 함께 즐길 만한 사람이라면 누구나 좋다. 이들에게도 복사본을 주어 단원별로 함께 해 보고 각자의 통찰과 어려움에 대해 이메일로 의견을 나눠 보는 것도 좋은 방법이 될 수 있다. 이는 스스로에게 지속적으로 동기 부여를 줄 수 있으며, 자신을 객관적으로 바라보는 것이 힘들 때 외부의 시각이 도움 된다는 것을 깨달을 수 있을 것이다.
9. 필요하다면 도움을 요청한다. 몇몇 사람들은 이 책만으로는 충분하지 않고 전문적인 상담가나 심리치료사의 도움이 필요할 수도 있다. 이는 자신감에 집중하는 것이 오히려 상황을 악화시키는 경우나, 자신에 대한 부정적인 생각이 너무 강해 각 단원에 소개되는 방법들을 실제 적용할

수 없는 경우가 해당된다. 이런 경우 심리 치료의 도움을 받는 것이 현명하며 이는 전혀 창피해할 필요가 없다. 의사가 좋은 출발점이 될 수도 있으며, 자격이 있는 전문 치료사를 찾아가는 것도 좋다. 이 책에 설명된 접근법들이 마음에 든다면 인지 행동 치료사Cognitive behavior therapist를 찾는 것도 도움이 될 것이다.

10. 진행 상황을 차트로 만들자. '당신의 자신감은 어떠한가?' 의 문제와 조금 전에 풀어본 퀴즈부터 점수를 계속 기록하고, 이 책을 다 읽었을 때 다시 한 번 같은 문제를 풀어 본다. 그러면 A에 더 많이 체크하고 있는 자신을 발견하게 될 것이다.

### 이 책이 효과가 있는 이유

이 책은 다른 자기 계발서들과 다르다. 이 책은 당신이 환상적이고 경이로우며, 마음만 먹으면 무엇이든 할 수 있는 사람이라고 납득시키려는 게 아니다. 그저 당신이 자기 자신을 향한 시각의 균형을 잡게 하려는 것이다. 당신에게 잘못이나 약점이 없는 것처럼 행동하라는 게 아니라, 그것을 많은 장점과 재능, 좋은 본성들과 함께 자신의 일부로 받아들이라는 것이다. 이렇게 함으로써, 인생을 충분히 즐길 수 있는 능력, 잠재력을 끌어올리는 능력에 훼방을 놓던 낮은 자신감을 끌어올릴 수 있다.

# 2

## 낮은 자신감은 어디서부터 시작되는가?

WHERE DOES YOUR LOW SELF-CONFIDENCE COME FROM?

이 단원에서는 자신의 낮은 자신감이 어디에서부터 왔는지 찾도록 도와준다. 낮은 자신감의 주된 원인은 과거 경험에 의해 세워진 자신에 대한 낡고 쓸데없는 믿음이다. 이 오래된 믿음은 CBT용어로 '바텀 라인 Bottom line' 이라고 하고, 예를 들어 '나는 중요한 사람이 아니다' 라는 자아상을 가리킨다. 이는 결코 단순한 문제가 아니다. 만약 바텀 라인이 당신의 진짜 모습을 반영한 것이라고 믿어왔다면, 자신에 대한 생각과 느낌을 보다 좋게 하려고 여러 가지 전략을 구축해 왔을 것이다. 이 전략들이 당신의 삶의 규칙인 것이다. 그 규칙들이 당신을 지켜 주고 지지해 준다고 느꼈을 테지만, 실은 당신의 낮은 자신감을 지속시킬 뿐이었다는 것을 이 책 후반부에 알게 될 것이다.

**다음 진행 과정을 보자**

**경험** Experiences

⬇

**바텀 라인** Bottom line

⬇

**삶의 규칙** Your rules for living

## 오래된 믿음의 힘

The power of old beliefs

당신은 산타 할아버지의 존재를 믿으며 자랐는가? 충분히 그럴 수 있다. 왜냐하면 당신이 세상에서 가장 믿을 수 있는 부모님이나 선생님 같은 사람들이 산타 할아버지는 존재한다고 말해 주었기 때문이다. 당신은 크리스마스 때 산타 할아버지가 전해 준 선물 꾸러미를 보며 산타 할아버지의 존재를 믿었을 것이다. 당신이 산타 할아버지를 위해 남겨 놓은 파이와 맥주가 다음날 아침 루돌프 몫의 당근과 함께 사라졌을 것이다. 이러한 경험들은 크리스마스를 앞두고 자신이 왜 더 착한 일을 하려고 했는지에 대해서도 설명해 준다.

이제 자신이 '힘들고 요구 사항이 많은' 아이이고 부모님에게 문제아였다고 상상해 보자. 당신이 믿는 사람들(부모님 그리고 다른 식구들)은 그게 사실이라고 말한다. 그리고 당신은 이에 대한 증거들을 보게 된다. 엄마가 나에게 소리를 지르고, 하루 종일 내가 말썽을 부렸다며 아빠에게 종종 이야기하곤 한다. 그 때문에 당신이 조용하고 수줍어하는 성향으로 바뀌고 사람들이 나에게 무엇을 기대하는지 추측하는 것은 당연하다.

하지만 자신이 '까다로운' 아이라고 생각하는 것은 산타의 존재를 믿는 것보다 훨씬 터무니없는 것이다. 산타 할아버지가 네 살짜리 아이에게는 진짜로 존재하는 것만큼이나 사실처럼 느껴질지라도 말이다. 다른 사람들이 보기엔 평범하고 활발한 요구 사항 많은 아이와 스트레스 많은 엄마로 보일 수도 있다. 이러한 상황에서 당신은 누군가를 귀찮게 할 가치가 없는 사람이라는 깊은 신념에 사로잡혀 자랄 수도 있다.

***이 단원에서 배우게 될 것들…***

- 당신 내면에 깊이 자리 잡은 신념은 무엇이며 어디서부터 시작되었는가.
- 당신의 오래된 신념이 행동과 결정에는 어떤 영향을 미치는가.
- 반대로 자신의 행동과 결정이 어떻게 낮은 자신감의 악순환을 일으키면서 부정적인 신념들을 더욱 확고하게 했는가.

과거를 파헤치는 것은 쉬운 일이 아니다. 하지만 오래된 신념을 없애고 그 신념들이 사실이 아님을 알기 위해 가장 먼저 해야 할 일이다. 그래야만 자신에게 더 정확하고 도움이 되는 신념들을 다시 세울 수 있다. 이 단계는 누구의 탓을 하는 것도, 자기 연민에 빠지려는 것도 아니다. 단지 삶을 사는 데 도움이 되는 사실들을 찾아내려는 것이다.

자신에 대한 감정, 날마다 일어나는 일을 판단하는 방식, 그리고 한 인간으로서 자신의 가치를 어떻게 생각하는지가 자신감의 핵심 요인이다. 겉으로는 자신의 삶이 성공적으로 보일지라도, 도전하지 않고 부정적인 신념을 떨쳐 버리지 않는 한 스스로에 대해 느끼는 감정을 바꿀 기회는 많지 않을 것이다.

## 이 단원을 활용하기 위한 팁

- 특별한 공책을 만들어 떠오르는 생각이나 감정들을 적는다.
- 견뎌 내기 : 불행한 기억들을 떠올리는 것은 결코 쉬운 일이 아니지만 당

신이 변화하길 원한다면 자신에 대해 지금보다 더 잘 이해하는 것부터 시작해야 한다.

## 낮은 자신감의 사이클

The cycle of low self-confidence

자신을 바라보는 관점은 어디까지나 자신의 의견이지 사실이 아니다. 즉 그것이 정확하지 않을 가능성이 크다는 것이다. 그럼에도 불구하고 '난 누구보다도 내 자신을 더 잘 알아!' 라고 항의할지도 모르겠다. 자신의 상태를 남들보다 더 잘 '느낄' 수 있다는 말은 사실이지만 이 또한 하나의 의견일 뿐이라는 점을 감안할 때, 자신이 보는 관점은 편견일 수도 있고 과장되었을 수도 있으며 틀린 것일 수도 있다. 만약 당신이 열 사람에게 자신의 관계나 성격, 걸어온 인생과 지금까지 성취한 것 등의 정보를 똑같이 알려 줄지라도, 당신은 자신에 대한 각기 다른 10가지 의견을 들을 가능성이 크다. 그리고 그중에서 무엇이 사실이라고 단정지어 말할 수 없을 것이다. 왜냐하면 이 의견들 모두 각기 다른 시각에서 형성된 것들이기 때문이다.

이 책의 가장 궁극적인 목적은 '변화Change' 이다. 즉 자신을 바라보는 시각을 좀 더 정확하고 도움이 되는 방향으로 바꾸는 것이다. 그 첫 번째 단계가 바로 이해이다. 자신에 대한 관점은 갑작스레 어느 한 순간에 만들어진 것이 아니다. 그동안의 인생 경험을 통해 형성된 결과물이다. 앞으로 이 과정을 잘 따라가다 보면 어떻게 이런 일이 일어나게 되었는지 알게 되고 왜 이런 시각을 자신이 그토록 확신을 가지며 믿게 되었는지도 알 수 있다. 모두는 아니지만, 많은 경우 어렸을 때의 경험이 자신에 대한 관점을 형성하는 데 가장 큰 영향을 미친다. 가정에서 보고 듣고 경험한 것뿐만 아니라 학교, 친구들, 사회경험 등이 현재 자신에 대해 생각하는 방식의 틀을 만들도록 도와준 것이다.

## 낮은 자신감을 극복하는 방법

How poor self-confidence develops

어렸을 때 학대받거나 무시당했던 경험이 자라면서 자신에 대한 부정적인 생각을 만든다는 사실은 의심의 여지가 없다. 꼭 심각한 경험이 아니더라도 그 영향은 꽤 길게 이어질 수 있다. 만일 안락한 가정에서 항상 먹을 것과 입을 것이 풍족했고 지속적으로 휴가를 가거나 크리스마스 선물, 생일 선물 등을 받았다고 할지라도, 여전히 당신의 '바텀 라인 Bottom line' 에 가깝게 자신을 부정적으로 생각할 수도 있다. 이러한 경우 왜 어렸을 때 특별히 어려운 일이 없었음에도 불구하고 자신의 가치를 찾는 데 문제가 있는지 스스로에게 물어볼 수도 있을 것이다. 또는 본인보다 형편이 어려운 사람들을 보면서 죄책감을 느낄 수도 있다. 하지만 지금까지 이 책을 관심 있게 읽었다면, 당신은 적어도 당신 자신과 삶에 완전한 만족을 느낄 수 없도록 만드는 무언가가 있다는 것쯤은 생각하고 있을 것이다.

**다음은 낮은 자신감을 갖도록 만든 상황과 경험에 관한 사례들이다.**

### 가정에서 유일한 사람

당신은 운동을 좋아하는 가정에서 유일하게 운동신경이 없던 사람은 아니었는가? 혹은 학구적이지 못한 가정 속에서 책을 좋아하고 예술적 능력이 탁월한 유일한 사람이진 않았는가? 아니면 당신은 가정 분위기와는 맞지 않는 아웃사이더라는 느낌을 받으며 자라지는 않았는가? 이런 경우 아이들은 스스로를 '정상적이지 못한 Not normal' 사람이라고 느끼게 된다.

CHARLOTTE 샬롯

Charlotte의 부모는 과학자였으며 그녀의 두 오빠도 과학을 무척 좋아했다. 하지만 Charlotte은 예술 분야에 큰 관심을 가지고 있었다. 그녀는 학창 시절에 모든 면에서 뛰어났으며 특히 미술과 디자인에서 두각을 나타냈다. 그러나 그녀의 부모는 단 한 번도 Charlotte의 작품을 주의 깊게 보지 않았고 그 과목들에서 높은 점수를 받아오면 늘 화만 냈다. 그녀의 부모들은 Charlotte에게 좋은 대학에 갈 수 있는 기회를 버리고 있다고 말하면서 미술은 취미로 삼아야 한다고 했다. 그럼에도 불구하고 Charlotte은 명문 대학에서 패션 디자인 공부를 했고 유명한 옷 디자이너로 유명해졌다. 하지만 그녀는 늘 다른 사람들이 자신보다 더 똑똑하다고 생각하며, 그 사람들이 자신을 시시하고 그녀의 직업을 천하게 생각할까봐 걱정한다. 그래서 그녀는 다른 부분에서도 사람들의 기대에 부응하기 위해 늘 노력하고 남의 비판과 무시하는 말을 듣지 않기 위해 자신을 비하하는 농담을 즐겨 한다.

## 학교에서의 갈등

집단 안에서 튀는 아이들은 종종 혼자 남겨지거나 자신이 다르다는 생각 때문에 비참함을 느낀다. 전학을 간다거나 다른 억양Accent을 사용하는 지방으로 이사 가는 경우, 다른 피부색을 가졌거나 다른 문화권에서 온 경우, 혹은 멋진 아이가 아니라는 이유만으로도 아이들 사이에서 놀림을 당하거나 따돌림을 당할 수 있다.

KEVIN 케빈

Kevin은 어렸을 때 늘 활발하고 행복한 아이였다. 그는 처음 1년간은 학교 생활을 좋아했지만, 시간이 지나면서 그는 읽고 쓰는 것을 배우는 데 어려움을 겪었다. 하지만 그의 부모님과 선생님은 그 사실을 알아차리지 못했다. Kevin은 난독증이 있었던 것이다. 그는 같은 반 친구들이 앞서 나갈 때에도 수업을 제대로 따라갈 수 없었고 학급에서 뒤떨어지기 시작했다. 그나마 다른 아이들을 웃게 만들 때면 공부를 못하는 열등감을 떨쳐낼 수 있었기에, 늘 학급에서 광대 역할을 했다. 하지만 선생님들은 그를 더 이상 참아 주지 못했고 부모는 늘 그가 게으르고 아무것도 해내지 못할 것이라고 말했다. Kevin은 16살 때 학교를 그만두고 지방의 포장 공장에서 첫 직업을 구했다. Kevin은 믿을 만하고 일 잘하는 인기 있는 직원이 되었다. 그러나 사장의 격려에도 불구하고 매니저 자리에 지원하는 것을 거부했다. 왜냐하면 다른 사람들이 그가 비밀로 숨기고 싶은 사실인 '바보'라는 것을 알아낼 것이라고 확신했기 때문이다.

## 학교생활에 적응을 잘 못한 경우

아이들에게는 주위 친구들의 의견이 그들의 삶에 큰 영향을 미친다. 특히 사춘기로 접어들수록 더 큰 영향을 받게 되는데 이 시기에는 부모로부터 찾던 정체성이 자연스럽게 또래 집단으로 옮겨간다. 아이들은 또래 집단 내에서 자신의 정체성을 확인하려 하기 때문에 친구들이 자신을 '실패자 Loser'로 인식하거나 '뛰어난 아이 A-list'가 아니라고 느끼고 있다고 생각되면 자신감을 크게 상실할 수 있다.

### NICKI 니키

Nicki의 부모는 세계 2차 대전 직후 영국에서 음식이 배당되던 시기를 겪으며 자랐다. 때문에 그녀의 엄마는 늘 음식은 고귀한 것이라고 생각했으며, 자신이 사랑하는 사람들을 위해 풍성하고 맛있는 음식을 요리할 때마다 행복해했다. Nicki의 집에서는 항상 더 먹어야 하며 접시에 음식을 남기는 것은 용납되지 않았다. 그녀는 곧 배가 터질 듯이 부르더라도 많이 먹는 것에 익숙해졌다. Nicki는 자라면서 서서히 자신이 다른 아이들보다 뚱뚱하다는 것을 느끼기 시작했고 자신의 뚱뚱한 몸이 다른 사람들에게 주목을 받는 것이 싫어서 좋아하던 운동도 점차 하지 않게 되었다. 그녀는 점차 마른 몸매 Thin shape 만이 매력있다고 생각했고 그녀의 주변 사람들도 그렇게 생각했다. 하지만 아무도 짓궂게 그녀의 신체 사이즈를 놀리지 않았다. 결국 그녀는 매우 활발한 아이였음에도 불구하고 10대쯤 비만이 되었다. 길거리에 있는 일반 옷 가게에서는 그녀에게 맞는 옷을 찾을 수 없었고 친구들과 함께 파티에 가거나 춤을 추러 갈 때도 지나치게 다른 사람들을 의식해야만 했다. 16살이 되었을 때 그녀는 양배추 수프와 식사를 대신하는 음료만 마시거나 혹은 모든 탄수화물을 제거해서 먹는 혹독한 다이어트 Diets를 시작했다. 그러나 2주 정도 지나자 스스로가 비참하고 불행하다는 생각이 들기 시작해 다시 좋아하는 음식을 먹었으며 그동안 못 먹었던 음식까지 더 먹었다. 그렇게 Nicki는 적게 먹으려고 노력한 후에 식탐이 더 과해지면서 전보다 더 먹게 되는 요요 현상에 시달렸다. 33살이 되었을 때, 그녀는 한 남편의 아내이자 두 아이가 있는 바쁜 워킹맘이 되었고 친구도 많이 사귀게 되었다. 또한 그녀는 매우 활동적인 삶을 살며 그녀의 인생에서 어느 때보다 날씬한 몸을 갖게 되었다. 하지만 그녀는 단 하루도 빠지지 않고 그녀의 실제 몸무게와 상관없이 자신이 여전히 뚱뚱하고 못생겼다는 느낌을 받는다.

## 충분히 관심받지 못한 경우

지난날을 돌이켜 생각해 보면 '내 어린 시절은 괜찮았다' 거나 '내 부모는 그렇게 나쁜 분들은 아니었다' 라고 생각할지도 모르겠다. 당신은 부모로부터 자신을 지지해 주는 행동이나 사랑스럽고 착한 아이라는 말을 못 들었다고 해서 좌절감에 고통스러워할 필요가 없었을지도 모른다.

ANNA 애나

Anna는 6명의 형제자매 중 중간이었다. 그녀의 부모 모두 존경받는 학자였으며 책과 식물, 그림이 가득한 큰 집에서 살았다. 아이들은 많은 자유를 누렸다. 자는 시간이나 학교에 입고 가는 옷도 자유로웠으며 신나게 뛰어놀 수 있는 큰 정원도 있었다. 부모 모두 자신들의 일을 하느라 무척 바빴기 때문에 아이들은 직접 점심을 만들거나 집에 왔을 때 직접 차를 준비해야 했고 밤에 이불을 펴는 등 어렸을 때부터 자립심을 배웠다. 그러나 아이들은 개별적인 관심을 거의 못 받았다. Anna는 한 번도 부모님이 학교 연극이나 운동회 때 온 기억이 없다. 그리고 생일 때 선물을 받거나, 파티를 열어 본 적도 없다. 주말에 혼자 몇 시간 동안 산책을 해도 집에서는 그녀가 어디를 갔는지 아무도 몰랐다. 그녀의 아빠는 스트레스 때문에 종종 압박에 시달리곤 했는데 그럴 때마다 큰 소리를 내며 아이들을 학대하거나 중요한 서류들을 버리곤

했다. Anna는 18살이 되자 집을 나왔고 지방 자치단체에서 일을 구해 더 큰 도시로 이사했다. 그러나 그녀는 변덕이 심한 남성들에게 매력을 느끼는 자신을 발견하게 되었고 몇 번이나 그런 관계를 반복하며 많은 고통을 겪었다.

## 애정 결핍

부모가 사랑을 주는 법을 배우지 못했거나 늘 스트레스에 시달려 불행하다고 느끼는 경우 혹은 다른 생각이나 걱정에만 몰두하고 있었다면 자식들에게 충분한 사랑과 애정을 쏟아 줄 수 없었을 것이다. 당신은 물론 어느 정도의 칭찬Praise, 격려Encouragement, 따뜻함Warmth, 애정Affection을 받았을 수도 있으나 충분하지 않았을 것이다.

PAUL폴

Paul은 조숙아로 3달 정도 먼저 태어났다. 그 바람에 Paul은 몇 주를 인큐베이터 안에서 지내야만 했다. 게다가 그는 폐렴에 걸렸고 의사는 부모에게 최악의 상황을 대비해야 할지도 모른다고 했다. 그러나 Paul은 다행히 병을 극복하고 더 건강한 모습으로 퇴원해서 집으로 무사히 돌아올 수 있었다. 하지만 엄마에게 그는 여전히 약하고 작은 아이였다. 나이가 어렸던 Paul의 엄마는 그가 또 아플까봐 늘 조바심을 냈다. 그녀는 밤에도 몇 번씩이나 일어나 아이가 숨을 잘 쉬고 있는지 확인했는데, 이런 일들이 곧 그녀를 지치게 만들었다. Paul은 투정이 심해서 밥을 먹이기 힘든 데다가 자주 울어서 돌보기 힘든 아이였다. Paul의 엄마는 결국 산후 우울증Postnatal depression에 걸렸고 늘 아이를 침대나

놀이 공간에 몇 시간 동안 혼자 내버려 두었다. Paul의 아빠는 항상 늦게까지 일을 했으며 퇴근 후에는 곧장 동료들과 함께 술을 마시러 가는 등 집에서부터 오는 긴장감을 피하려고만 했다. 결국 Paul의 할머니가 자주 들려 아이를 돌보았고 Paul은 엄마보다 할머니와 어린 시절을 더 많이 보내게 되었다. 하지만 그가 10살 때 할머니는 돌아가셨고 그의 부모는 얼마 지나지 않아 이혼을 하게 되었다. 그 후 Paul의 엄마는 재혼을 해서 두 명의 자녀를 더 낳았는데, Paul은 엄마가 다른 형제들에게 애정을 쏟아 붓는 것을 보고는 많은 충격을 받았다. 그는 학교생활을 잘했으며, 18살 때 대학에 진학하면서 집을 나왔다. Paul은 졸업 후 엔지니어가 되었고, 현재 40살인 그는 직장 내 사회 모임에서 활발하게 활동하지만 자주 외로움을 느끼고 사람을 대할 때는 언제나 거리를 두고 어느 누구와도 가까워지지 않으려 하는 경향이 있다.

## 자신감이 낮은 부모

자신과 사회적 지위에 대한 당신의 관점은 부모가 자신들을 생각했던 것과 많이 비슷할 수 있다. 고의는 아니지만 부모가 자신들의 회의감 혹은 부정적인 신념들을 자식들에게 물려줄 수 있는 것이다.

예를 들어 엄마가 매 순간 무언가 잘못되었을 때 '내가 어쩜 이렇게 바보 같을 수 있는 거지?' 라고 얘기한다거나 부모로서의 권한은 전혀 내세우지 않은 채 심지어 의사나 선생님에 대해 의심이 갈 때도 '의사가 제일 잘 알아' 혹은 '너의 선생님이 제일 잘 알지' 라고 말하는 것들이 이에 해당한다.

### MEENA 미나

Meena의 아빠와 엄마는 인도에서 영국으로 이민을 와서 세탁업을 시작하게 되었다. 그들은 늘 성실하게 일하고 서비스가 친절해 세탁 사업은 나날이 번창해 갔으며 곧 세탁소 체인점까지 내게 되었다. 그 덕에 Meena의 부모는 두 딸에게 안락하고 편안한 가정환경과 더 나은 삶을 제공할 수 있었다.

하지만 Meena와 그 가족들은 그들 가슴 깊숙이 있는 열등감을 버릴 수 없었기 때문에 함께 어울리는 다른 사람들보다 항상 못하다는 생각을 했다. Meena와 여동생은 사립학교를 다니면서 발레와 승마 레슨을 받는 등 남들보다 더 나은 삶의 특혜를 누리게 되었다. 그런데도 Meena는 부모가 자신들이 주변의 다른 사람들보다 열등하며, 남들의 의견과 감상이 자기 의견보다 훨씬 옳다고 하는 말에 세뇌되었다. 게다가 학교 친구들까지 그렇게 말했던 것이다. 그들은 그녀에게 일부러 말을 더 많이 걸어 억양을 놀렸으며 발표할 때마다 입을 가리고 뒤에서 웃어대곤 했다. 그래서 Meena는 자신이 그곳에 어울리는 사람이 아니라고 생각했고 어떤 말로 반박해야 할지도 몰랐다.

후에 그녀가 홍보업체에서 일하게 되었을 때 그녀는 아무리 많은 일이 주어져도 절대 불평하는 법이 없었다. 그저 묵묵히 그 일들을 다할 뿐이었다. 게다가 회의 때 자신감 넘치는 동료에게 자신의 의견을 빼앗기고 그가 마치 자신의 의견처럼 완벽히 발표한 사실을 알고도 어깨를 움츠리고는 아무 말도 하지 못했다. 어차피 그녀가 말해봤자 아무도 그녀의 말에 귀 기울이지 않을 것이라고 생각했기 때문이다. 그 이후부터 사람들은 그녀가 어떤 의견을 말해도 주목하지 않았다. 심지어 그녀는 사장이 퇴근 시간 직전에 업무를 주어도, 설령 야근을 하고 주말에도 해야 하는 업무일지라도 절대 거부하는 법이 없었다. 그녀는 업무로부터 스트레스도 많이 받고 좌절감도 많이 느끼고 늘 긴장하면서 열심히 일했지만 경력은 크게 달라지지 않았다.

## 칭찬을 많이 받지 못한 경우

어렸을 때 잘하는 것이 아무것도 없는 것처럼 대우를 받으면서 자랐거나 당신이 한 실수와 약점만 주목 받고 당신의 장점과 성취한 일들은 무시당했다면 당신은 기본적으로 자신에게 어떤 문제가 있거나 혹은 무언가 부족한 사람이라고 생각하면서 컸을 것이다.

JACKSON 잭슨

Jackson의 부모는 조용하고 말수가 적었지만 그 반면에 그는 굉장히 활발한 외동아들이었다. 그의 부모는 Jackson이 응석받이로 자라는 것을 우려하여 자만하지 않는 아이로 키우기 위해 전혀 칭찬을 하지 않았다. 사실 그의 부모는 Jackson을 매우 자랑스러워했으며 둘이 있을 땐 그의 칭찬을 아끼지 않았지만 Jackson 앞에서는 절대 칭찬하는 법이 없었다. Jackson이 높은 점수를 받은 리포트을 가져오면 그의 부모는 몇 가지 조언만 해준 뒤 치워 버렸고 Jackson이 그의 부모에게 배운 가장 나쁜 죄악은 바로 '자만심'이었다. 그는 자라면서 그의 부모를 기쁘게 하기 위해 열심히 노력했고 인정받는 것에 매우 목말라했다. 하지만 그가 아무리 노력해도 한 번도 잘한다는 인정을 받은 적이 없었다. 그가 독립할 때쯤, 부모의 기준이 곧 그의 기준이 되어 완벽주의자가 되었고, 경력을 빠르게 쌓아 갔지만 이를 확인할 길이 없어 매우 고통스러워했다. 또 늘 긴장을 풀 수 없었으며 무언가 재미있다고 느껴질 때는 여지없이 죄책감을 가지며 자신을 괴롭혔다.

## 성인에 되어서 겪는 충격 혹은 큰 변화들

지금까지 우리는 이 단원에서 어린 시절의 경험을 집중적으로 살펴보았다. 어떤 경우에는 자신감 결여Poor self-confidence가 성인기까지 발전되지 않기도 한다. 오히려 성인이 되어서 경험하는 외상성 충격Traumatic event이 건강한 자신감을 훼손할 수도 있다. 일에 있어서 위축되거나 혹은 따돌림을 당하거나 장기간의 스트레스 또는 재정적인 어려움, 학대적인 관계에 노출되거나 범죄의 희생자가 되거나, 예기치 못한 사고에 연루되는 것과 같은 일들이 당신의 자신감과 스스로의 가치에 대한 의식에 타격을 줄 수 있다.

CAROL캐롤

Carol은 착하고 배려심이 많아 늘 사람들을 편안하게 해 주는 사람이었다. 그녀는 매니저라는 직책에 자신의 능력을 100% 쏟아부어 큰 슈퍼마켓에서 임원으로 일하게 되었다. 그녀는 많은 친구가 있긴 했지만 결혼을 하지 못했고 아이도 없었다. 그녀는 종종 직장 동료들이 자신의 가족과도 같으며 자신 없이는 아무것도 진행되지 않을 것이라는 농담을 하곤 했다. 그녀의 사장은 항상 그녀가 있기에 모든 것이 잘 돌아간다고 칭찬했으며 그 조직에서 매우 중요한 위치를 차지하고 있다고 생각했다. 그녀의 50번째 생일이 되기 전 그녀가 다니고 있는 직장의 사장은 은퇴를 했고 새로 취임한 젊은 사장 Jason제이슨은 Carol을 무척 싫어했다. 그는 Carol이 형식을 전혀 따르지 않으며 직원들의 잘못에 대해 관대하고 그들의 이야기를 듣는 데 너무 많은 시간을 소비한다고 생각했다. 그는 그 슈퍼마켓이 지역에서 이직률이 가장 낮다는 이유로 Carol을 더 이상 신임하지 않았고 종종 직원들 앞에서 그녀의 의견을 무시하곤 했다. 뿐만 아니라 Carol의 서류상 오류들을 끊임없이 집어냈다. Carol은 스트레스를 받기 시작했고 그녀가 한 일들을 재차 확인하느라 많은 시간을 낭비해 마감 날짜를 지키지 못하는 등, 예전에 그녀가 가진 모든 효율성을 잃어버리게 되었다. 그렇게 9개월이 지나 그녀는 자신의 능력에 대해 모든 자신감을 잃어버린 채 퇴직을 하게 되었다. 일을 그만두고 나니 그녀는 자신의 정체성을 더 이상 찾을 수 없었고 다른 직장을 구해야 하는 것을 알면서도 집에서 TV만 보고 지내게 되었다.

## 학대와 무시 Abuse and neglect

이 단원에서 다룬 대부분의 경험들은 보편적인 것인데, 가끔 이보다 더 심한 경험을 하는 사람들도 있다. 만약 어렸을 때 제대로 대우를 받지 못하며 자랐다면 그들은 스스로에게 문제가 있다고 생각해 그들이 받는 어떤 대우도 당연한 것이라고 받아들이게 된다. 만약 자신이 늘 육체적 혹은 정신적으로 벌을 받으며 자랐다면, 특히 왜 벌을 받아야 하는지조차 몰랐다면, 건강한 자아Healthy self-esteem의 형성은 절대 불가능하다. 성적으로 학대를 당하거나 무시를 당한 경험은 자아상 및 자신감에 악영향을 미친다. 이러한 경험이 정신적 상처를 남기는 것은 당연한 일이다. 이 상처들은 자신을 바라보고, 더 나아가 다른 사람을 신뢰하는 데 있어서도 큰 영향을 미친다.

이 책을 읽으면서 당신은 자신의 과거를 치료할 수 있는 과감한 단계에 들어섰다. 사람은 누구나 학대, 무시에 의해 만들어진 자신의 부정적인 자아상을 치료할 수 있고 그들이 당연히 누려야 할 행복, 평화, 안정감 또한 찾을 수 있다. 많은 사람들이 이를 위해 노력을 해 왔지만, 과거를 탐구한다는 것은 기본적으로 고통을 동반하기 때문에 일상생활에 방해를 주게 된다. 따라서 기분이 좋아지기도 전에 먼저 기분이 상할 수밖에 없다.

하지만 전문 상담가나 심리치료사와 함께 한다면 당신은 안전하고 가장 효율적인 방법으로 이 과정을 잘 마칠 수 있다. 이 책에 설명된 접근법이 괜찮다면 당신과 같은 문제를 가진 사람들을 도와준 경험이 있는 숙련된 인지행동심리치료사를 찾아가는 것도 좋을 것이다.

## 현재를 넘어선 과거의 힘

The power of the past over the present

당신의 감정과 모든 몸의 감각이 어린 시절로 돌아간 것 같은 느낌을 경험해 본 적 있는가? 오랫동안 잊혀진 기억들이 놀라울 정도로 상세하게 떠오를 수도 있다. 예를 들어 직장에서 어려운 회의에 참석해야 할 때 당신은 10살 때 수학 시험 보기 전 배가 아프면서 긴장했던 순간을 떠올릴 수도 있다. 또한 동료들끼리만 밤새 시간을 보낸 것을 알았을 때 당신은 13살 시절로 돌아가 혼자만 생일 파티에 초대 받지 못했던 아픔을 다시 느낄 수도 있다.

당신은 오래 전에 일어난 별것 아닌 일들이 아직까지도 영향을 미치는지에 대해 스스로에게 물어본 적이 있을지도 모르겠다. 그러한 일들이 있고 난 후 지금까지 스스로 보람을 느낄 만한 많은 것들을 해왔을 것이며 당신의 삶에서 기쁘고 스스로를 자랑스러워할 만한 기회 또한 얼마든지 있었을 것이다.

그런데 어째서 당신의 과거가 그토록 당신의 감정과 오늘날의 삶에 영향을 미치는 것일까? 이는 바텀 라인 Bottom line을 가지고 설명할 수 있다. 당신의 경험은 과거의 지난 일이지만, 그 당시 가졌던 자신에 대한 이미지는 여전히 살아 있다. 이것이 바로 바텀 라인(자신을 바라보는 관점을 요약해 놓은 것)인데, 이는 낮은 자신감의 근본이 된다.

이 책으로 연습하다 보면 당신은 자신의 바텀 라인을 알아낼 수 있을 것이다.(몇몇 사람은 한 가지 이상을 가지고 있다) 앞서 살펴 본 이야기 속 주인공들의 바텀 라인 예를 보면 이해가 더 잘 될 것이다.

CHARLOTTE 샬롯 : 나는 진지하지 않아.

KEVIN 케빈 : 나는 바보 같아.

NICKI 니키 : 나는 뚱뚱하고 못생겼어.

ANNA 애나 : 나는 중요한 사람이 아니야.

PAUL 폴 : 나는 사랑 받을 만한 사람이 아니야.

MEENA 미나 : 나는 열등한 사람이야.

JACKSON 잭슨 : 나는 늘 부족해.

CAROL 캐롤 : 나는 무능력한 사람이야.

그들의 이야기를 읽어 보면 왜 이들이 자신에 대해 위와 같은 결론을 내렸는지 쉽게 알 수 있다. 하지만 이와 같은 결론들이 꼭 올바른 결론이라고는 할 수 없다. 당신이 보기에 Jackson잭슨이 부족한 사람인가? Paul폴은 사랑 받을 만한 자격이 없으며 Anna애나는 중요한 사람이 아닌가? 또한 Carol캐롤이 무능력하고 Charlotte샬롯은 진지하지 못하며 Nicki니키는 뚱뚱하고 못생겼으며 Meena 미나는 열등한 사람인가? 당신이 만약 편견이 없는 관찰자로서 이 사람들을 만나게 된다면 무슨 말을 해주겠는가? Charlotte샬롯에게 너는 특별한 재능을 가졌으나 그 재능을 키우지 못하게 막은 것은 부모의 인색한 평가라고 말하겠는가? Kevin[케빈]의 학습 능력이 떨어지는 것은 그가 바보여서가 아니라 난독증을 깨닫지 못한 결과라고 말하겠는가? Carol[캐롤]이 무능력하다고 느끼는 이유는 체계적으로 돌아가는 기업의 횡포 때문이라고 하겠는가? Paul[폴]이 엄마와 애정 관계를 제대로 맺지 못한 이유가 그녀의 산후 우울증 때문이라고 말하겠는가? Jackson[잭슨]에게 그의 부모가 그를 칭찬하지 않은 이유는 칭찬이 그를 자만심에 빠뜨릴까봐 두려운 마음에 그랬다는 것을 확인시켜 줄 것인가? Anna[애나]의 경우, 그녀의 부모가 일에만 몰두하고 그녀에게는 신경을 쓰지 않았기 때문에 문제가 있었던 것이라고 말할 것인가? Nicki[니키]에게는 그녀가 뚱뚱하거나 못생기지 않았고 몸무게도 그리 중요한 것이 아니라는 것을 말하겠는가? Meena[미나]에게 그녀의 부모가 자신의 낮은 자신감으로부터 나온 감성의 메시지 때문에 영향을 미친 것이지 다 열등하지 않다는 것을 말해 줄 것인가?

Carol[캐롤]만 빼놓고 다른 모든 사람들의 바텀 라인은 어린 시절 형성된 것이다. 따라서 그들의 평가가 정확하지 않고 아이의 시각을 바탕으로 형성되었다는 사실은 그리 놀랍지 않다. 아마도 당신의 바텀 라인이 형성될 쯤 당신은 어떤 일이 벌어지고 있는지 잘 몰랐을 것이다. 이 일들로 당신이 사랑 받을 자격이 있는지 없는지, 바보인지 아닌지를 결론짓기에는 너무 어렸기 때문에 당신의 반응이 그러한 오해를 바탕으로 어떻게 생겼는지 알 수 없었을 것이다. 그렇기 때문에 세 살짜리 아이는 한 남자가 어떻게 같은 밤에 온 세상에 있는 아이들 모두에게 선물을 줄 수 있었는가에 대한 의문을 품지 않았던 것이다.

## ♣ 직접 해 보기

### 1. 바텀 라인 bottome line 알아보기

자, 이제 스스로가 바라보는 자신에 대한 시각을 알아보고 어렸을 때 혹은 그 후에 겪게 된 경험들에 대해서도 밝혀 보자. 당신의 바텀 라인이 무엇인지 감이 오는가? 여전히 확실치 않다거나 혹은 몇 개 이상의 바텀 라인을 가지고 있다고 해서 아니면 행복하지 않다고 해서 걱정할 필요가 없다. 이 책에 나온 과정대로 잘 따라가다 보면 훨씬 더 명확해질 것이다. 바텀 라인이 어디서부터 시작되었는지 이해하기 위한 첫 번째 단계는 자신감을 되찾는 것이다.

### 2. 방법

펜과 종이를 준비하고 다음 질문들을 읽으면서 떠오르는 모든 생각들을 최대한 상세하게 적는다.

- 자책할 때 자신에게 뭐라고 말하는가?
- 당신은 화나거나 답답할 때 누구의 이름을 부르는가?
- 주변 사람들이 당신에게 화나거나 실망했을 때 주로 어떤 단어를 썼나?
- 부모, 다른 가족들 혹은 친구들로부터 어떤 말들을 많이 들었는가?

만약 가능하다면, 스스로에 대한 감정을 느끼기 시작한 첫 순간을 떠올려 보자. 자신에 대해 구체적인 생각을 가질 만한 어떤 사건이 있었는가? 아니면 구체적인 사건이라기보다 분위기 자체가 당신을 인정하지 않는 것 같았는가?

***자신 스스로에게 드는 의심들을 한 문장으로 나타낼 수 있다면('나는…') 무엇이겠는가? 다음 빈칸에 써 보자***

이것을 바탕으로 스스로에게 간단한 질문을 던져 보도록 하자. 이것들은 모두 진실인가? 만약 한 친구가 당신과 같은 경험을 똑같이 겪고 있다면 자신을 판단한 것처럼 그들 또한 부정적으로 판단할 것인가? 당신은 아마도 그들이 처한 상황과 그들의 실제 모습을 분리시켜 생각한 후, 그들의 삶에 있어서 누군가 잘못 행동하거나 판단하고 자신에 대해 비이상적인 기대감을 가지게 된 것이 그들의 잘못이 아니라는 것을 쉽게 말해 줄 수 있을 것이다.

자, 이제 이와 같은 측은지심과 사고의 방향을 자신에게 적용해 볼 차례다. 당신이 잘못 만들어 놓은 바텀 라인, 즉 자아상을 바라보는 것이 중요하다. 이는 실제 당신의 모습이 아니라 당신에 대한 잘못된 관점이기 때문이다. 이제 당신에겐 선택권이 있다. 이 책을 통해 어려움을 떨쳐 내고 진정한 바텀 라인을 찾을 수 있으며 잘못된 자아상을 받아들이는 것이 두려운 일임을 깨닫게 될 것이다. 가끔은 자신이 잘 알고 있는 곳에 머무르는 것이 훨씬 더 안전하게 느껴질 수 있다. 설령 그것이 당신을 불행하게 만들지라도 말이다. 아니면 적어도 자신이 생각하는 자아상이 정확하지 않을 수도 있다는 가능성에 마음을 열 수도 있지 않을까? 당신은 분명 자신의 어떤 모습을 바꾸고 싶은지 잘 알고 있을 것이다. 그렇지 않다면 이 책을 읽고 있지 않았을 테니까 말이다. 당신은 오해를 바탕으로 당신의 자아상을 만들었을 수도 있다는 사실, 또는 당신의 잘못도 아닌 것으로 스스로를 자책해 왔다는 점을 인정할 수 있겠는가?

## 자신의 사고방식에 의문을 갖는 것이 왜 어려울까?

Why is it hard to question the way you think?

당신의 경험을 객관적으로 바라보는 것이 어렵다고 해서 걱정할 필요는 없다. 당신의 바텀 라인은 여러 가지 방식으로 영향을 미치는데 그 중 한 가지가 당신의 사고방식을 바꾸어 놓는 것이다. 강한 신념은 하나의 '생각 필터 thinking filter'가 되어 신념과 관련된 경험에 집중하게 하는데 이와 관련 없는 모든 경험은 제거해 버린다. 다음은 낮은 자신감과 바텀 라인이 지속되게 하는 두 종류의 생각 필터들이다.

### 1. 나쁜 점만 바라보는 것

임신한 여성들과 그 부모들은 종종 세상 사람 절반이 임신한 것 같다고 말하곤 한다. 그들은 도처에 임신한 여성들과 막 태어난 아이들만 있는 것 같이 느끼는데, 이는 그들의 정신이 온통 임신에만 집중되어 있기 때문이다. 임신하기 전엔 아마도 임신한 다른 많은 여성들이 지나가도 잘 몰랐을 것이다. 다른 예로, 만약 어떤 차를 사려고 할 때 어디를 가도 그 차밖에 보이지 않는 경우도 마찬가지이다. 자신감이 낮을 때에도 이와 동일한 현상이 일어나는데 당신의 모든 정신이 자신에 관한 나쁜 생각에만 맞춰져 있게 된다. 따라서 아침에 거울 속 자신을 볼 때마다 마치 열 추적 미사일처럼 자신의 부스스한 머리와 살이 튼 허벅지, 여드름투성인 피부 등과 같이 기분 나쁘게 하는 점들만 자세히 바라보게 되는 것이다. 그러면서 하루 종일 자신의 실수와 부족한 점을 계속해서 뉴스 속보처럼 듣게 된다. '회의에서 넌 정말 중얼거리는 바보 같았어', '어떻게 자동차 세금 갱신하는 것을 잊어버릴 수 있지?', '넌 정말 지루해, 왜 좀 더 활발하게 파티를 즐길 수 없는 걸까', '또 TV 앞에서 저녁 시간을 다 보내고 있구나, 넌 정말 게을러'라고 말하면서 말이다.

동시에 바텀 라인을 부정하는 것들(머리를 감은 후의 상쾌한 상태, 자연스러운 미소, 인내심, 동기 부여 등)은 대부분 감지하지도 못한 채 레이더망 저 아래로 감춰지고 만다. 그 결과 살면서 잘하는 것들이 아닌 잘 못하는 것들에만 집중하게 되는 것이다. 이제 왜 자신의 장점에 관해서는 정확한 시각을 갖는 것이 그토록 어려운지 이해되는가?

## 2. 모든 것을 부정적으로 바라보는 것

가끔 아무 이유 없이 어떤 일들이 벌어지곤 하는데 자책하는 사람에겐 이유가 없지 않다. 모든 상황은 자신의 결점이나 실수 때문에 일어난 것이라고 생각한다. 자신감이 부족하다는 것은 곧 자책과 끊임없이 결부시키는 것인데, 이는 당신이 집중하는 대상뿐만 아니라 일어나는 현상들을 해석하는 방식에도 영향을 미친다. 즉, 마음속 가득 잘못, 불운, 실수들이 함께 있을 뿐만 아니라 자신을 판단하는 데 있어서 기초가 된다. 친구가 만날 수 없다는 문자를 보냈다고 가정해 보자. 당신은 그들이 말한 이유들은 고려하지 않은 채, 당신이 함께 시간을 보내기엔 너무 지루하다거나 혹은 더 이상 친구로 지내고 싶어하지 않을지도 모른다는 자신만의 해석으로 대체할 수도 있다. 또 어느 날 아이의 선생님으로부터 자신의 아이가 다른 아이들보다 뒤처진다는 전화를 받았다고 가정해 보자. 선생님은 왜 이런 일들이 일어났는지 많은 이유들을 설명하지만 당신은 이미 부모로서 실패했다는 한 가지 생각만 들 것이다. 다른 예로 당신이 200명 넘게 지원한 직장에서 면접 기회를 얻지 못했을 때, 당신은 아무도 자신을 고용하고 싶어 하지 않는다고 생각하며 자신이 패배자가 되었다는 의미로 받아들일 수도 있다.

자신감이 부족한 사람은 긍정적인 경험을 통해서도 아무것도 얻지 못한다. 누군가 당신의 새로운 외투가 예쁘다고 말하면 '그저 예의를 차리는 것뿐이야', 당신의 상사가 효율성Efficiency에 대해 칭찬하면 '또 나를 속이는 거야' 라고 생각하면서 말이다.

## 생각 필터가 어떻게 낮은 자신감을 유발하는가?

How filtered thinking feeds your low self-confidence

생각 필터는 다른 사람의 문제는 객관적으로 보기는 쉽지만(예를 들어 Kevin케빈이 바보가 아니라는 것, Chalotte샬롯이 진지한 사람이라는 점) 자신의 신념에 대한 문제는 객관적으로 바라보지 못하게 한다. 스스로 미래, 현재, 과거의 어두운 면에만 집착한 결과, 간직하려고 하는 기억들 모두 부정적인 경향을 띠게 된다. 당신이 어떤 새로운 상황에 직면하면 당신의 기억은 과거 비슷한 경험을 끄집어내려고 하는데, 이 때 안 좋았던 기억들만 생각하게 된다. 다시 말하자면 당신은 이미 벌어지고 있는 상황들이 안 좋게 흘러갈 것이라고 감지하고 있는 것이다. 만약 자신을 낮고 안 좋게 평가한다면 당신의 마음은 이미 '기분이 나쁠 수밖에 없는 이유들, 과거에 안 좋았던 일들, 부끄럽고 상처 받고 거절당했던 순간들' 이라는 제목의 특별 편집된 자신만의 DVD를 만들 준비를 한다. 당신의 생각 필터들은 바텀 라인을 지속시킬 뿐 아니라 근심과 불행의 기초가 된다.

### 왜 부정적인 생각은 강력한 힘이 있는가?

뇌가 부정적인 것에 초점을 맞추는 것이 더 쉬운 이유는 수렵 채집인으로 살면서 각종 위험(다른 동물이나 사람으로부터 공격)으로부터 남겨진 잔존물이기 때문이라는 이론이 있다. 우리의 생활 스타일이 변하긴 했지만 여전히 '투쟁 도주 반응Fight or flight' 이라는 서바이벌 메커니즘이 그대로 자리 잡고 있다는 것이다. 또 인간은 언어와 상상력을 가지고 있기 때문에 우리 사고와 마음의 눈이 그리는 이미지는 우리가 진짜 호랑이가 필요한 것이 아니라 우리 머릿속에서 만들어 낼 수 있다는 신호에 초점을 두게 된다.

♠ 더 깊이 알기 : 4단원으로 가면 근심으로 가득 찬 생각들이 낮은 자신감을 어떻게 유발시키는지 알 수 있다. 5단원과 8단원은 자기비판Self-criticism에 대해 다루고 있는데 어떻게 하면 바텀라인을 바꿀 수 있는지 알려 주고 있다.

## 당신의 삶의 규칙 소개하기

Introducing your rules for living

'삶의 규칙'이라는 아이디어는 이 단원의 첫 부분에서 이미 소개된 바 있다. 이제는 이 규칙들이 당신의 자신감을 어떻게 훼손시키는지에 대해 알아볼 차례다. 당신의 삶의 규칙은 인생의 설명서와 같은 것이다. 이 규칙들은 의식적으로든 무의식적으로든 일상을 살아가는 데 원칙이 되며, 이들의 주요 목적은 당신만의 삶의 방식을 만드는 것이다. 또 당신은 부족하고 매력적이지 못하며 사랑 받지 못하는 사람이라고 믿게 하는 바텀 라인을 인정하게 하는 것이다. 삶의 규칙을 만들어 내는 것은 살아남기 위한 자연적 본능이다. 그리고 이것이 바로 당신이 비판이나 거절, 다른 사람의 평가를 피하는 방법을 배우게 된 이유이다. 이 규칙들은 자신이 안전하다고 믿게 해 주는 피난처 같지만, 실제로는 시간이 지날수록 바텀 라인이 지속되어 자신감을 결여시킬 뿐이다. 예를 살펴보는 것이 삶의 규칙을 이해하기 가장 쉬운 방법일 것이다. 41페이지의 차트를 통해 우리가 앞서 만났던 사람들의 이야기를 읽어 보자.

## 규칙은 어떻게 작용하는가

삶의 규칙은 사람들의 바텀 라인이 진실인 것처럼 받아들이게 한다. 예를 들어 Paul폴은 늘 사람에게 거리를 두고 마음을 쉽게 열지 않는다. 그 역시도 지속적인 관계를 맺고 싶어하고, 외로움에서 벗어나고 싶지만, 사람들과 거리를 두는 것이 거절을 당할지도 모른다는 두려움을 없애는 데 좋은 수단이 된다. '사람들이 나를 잘 몰라야 내가 사랑할 만한 사람이 아니라는 것도 모르겠지' 라고 생각하는 것이다.

많은 경우 이 전략들은 긍정적인 효과를 보여 준다. 그렇지 않았다면 계속해서 이 전략들을 고집하지는 않았을 테니까 말이다. Meena미나가 사람들로부터 받을 대우에 대해 낮은 기대감을 갖고 있는 이유는, 그녀가 일을 처음 시작했을 때부터 '그냥 잘 참아 내자' 라는 태도가 잘 통하고 존중을 받을 수 있었기 때문이다. 주위에 의지할 만한 사람이 있었지만 삶의 규칙 때문에 의지하지 않고 혼자 일해 왔던 것이다. 그녀는 왜 평범한 관리 업무가 항상 자신에게만 주어지는지 한 번도 의문을 갖지 않았으며 오히려 잘 해냈다. 그 결과 상사는 그녀가 쉬운 일들을 맡을 때 더 편하게 여긴다고 생각했다. 또 다른 동료들이 자신의 창의적인 생각을 빼앗아 가도 내버려 두어 그녀가 창의력이 풍부한 사람이라는 것을 아무도 알지 못했다. 더 젊은 동료들은 그녀보다 훨씬 많은 경력을 쌓아 갔으며 그녀가 잘할 수 있는 프로젝트도 가져갔다. 이 모든 것들은 그녀 스스로가 자신은 열등하며 잘할 수 있는 것이 없다고 믿었기 때문이다. 그녀는 퇴근할 때 종종 좌절감과 무기력에 빠지곤 했다.

| | 바텀 라인 | 삶의 규칙 |
|---|---|---|
| CHARLOTTE 샬롯 | · 나는 실없는 사람이다. | · 내가 하는 일은 다른 사람이 인정해야만 가치가 있다. |
| KEVIN 케빈 | · 나는 바보다. | · 성공할 자신이 없으면 노력도 하지 말자. |
| NICKI 니키 | · 나는 뚱뚱하고 못생겼다. | · 나는 먹을 것을 조절했을 때와 만족스러운 체중이 나왔을 때만 기분이 좋다. |
| ANNA 애나 | · 나는 중요한 사람이 아니다. | · 나는 자존심이 강한 사람이어야만 하고 누구에게도 도움을 바라지 않는다. |
| PAUL 폴 | · 나는 사랑 받을 만한 사람이 아니다. | · 사람들이 나와 가까워지면 내가 사랑할 만하지 않다는 걸 알고 밀어낼 것이다.<br>· 내가 도와 달라고 하면 실망할 것이다. |
| MEENA 미나 | · 나는 열등하다.<br>· 나는 여기에 어울리지 않는다. | · 내가 고개 숙이고 견디면 인정 받을 것이고, 내 생각을 말한다면 비웃거나 실망할 것이다. |
| JACKSON 잭슨 | · 나는 부족한 사람이다. | · 나는 뭐든지 110% 해내야 하고, 그렇게 못하면 성공할 수 없다.<br>· 누군가 나를 비판한다는 건 내가 목표 달성에 실패했다는 것이다. |
| CAROL 캐롤 | · 나는 중요한 사람이 아니다. | · 누군가 나를 무시하는 것은 분명 그럴 만한 이유가 있어서이다. |

♠ 더 깊이 알기 : 당신만의 삶의 규칙이 당신의 사고방식, 감정, 행동에 어떻게 영향을 미치는지 알 때쯤 우리는 7단원에서 삶의 규칙에 대해 좀 더 자세히 탐구할 것이다. 또한 당신만의 규칙을 파헤치고 이 규칙들 없이 살아갈 수 있는 방법을 찾을 것이다.

## 이 단원에서 꼭 숙지해야 할 것들

Essential take-home messages from this chapter

- 자신을 향한 부정적인 신념은 당신의 의견일 뿐 진짜가 아니다.
- 당신의 이러한 신념은 과거의 경험에서 비롯되었다. 과거에 겪었던 경험은 현재 자신이 믿는 바들을 잘 설명해 주지만 이것이 진실은 아니다.
- 당신의 사고방식이 바텀 라인을 지속시키는 이유이다. 자신감의 결여는 생각 필터를 만들어 내는데, 이는 당신이 현실을 명확하게 보지 못하도록 하며 또한 당신의 바텀 라인이 진짜인 것처럼 믿을 수 있도록 증거들을 만들어 낸다.
- 삶의 규칙을 만들어 내는 이유는 자신에 대해 좋은 감정을 느끼기 위해서, 그리고 주위에 잘 적응하기 위해서이다. 이는 마치 도움이 되고 좋은 영향을 미치는 것처럼 보이지만 결국엔 당신의 바텀 라인을 지속시키고 자신감을 훼손시키고 말 것이다.

### 교훈

낮은 자신감을 유발하는 원인을 찾는 것은 자책하려는 것도 아니고 자기를 불쌍히 여기려는 것도 아니다. 단순히 자신의 진짜 모습을 찾고 인생을 멋지게 살기 위해 사실을 찾아 나서는 첫 단계일 뿐이다.

# 3

# 자신에 대해 좀 더 알아보기

GETTING TO KNOW YOU

## 「자신감 성장을 방해하는 요인은 무엇인가」

WHAT STOPS YOUR SELF-CONFIDENCE GROWING

지금까지 당신은 낮은 자신감의 뿌리를 자신의 인생 경험 속에서 어떻게 찾아낼 수 있는지 배웠다.

***이 단원에서 당신은 …***

- 인생을 살면서 성공이나 성취 등 긍정적인 경험도 많았는데 왜 그 과정에서는 자신감을 키울 수 없었는가에 대해 배울 것이다.
- 삶의 규칙을 깨야 하는 상황에 직면했을 때 어떤 일이 일어났는지 생각해 볼 것이다. 자신의 완벽한 기준에서 부족하다고 느낀 곳은 어디인지 또는 감정의 폭발이나 먹는 것을 자제할 수 없던 때는 언제인지 등이다.

당신은 더 이상 학교생활에 적응 못하던 수줍은 아이가 아니다. 부모가 당신에게 인생에서 아무것도 이루어 낼 수 없다고 말했지만 당신은 꽤 잘해 왔고, 자라면서 인정받을 만한 사람이 아니라고 생각해 왔지만 이제는 당신이 세상의 전부인 배우자가 있다. 이렇게 삶은 끊임없이 변해 왔지만 여전히 내면의 모습은 변하지 않았다. 이제 일상생활 속 당신의 사고방식과 행동이 어떻게 자신감 성장과 잠재력 발휘를 방해하고 진정한 만족을 못 느끼게 했는지 알아볼 차례이다.

바로 앞 단원에서 개인의 삶의 규칙에 대해 알아보았다. 불안과 자책은 부정적인 생각에 불씨를 지펴 활활 타오르게 하면서, 바텀 라인의 산소와도 같은 삶의 규칙들을 깰 수도 있다는 두려움을 유발한다. 이렇게 반복되는 사이클에 한번 갇히게 되면 객관적으로 바텀 라인을 보지 못하게 되고, 자아상을 새롭게 하는 것도 불가능하며 자신감도 키울 수 없게 된다.

이 단원의 마지막쯤 가면 48페이지에 나온 것처럼 자신의 경험을 도식Flowchart으로 만들 수 있을 것이다. 이러한 순서도를 만들기 위한 첫 단계는 '사실 찾아내기 과정Mission'이다. 누구나 걱정하는 것을 좋아하진 않는다. 때문에 이런 감정을 무시하고 분산시키려는 것은 이해가 가지만, 이제는 반대로 함께할 때이다. 즉, 불안과 우려를 바탕으로 한 감정들에 더 이상 휘둘리지 않고 최대한 받아들이는 것이다. 사실 찾아내기 과정의 목적은 바텀 라인이 활성화될 때 일어나는 일들을 확인하는 것이다. 어떤 공포가 찾아오는가? 그 다음 드는 감정은 어떠하며 신체적인 변화는 어떠한가? 그 결과 취하게 되는 행동은 무엇이고 그 후 머릿속에 떠오르는 생각이나 자신에 대한 느낌은 무엇인가?

이 과정을 탐정, 치료사가 되어 참여한다고 생각해 보자. 혹은 자신을 알아가는 과정이라고 생각해 보는 것도 좋겠다. 여기서는 자신의 감정, 사고, 기억들이 가장 중요한 단서가 될 것이다.

## 규칙 깨뜨리기

Breaking the Rules

삶의 규칙은 당신의 감정에 두 가지 방식으로 영향을 미친다. 우선 이 규칙들은 '위협 threat' 을 만들어 내기 때문에, 깨려고 하는 순간 공포를 느끼게 된다. 예를 들어 마감 날짜를 지키지 못할지도 모른다는 생각 혹은 새로운 사람을 만났는데 불친절하고 좋은 사람이 아닌 것 같다는 생각이 들 때 당신은 두려움을 느낄 수 있다. 다음으로 자신의 규칙이 확실히 깨졌다는 것을 알았을 때 (마감 날짜를 못 맞췄다거나, 새로 만난 사람이 당신에 대해 많이 생각하지 않는다는 것), 당신은 슬픔 Sadness 이나 우울함을 쉽게 경험할 수 있다. 위의 두 가지는 큰 사건으로 나타날 때도 있고 혹은 일상의 사소한 일로 나타날 수도 있다. 둘 중 무엇이건 간에, 이로 인해 당신의 바텀 라인은 그 어느 때보다 진짜처럼 느껴지며 자신감은 떨어지게 된다.

앞서 설명했던 바와 같이 처음에는 당신의 삶의 규칙이 가장 친한 친구처럼 느껴질 수 있다. 하지만 실제로는 자신에게 해만 끼치는 독이 되는 친구이다. 이 규칙들은 모든 일에서 항상 완벽해야 한다거나 만나는 모든 사람이 자신을 좋아해야 하며 늘 감정을 조절함으로써 자신의 진짜 모습은 절대 들키면 안 된다고 생각하면서 스스로를 힘들게 만든다. 당신의 삶을 지금의 규칙대로 내버려 둔다면 이는 마치 칼날 위를 걷는 것과 같다. 당신은 이러한 규칙들을 이겨낼 수 없으므로 자신감은 더 떨어지고, 바텀 라인만이 계속 살아 움직이게 될 것이다. 결국 스스로가 만들어낸 규칙 때문에 다른 사람에게는 아무렇지도 않은 특정 상황들이 자신에겐 깊은 영향을 주게 된다. 예를 들어 자신이 항상 정리 정돈을 잘해야 하고 모든 일을 잘 통제Control 해야만 하는 삶의 규칙을 갖고 있다고 해 보자. 어느 날, 아침을 먹고 그릇들을 다 치우기도 전에 이웃 사람이 잠깐 들르고 싶다는 전화를 했다면 당신은 아마 온종일 기분이 좋지 않을 것이다. 다른 예로, 당신이 '모든 사람들에게 좋은 사람으로 인정받아야 한다' 는 규칙을 갖고 있다고 해 보자. 친구가 빌려간 책을 깜박하고 주지 않는다면, 당신은 돌려 달라는 말을 하기까지 몇 주 동안 혼자 초조해할 것이다. 이러한 반응들은 같은 바텀 라인을 갖고 있지 않은 사람에게는 이상하고 지나친 것처럼 느껴질 것이며 심지어 짜증나게 할 수도 있다. 어떤 경우에는 자신의 바텀 라인을 유발하는 사건들이 너무나 사소해서 감정의 폭발, 불안의 진짜 원인을 모른 채 지낼 수도 있다. 이때 당신은 스스로에게 '진정하자' 라고 말하거나 좋은 친구나 배우자로부터 안정을 찾으려고 할 것이다. 또는 맛있는 음식, 와인, 좋아하는 쇼 프로그램 등을 통해 감정을 억제하려 할 수도 있다.

그러나 이제는 다음에 나오는 사고 패턴을 이용해 진짜 원인이 어디서부터 시작되었는지 찾아볼 때이다. 불안을 유발하는 상황과 감정을 회피하려고 하는 것은 일종의 자기 방어적 메커니즘An understandable protective mechanism 이다. 하지만 피할 것이 아니라 어렵고 두렵게 느껴지는 상황들에 맞서 보면 왜 바텀 라인이 자신 안에 강하게 자리잡고 있는지 이해하게 될 것이다. 나아가 그런 상황에 처했을 때 자신의 사고, 감정, 행동의 변화를 예민하게 관찰하면 바텀 라인을 자극하고 자신감까지 훼손시킬 수 있는 상황을 미리 감지할 수 있는 조기 경보 체계Early-warning System 를 만들 수 있다. 또한 바텀 라인을 활성화시키는 일정한 사이클을 발견하고 이를 멈추게 할 수도 있다. 바로 지난주에 있었던 일들을 잠시 돌이켜 보자. 걱정되고 짜증나고 불편했던 순간들을 떠올릴 수 있는가? 그런 상황에서 '내가 잘 대처할 수 있을까? 잘 이겨낼 수 있을까?' 하는 의심이 들면서 패닉 상태에 빠졌던 순간들을 기억해 보자. 또 다른 사람의 평가 때문에 걱정되었거나, 평소보다 자책의 목소리가 더 커져 괴로웠던 순간들도 생각해 보자. 그리고 언제, 어디서, 어떻게, 왜 그런 상황이 일어나게 되었는지 최대한 상세하게 적어 보자.

삶의 규칙을 밝히는 데 단서를 제공할 만한 사고 패턴을 찾았는가? 마감 기한을 지키지 못했을 때(어쩌면 기한을 맞춘다는 것 자체가 불가능한) 드는 자책과 근심들은 당신이 능력 있는 사람처럼 보이려면 일을 제대로 해야 한다는 규칙을 갖고 있다는 것을 말해 주고 있진 않은가? 마감 기한을 지키지 못한 것이 다른 사람의 잘못된 계획이나 비현실적인 기대감 때문이 아니라, 전적으로 자신의 실수라며 자책하고 있진 않은가? 점심에 만나기로 했던 친구 두 명 중 한 명이 취소했는데, 점심 먹는 내내 자신이 재미없고 흥미 없는 사람이라는 생각에 빠져 힘들어하진 않았는가? 머릿속에 떠오르는 생각들을 적다 보면, 당신은 자신의 바텀 라인에 대해 통찰력을 가질 수 있다.

## 자신감을 계속 결여시키는 원인은 무엇인가?

What keeps you lacking in low self-confidence?

바텀 라인이 한번 활성화되기 시작하면 이는 끊임없는 악순환을 만들어 낸다. 당신은 두려운 예측만 하게 되고 계속 자신을 자책하는 상태에 빠진다. 다음에 나오는 차트는 이러한 일이 어떻게 발생하는지 보여 주고 있는데 이 단원을 다 읽고 나면 당신은 자신만의 악순환 사이클을 그려 볼 수 있을 것이다. 계속 주의 깊게 읽으며 자신에게 어떻게 적용할 수 있을지 알아보자.

**다음의 악순환 고리들은 자신감을 계속 상실하게 한다.**

**상황 유발**
이것은 당신의 삶의 규칙을 깨려 하는 것이다

⇩

**자신 내면의 바텀 라인이 활성화된다**

↗ ↘

**두려운 예측**
당신의 부정적인 미래를 보여 주는 수정구슬과 같다

⇩ ⇧

**신체적인 변화**

⬇

**도움이 되지 못하는 행동**
안정적인 행동만 추구하고, 상황을 극복할 수 있는 모든 전략들은 회피한다

⬅

**바텀 라인의 확신**
상황이 안 좋아지면 자신의 탓만 하며 성공할 수도 있다는 생각은 전혀 하지 못한다
"그럼 그렇지, 나는 알고 있었어. 나는 정말…"

⬆

**자기비판적인 생각**
내면에서 스스로를 비판한다

⇧

**우울함**
당신은 지치거나 우울해진다

## 두려운 예측들 : 부정적인 미래만 보여 주는 수정 구슬

특정 상황이 벌어지고 자신만의 바텀 라인을 활성화하게 되면 다음 일어날 일에 대한 공포와 걱정을 떨쳐낼 수 없게 된다. 이는 뇌가 자기 방어 모드로 변하기 때문인데, 두려움이 몰려오기 시작하면 뇌는 그 두려움이 시작되는 상

황들을 예측하려고 한다. 이는 자칫 직관에 반하는 것처럼 보일 수도 있지만 두려운 예측들이 실제로 얼마나 큰 영향을 끼치는지 알고 싶다면 두려운 상황을 의도적으로 생각해내는 과정이 필요하다. 그래서 마음속에 어떤 두려움이 드는지, 몸이 어떻게 반응하는지 등을 살펴보는 것이다.

두려운 상황에 직접 노출되는 것보다 이와 같은 상상의 힘을 빌리는 것이 훨씬 효과적이다. 몸은 마음속으로 상상하는 일을 실제로 일어난 것처럼 반응하기 때문이다. 눈을 감고 30명 앞에 서서 20분 동안 발표하고 있는 자신의 모습을 상상해 보자. 무엇을 입었는지, 방의 크기와 온도는 어떠한지, 어떻게 방에 들어서는지, 노트를 들고 이야기하는지 아니면 파워포인트를 쓰는지, 어디에 서 있는지, 얼마나 많은 사람이 모였으며 어떻게 앉아 있는지 등 최대한 자세하게 상상해야 한다. 자, 이제 그 다음 무슨 일이 일어날지 상상해 보자.

자신감이 많이 부족한 사람들은 이 단계를 연습할 때 대개 최악의 상황을 상상한다. 모든 사람들이 자신을 응시하는 가운데 얼굴이 빨개진 모습이 상상되는가? 입이 꽉 다물어지거나 말을 더듬는가? 혹은 청중들이 지루하거나 짜증스러워 보이는가? 아니면 말을 잘 못하고 당황하는 자신을 동정의 눈길로 쳐다보고 있는가? 질문 세례를 하고, 자신의 말을 이해하기 힘들어하거나, 아니면 '정말 시시하군요!' 라고 말하는가?

이러한 모든 것들이 바로 '두려운 예측' 이며, 당신의 바텀 라인 때문에 생기는 것이다. 바텀 라인을 활성화시키는 상황은 사람마다 다르므로, 두려운 예측들 또한 그 사람이 무엇을 가장 중요하게 여기느냐에 따라 달라질 수 있다. 이처럼 두려운 예측들은 스스로의 감정 및 행동에까지 큰 영향을 준다.

## 신체적인 변화 Physical sensationfs

당신은 위와 같이 상상하는 것만으로도 온몸에 변화가 오는 것을 느꼈을 것이다. 심장 박동 수가 빨라지는 동시에 호흡이 가빠지거나 목, 어깨 근육이 뭉치며 배가 살살 아팠을 수도 있다. 이 모든 증상들은 불안으로부터 오는 것인데, 신체적 변화가 한번 시작되면 두려운 감정과 맞물려 더 안 좋은 앞날만 예측하게 된다. 만약 입이 바싹 마른다면 말을 잘 못할 것이라는 생각에 걱정한다는 증거이며, 심장이 요동치는 것은 명확하게 사고하기가 쉽지 않아 머릿속이 하얘지는 것을 느끼고 있는 것이다.

♠ 더 깊이 알기 : 4단원에서는 부정적인 미래를 예측하는 본인만의 경고 표시를 어떻게 알 수 있는지 두려운 예측들을 어떻게 테스트해 볼 수 있는지에 대해 배울 수 있다. 보통 두려운 예측이 들 때 사람들은 매우 불안해지는데, 이는 사람들이 그런 상황들을 왜 회피하려고만 하는가를 설명해 준다. 어쩌면 당신이 이미 하고 있을 수도 있는 다음 행동들을 살펴보자.

## 전략적 회피 Avoidance tactics

당신은 데이트에 나가기 전, 너무 떨려서 아픈 척하고 약속을 깬 적이 있는가? 아니면 재미없을 것 같은 파티에 가지 않으려고 바쁘다고 말한 적은 없는가? 어려운 전화를 받기 싫어서 아예 전화를 꺼 놓은 적은 없는가? 이 모든 상황들이 전략적 회피 행동들이다. 이것은 단기적으로는 기분을 좋게 만들어 줄 수도 있다. 두렵거나 불편한 상황을 피하고 싶을 때 즉각적으로 안도감을 느낄 수 있기 때문이다. 하지만 다음에 비슷한 상황에 직면했을 때 마찬가지로 똑같은 근심을 겪게 될 거라는 것을 자신도 모르는 사이에 확인한 것뿐이다.

또한 상황을 회피함으로써 실제로는 다르게 일어났을 수도 있었던 일들을 확인할 기회조차 없게 된다. 어쩌면 당신은 완벽한 데이트를 즐겼을 수도 있고 파티가 재미있었을 수도 있으며 혹은 자신이 기대했던 만큼 그 사람들을 완벽히 속이지 못했을 수도 있다. 하지만 늘 이런 식으로 당신이 모든 상황을 모면하려고 한다면, 실제로 일어날 일은 절대 알 수 없다. 그래서 나중에 비슷한 상황에서 또 다른 두려운 예측들이 생각나도 이를 부정할 만한 증거를 못 갖게 되는 것이다. 이처럼 전략적 회피가 단기적으로는 안도감을 줄 수 있지만, 결국은 자신을 보이지 않는 틀 안에 가두고 그 안에서만 생활하게 만든다. 이 책을 계속 읽다 보면 두려운 상황에 적극적으로 맞설 수 있는 방법을 스스로 찾게 될 것이다. 기본적으로 두려움에 맞서기 위해서는 다음 두 가지 사항이 바탕이 되어야 한다.

먼저 정확한 최신 정보를 갖추고 이를 기반으로 다르게 행동했을 때 어떤 일이 일어나는지 실험해 보는 것이다. 그리고 그 범위를 넓혀 갈 때마다 자신감도 함께 상승할 것이다. 정보 Information 와 실험 Experimenting, 이 두 가지는 새롭고 건강한 자아상을 만드는 결정적 요인들이다.

### 지나친 자기 방어 Precautions : '안전성 추구 Safety-seeking'

불안을 유발할 수 있는 상황을 피하기 위한 또 다른 방법은 직접 부딪치는 것이다. 그러나 이 또한 우리가 예측하는 바들이 실제 일어나지 않도록 자기 방어적 행동을 다 해 본 다음에 가능하다. 심리학자들은 이 자기 방어적 행동을 '안전 추구 행동 Safety-seeking behaviors' 이라 부르는데, 최악의 상황으로부터 빠져나와 안전한 곳에 머물기 위해 하는 행동들을 말한다. 이러한 행동을 할 때 당신은 힘든 상황에서 조금이나마 벗어난 것 같은 느낌이 들지만, 아이러니하게도 결국 당신의 시야를 막고 낮은 자신감 상태를 지속할 뿐이다. 때로는 상황을 더욱 악화시키기도 한다. 예를 들어 자신의 안전을 추구하는 행동이 사람들이 '진짜 나'의 모습을 싫어할지도 모른다는 두려움 때문에 하게 되는 것이라면, 이후 사람들을 대할 때 거리를 두고 냉담하게 행동할 것이며 결국 친구를 사귀는 것이 힘들다는 것을 느끼게 될 것이다.

앞서 2단원에서 만났던 친구들이 청중 앞에서 발표하기 전 어떻게 안정감을 찾을 수 있었을지 생각해 보자. 항상 무언가를 할 때 110% 잘 해내야만 한다는 삶의 규칙을 가진 Jackson잭슨은 그의 스피치를 연구하는 데 몇 시간을 소비했을 것이며 110% 정도의 스피치를 해내기 전까지는 연습을 계속했을 것이다. 그렇게 Jackson은 자신이 준비한 스피치에 만족했을 것이며, 따라서 스크립트 이외에 자신이 대답할 수 없을지도 모르는 다른 질문들에 대해서는 전혀 생각하지 않았을 것이다. 그는 자신감이 넘치고 완벽한 듯했지만 그가 준비하지 못한 부분에서 질문을 받았다면 관중과 눈을 마주치지 못하거나 아무 논쟁도 할 수 없었을 것이다. 반대로 Charlotte샬롯은 그녀의 관중이 무엇을 듣고 싶어하는지 계속 추측하고, 보완해야 할 결점과 해야 하는 말들을 주위 동료들에게 물어 보았을 것이다. 그녀는 비슷한 주제의 프레젠테이션Presentation을 찾아보거나, 그것과 비슷하게 스피치를 준비했을 것이다. 또한 프레젠테이션을 하는 동안 사람들이 그녀의 말을 잘 듣는지 안 듣는지를 파악하기 위해 계속 주위를 살폈을 것이다.

자기 방어적 행동을 하는 동안은 자신이 힘든 일에서 벗어나고 있다는 믿음을 갖게 된다. 그러나 전략적 회피와 마찬가지로 자기 방어적 행동은 자신이 두려워하는 예측들이 정확한 것인지 아닌지 알려 주지 않는다. 상황이 잘 풀린다면 당신은 자기 방어적 행동 덕분이라고 생각할 여지가 크다. 이때 갖게 된 자아 가치와 자신감은 같은 행동에 의해 만들어진 것이기 때문에 결국 미래에도 같은 패턴의 행동만 하려고 하면서 스스로를 붙잡아 둘 것이다.

자신감을 키우기 위해서는 자기 방어적 행동을 하지 않은 채 두려운 상황에 접근해야 한다. 따라서 당신은 이러한 자기 방어적 행동들 없이도 두려움을 극복할 방법을 찾아야만 한다.

## 바텀 라인 확인하기

Confirmation of your Bottom Line

### 미리 나섰다가 일이 잘못되면 어떡하나?

그냥 부딪쳐 보자. 자신감으로 가득 찬 사람들도 특정 상황에서 불안하긴 마찬가지다. 특히 많은 대중 앞에서 발표할 때는 더욱 그렇다. 하지만 그들은 잠시 배가 아프고 손에 땀이 나는 것은 지극히 평범한 일이고 자신이 극복해야 할 하나의 장애물 정도로 밖에 생각하지 않는다.

그러나 자신감이 없는 사람의 경우는 많이 다르다. 제대로 서 있을 수 없고, 두려움이 엄습했을 때 앞서 살펴본 여러 증상들이 느껴진다면 그들은 곧 상황이 더 악화되고 말 것이라는 생각만 하게 된다. 이렇듯 정상적인 불안함에 지나친 반응을 보이면서, 결국에는 '난 잘 해내지 못할 거야' 라는 확신을 하게 되고, 머리가 하얘지고 얼굴이 빨갛게 달아오르며 땀이 나고 몸이 떨리는 것을 막을 수 없게 된다.

이러한 '불안anxiety' 이 오히려 더 나은 나를 만들 수도 있다는 점은 보지 못한 채 당신은 이 모든 상황이 다 내가 부족하고, 어리석고, 쓸모없는 존재이기 때문이라고 믿게 된다. 이러한 순간을 경험하면서 당신은 쥐구멍에라도 숨고 싶은 마음으로 자신의 바텀 라인을 다시 확인하게 되며, 자신감 또한 잃게 된다. 지금 당장은 상상하는 것이 힘들 수도 있지만 이 책의 후반부에 들어서면 내가 가진 약점과 결점들은 나의 모습 중 극히 작은 일부분일 뿐이며 더 이상 스스로가 가치 없는 사람처럼 느껴지지 않을 것이다.

## 만일 상황이 잘 풀린다면?

당신이 건강한 자신감을 가진 상태에서 스스로의 노력으로 상황이 잘 풀린다면 다음날 가벼운 발걸음으로 당당하게 걸어가거나 자신이 이룬 성과에 대해 스스로를 토닥거려 줄 것이다. 또 그 상황에서 발휘한 자신의 능력에 대한 시각도 새롭게 할 수 있을 것이다. 하지만 자신감이 부족한 사람의 경우라면 이야기가 달라진다. 아마도 모든 것이 끝났다는 안도감에 일시적으로 기분이 좋아지긴 하겠지만 스스로를 바라보는 시각이 달라지지는 않는다. 왜 그럴까? 자신감이 없는 사람은 자신이 성공을 이루었다고 생각하기보다는 상황이나 운으로 돌리거나 함께 이룬 업적을 부정하기 때문이며(내가 만약 그 일을 처리해야 했다면 그렇게까지 힘든 일은 아니었을 거야) 다른 사소한 문제에만 집착하기 때문이다. 만약 스스로를 매우 부정적으로 판단한다면 이 부정적인 시각에서 비롯되지 않은 다른 생각들은 인정조차 하지 않으려고 할 것이다. 이는 일종의 자신에 대한 선입견인데, 바텀 라인을 부정하는 모든 증거들을 스스로 걸러내기 때문에 자신이 이루어 놓은 긍정적인 성취들까지도 부정하게 된다. Jackson[잭슨]의 예를 살펴보자. 상사는 그에게 10가지 일을 맡긴다. 9개는 전혀 고칠 곳이 없지만 10번째 것에 빨간 줄이 그어져 있을 때, Jackson은 오로지 그 빨간 줄에만 집중한다. 사실 이것은 작은 실수였을 뿐인데도 그에게 다른 모든 것들은 안중에도 없다. 오직 실패했다는 생각만 계속할 뿐이다. 항상 처음부터 모든 것이 완벽해야 한다고 여기기 때문에 조금만 일이 잘 못되어도 자신감에 상처를 입는다.

♠ 더 깊이 알기 : 6단원을 펴고 당신이 인생에서 성취한 것과 좋았던 일들을 어떻게 깨닫고 누릴 수 있는지 알아보자.

## 자신감과 자기비판적인 생각
Confidence and self-critical thinking

자신의 바텀 라인을 확인한 경험이 있다면 자기비판적인 생각 또한 늘 함께 동반된다는 것을 알 것이다. 삶의 규칙이 위협을 받거나 깨질 경우 내면에 존재하던 자책하는 사고가 깨어나 당신이 쓸모없고 어리석고, 사랑 받을 자격이 없다는 것이 옳았음을 알려 준다. 가끔 당신은 "거봐, 난 알고 있었어. 난 아무 것도 하면 안 됐어. 어차피 난 쓸모없으니까"라고 말하거나 혹은 말로 하지 않아도 이보다 더 복잡한 감정을 느낄 수도 있다. 혹은 가슴이 휑하거나 배가 아프며 신경이 날카로워질 수도 있고, 상처를 받거나 불안하며 기분이 계속 안 좋을 수도 있다. 반대로 완벽하고 결점도 없는 데다 노력하지 않아도 유능한 인기인이 되는 비현실적인 상상에 빠져 진짜 자신은 잃어버릴 수도 있다.

자책하는 사고는 자신에 대한 감정과 삶을 대하는 태도에까지 영향을 끼친다. 스스로에게 '너는 왜 이렇게 어리석은 거야?' 라는 생각에 사로잡히거나 혹은 '너는 정말 쓸모없는 쓰레기와도 같아. 너는 가치 없는 사람이야. 너는 부끄러운 사람이야. 오늘도 모두 널 비웃었어. 왜 너는 모든 게 엉망이 된 후에야 뒤늦게 노력하는 거니?' 라며 열변을 토해낼 수도 있다.

만약 자신이 체중을 줄이려고 애쓰고 있는데, 계획했던 양보다 조금이라도 더 먹게 되면 다음과 같은 내면의 비판이 몰려오는 것을 느끼게 될 것이다. '너는 의지가 전혀 없어. 넌 진짜 식탐 많은 돼지 같아, 그러니 살이 찌지. 넌 언제 그만 먹어야 하는지도 몰라. 사람들이 분명히 역겹다고 생각할 거야.' 이렇게 장황한 열변들은 기분에 큰 영향을 미친다. 스스로 자신을 인정하지 않고 실패한 사람이라고 계속 말한다면 우울해지고 앞으로의 인생 그 어떤 것에도 흥미를 느낄 수 없게 된다.

지금까지 당신의 사고가 항상 신뢰할 수 있는 건 아니지만 그렇다고 아무런 영향력이 없는 것도 아님을 강조했다. 다른 사람이 계속 당신의 기분을 상하게 하고 실수나 불행했던 일들을 꼬집어 내며 넌 아무리 노력해도 소용없다고 말했다고 가정해 보자. 당연히 당신의 스트레스 지수는 올라갈 것이며 두렵고 화가 나고 심지어 우울해질 수도 있다. 이는 지극히 정상적인 현상이다. 하지만 정말로 누군가가 당신에게 위와 같은 말들을 했는가? 스스로의 생각이나 상상만으로 자신을 몰아세우는 것은 아닌가? 자신 스스로를 계속해서 비참한 기분으로 몰아간다면 당연히 기분은 나락으로 떨어질 수밖에 없고 우울증까지 걸리게 될 것이다. 우리는 우울함이 자신의 사고방식에 얼마나 치명적인 역할을 하는지 잘 알고 있다. 한 순간에 자신의 과거, 현재, 미래에 대해 긍정적으로 사고할 수 없게 되며, 이 때문에 자신감은 더욱더 낮아지게 된다.

♠ 더 깊이 알기 : 5단원에서는 자기비판의 정도와, 그것을 해결하는 방법을 알려 줄 것이다. 더불어 자신을 더 아끼는 법도 알 수 있다.

## ♣ 직접 해 보기

### 1. 자신만의 악순환 고리 그려 보기

이제 당신은 두려운 예측들이 생겨날 때 자책감이 동반된다는 사실을 잘 알고 있다. 이럴 때 당신은 올바른 사고와 감정에 집중하기 어려우며, 결국 아무것도 하고 싶지 않은 채 모든 것을 자기 탓으로 돌리고 말 것이다.

### 2. 방법

A4 한 장과 연필, 지우개를 준비하라. 그리고 50페이지에 나와 있는 차트를 이용하여 자신만의 악순환 고리를 그려 보자.

**상황 유발** Trigger situation : 지속적이고 정기적으로 불안과 근심을 만들어 내던 상황을 생각해 보자. 이것이 바로 당신의 '상황 유발 Trigger situation' 이며 이를 제일 첫 번째 줄에 써넣는다. 그다음 최근에 일어났던 일을 떠올려 본다. 막연하게 적지 말고 최대한 자세하게 적으면 훨씬 도움이 될 것이다. 이렇게 생각해 낸 상황들을 한 문장 또는 두 문장으로 쓰고 차트 안을 채워 넣는다.

**두려운 예측** Anxious predictions : 이러한 상황에 처했을 때 정확히 어떤 일이 생길 것 같았는가? 잘못될 것 같았던 점들을 모두 써 보자.

**신체적인 변화** Physical sensations : 이러한 예측들이 떠올랐을 때 당신의 감정은 어떠했는가? 심장 박동이 빨라지고 배가 아프고 근육이 뭉치며 체온이 올라갔는가? 두려울 만한 상황들을 머릿속에 최대한 자세하게 그려서 비록 상상이지만 불안한 감정들이 실제 생겨날 수 있도록 한 다음 적어 본다.

**도움이 되지 못하는 행동** Unhelpful behavior : 예측들이 실제 사실이 되는 것을 막기 위해 당신은 무엇을 했는가? 그 상황을 회피했는가? 아니면 그 상황에 뛰어들긴 했으나 스스로를 보호하기 위해 자기 방어적 행동을 취했는가? 만일 그랬다면 구체적으로 어떠한 안전 추구 행동을 했는지 자세히 적어 보자.

**바텀 라인의 확신** Confirmation of your Bottom Line : 이러한 모든 상황이 끝난 후 자신에 대한 판단은 어떠했는가? 불안이나 자책 때문에 행동하는 데 제한을 받았는가? 혹은 모든 것이 괜찮았음에도 당신은 이를 부정했는가? 일어났던 모든 일들은 바텀 라인을 지지하며 자신에 대한 부정적인 판단을 다시 확인시켜 줄 뿐이었는가? 이런 경험을 어떻게 하게 되었는가? "그럼 그렇지, 알고 있었어, 난 정말…"이라며 말로 표현했는가 아니면 그저 감정으로만 느꼈는가?

**자기비판적인 생각** Self-critical thinking : 이 모든 상황이 끝난 후 스스로에게 뭐라고 말했는가? 스스로를 뭐라고 부르며 어떤 혹평을 했는가?

**우울함** Low mood : 기분이 우울해질 수 있다. 당신은 어땠는가? 힘이 쭉 빠지거나 어딘가로 숨고 싶어지는 등 신체와 행동의 반응을 보면 알 수 있다.

## 이제 이런 악순환의 고리로부터 빠져나올 시간이다

It's time to step out of this vicious circle

당신이 작성한 차트를 보자. 악순환의 고리가 자신감이 자라는 것을 막고 바텀 라인을 지속시킨다는 것을 알았을 것이다. 앞으로 이 책의 남은 연습 과정들도 충실히 따라하다 보면 이 고리를 깰 방법을 찾을 수 있을 것이며, 새롭고 더 나은 대안들까지 발견할 수 있다.

### *당신이 배울 것들…*

- 두려운 예측들이 몰려오는 순간을 어떻게 알아차릴 수 있는가
- 두려운 사고에서 한 발짝 물러나서 '이것이 과연 진실인가?' 라고 물어볼 수 있는 방법은 무엇인가
- 자신이 편안함을 느끼는 범주에서 벗어나, 우려했던 예측들이 실제로 얼마나 맞는지 경험해 볼 수 있는 방법은 무엇인가
- 자기비판적인 생각이 우울한 감정과 어떤 연관을 맺는가
- 어떻게 부정적 편견 없이 당신의 장점과 재능을 바라볼 것인가
- 도움이 못 되는 삶의 규칙들을 어떻게 변화시킬 수 있는가
- 바텀 라인을 직시하고 자신감을 상승시키는 데 있어서 장애가 되는 것들을 어떻게 없앨 수 있는가

## 이 단원에서 꼭 숙지해야 할 것들

Essential take-home messages from this chapter

- 매일 반복하는 사고방식과 감정들은 당신의 낮은 자신감을 유지시킨다. 이 요소들은 끊임없는 악순환을 만드는데, 자신을 부정하게 만들며 자꾸 모든 일이 잘못될 것만 같은 두려운 예측들을 갖게 한다.
- 당신은 두려운 예측들이 사실이 되지 않도록 상황을 회피하거나, 불필요한 자기 방어적 행동을 한다. 또 일이 잘못되면 자신이 성취한 것이나 다른 부정적 요소들은 전혀 고려하지 않은 채, 모든 것을 자신의 탓으로만 돌린다. 그 결과 자신에 대한 부정적인 신념에 파묻히게 된다.
- 자신감을 다시 키우기 위해서는 이 악순환의 고리를 깨는 것이 가장 중요한데, 자신만의 악순환 고리를 그리는 것이 그 첫 번째 단계이다.

### 교훈

당신의 가장 큰 적들 중 하나가 바로 당신이 쓸모없고, 어리석고, 사랑 받을 자격이 없다고 말하는 자기비판적 생각이다. 이 생각이 지속되다 보면 마치 그것을 사실처럼 받아들이게 되는데, 이는 당신의 감정에도 큰 영향을 미쳐 자칫하면 우울증에 빠질 수도 있다.

# 4

# 당신을 힘들게 하는 불안을 멈추는 방법

HOW TO STOP ANXIETY HOLDING YOU BACK

앞날을 예측 Prediction 하기 위해 특별히 점술가가 될 필요는 없다. 우리 모두는 매일 예측하며 그에 따라 행동한다. 자신이 이미 예측을 하고 있고, 그 예측들을 말로 표현하기도 한다는 사실을 느끼지 못할 뿐이다. 물론 '내가 이 버튼을 누르면, TV가 켜지겠지…' 또는 '내가 이 페달을 아래로 밟으면 자동차가 느려지겠지…' 처럼 일일이 말로 하지는 않지만 무의식적으로 끊임없이 예측하고 행동한다. '내가 지금 떠나면 5시 30분 버스를 잡을 수 있을 거야!' 처럼 좀 더 깊이 생각하고 신경 쓰면서 만들어지는 예측들도 있다.

예측은 일반적으로 경험을 바탕으로 하며, 우리는 이러한 예측들을 수정하고 업데이트하면서 무슨 일이 발생할 때 그것을 정보로 사용한다. 그리고 이러한 과정들을 거치면서 예측은 점점 유용한 사실이 된다. '5시 30분 버스를 잡으려면 나는 어제보다 10분 일찍 떠나야 해!' 와 같은 것이 그 예이다.

3단원에서는 낮은 자신감으로부터 비롯된 예측들이 자신에게 어떻게 불리하게 작용할 수 있는지 보여 주었다. 자신의 바텀 라인이 부정적일 때는 정확한 예측을 하기가 어렵다. 또한 자기 방어적인 규칙과 행동들이 깨지는 상황에서 당신은 자기 불신에 빠지게 된다. 이는 스스로가 한발 물러서서 과거의 경험을 바탕으로 현실을 고려한 예측을 하기보다는 최악의 경우만 예측하기 때문이다. '내가 다 망치고 말 거야' '저들이 날 비웃을 거야' '내가 정말 바보처럼 보일 거야' '직장을 잃게 될 거야' '그 사람은 날 다시 부르지 않을 거야' '난 결코 대처할 수 없어' 당신은 이런 불안한 예측들을 할 이유가 전혀 없음에도 모든 것들이 진실처럼 느껴질 것이다. 그래서 이 우려들이 실제 실현되지 않도록 미리 조치를 취하게 된다. 이것이 바로 3단원에서 소개된 안전 추구 행동이며, '불필요한 자기 방어적 행동' 이다.

다음 페이지에 나오는 순서도는 이러한 행동들이 어떤 과정으로 나타나는가를 보여주는 개관Overview이다. 앞서 언급했듯이 당신은 의심과 불확실성의 요소들을 감지하는 즉시 두려운 예측들을 만들어 낼 것이다. 특히 무슨 일이 일어날지 확신하지 못할 때 당신의 마음은 아주 가끔 발생하는 '최악의 경우'를 가정하는 상상 속으로 빠지고 만다. 자신도 이미 그 최악의 경우가 거의 일어나지 않을 것이라는 사실과 그 상황이 자신에게 피해를 주지 않을 것임을 잘 알면서도 말이다. 물론 그러한 최악의 상황에 대처할 기회도 있을 수 있다. 그러나 당신은 벌어지는 상황이 우려되면 우려될수록 두려운 예측들을 점점 더 믿는 동시에 스스로를 위험에 빠뜨린다.

**TARA타라의 경우 :** 일터에서나 아이들이 뛰어노는 놀이터에서나 늘 친절하고 말도 잘하며 매력적인 Tara타라의 친구들은 술이나 저녁을 같이 먹자거나 파티에 함께 가자고 할 때면 Tara가 항상 이런저런 이유를 들며 거절했던 일을 떠올린다. 어떤 친구들은 그녀가 너무 바쁘다고 생각했고 또 어떤 친구들은 그녀가 외식할 돈이 없다고 생각했다. 하지만 사실 이는 Tara가 사람들이 모이는 자리에 갈 때마다 나타나는 그녀의 바텀 라인('난 지루한 사람이야!')이 생활 속에 드러난 것이다. 그녀의 바텀 라인은 12세부터 16세까지의 학창시절에 형성되었다.

규칙이 깨질지도 모른다

⬇

자기 불신과 불확실성 : 바텀 라인이 작동된다

⬇

염려스러운 예측들

⬇

육체적이고 정신적인 징조들

⬇

자기 보호 전략으로서의 회피, 안전 추구 행위

⬇

염려스러운 예측들을 확인하고 개선 기회 상실

⬇

바텀 라인의 고착화

학창시절, 그녀는 "Tara[타라]는 우리랑 함께 놀기에는 너무 지루해!"라는 친구들의 말에 큰 상처를 받았다. Tara는 이러한 10대 시절의 경험을 떨쳐 내려고 애썼지만 자신이 그다지 시선을 끌거나 재미있는 사람이 아니라고 생각하게 되었다. 그렇게 Tara는 대부분의 사교 모임에 참석하지 않았고 의지만 있다면 충분히 분위기 메이커나 모임의 주인공이 될 수도 있다는 사실을 외면해 왔다. 그래서 그녀는 자신의 두려운 예측들('사람들은 나를 무시하거나 비웃을 거야!')이 진짜인지 아닌지를 확인할 기회조차 없었다. 만일 그녀가 다양한 사교 모임에 참석했다면, 자신이 지루하지 않다는 점과 사람들이 자기 자신으로 인해 행복해할 수도 있다는 점을 발견할 수 있었을 것이다.

또한 그런 모임 자리에서 반드시 그녀가 사람들을 즐겁게 해 주기 위해 노력을 할 필요도 없다. 결국 두려운 예측과 최악의 경우를 대비해 스스로를 보호하고자 했던 자기 방어적 행동들이 오히려 자신감을 상실하게 한 것이다.

***이 단원에서 우리는 다음 사항들을 배울 것이다.***

- 두려운 예측을 하게 되는 신호들을 조기에 발견하는 방법
- 자신의 두려운 예측들을 확인하는 방법
- 두려운 예측들이 실현되는 것을 막기 위해 스스로가 취하는 불필요한 자기 방어적 행동의 정체를 밝히는 방법
- 두려운 예측들의 정당성에 대해 질문을 던져 보고, 더 유익한 대안들을 제시하는 방법
- 자신의 두려운 예측들이 과연 얼마나 맞는지 다른 방식을 통한 실험으로 확인하는 방법
- 자신의 두려운 예측들을 더 유익하고 현실적인 것들로 대체하는 방법

## 두려운 예측들을 확인하라 : 핵심 5단계

Checking out anxious predictions : five vital steps

### 【1단계】 당신의 불안 anxiety 을 조절하라

불안 Anxiety 이 육체적 변화를 동반한다는 것은 매우 보편적인 사실이다. 그래서 "너무 무서워서 식은땀이 난다"거나 "얼마나 겁먹었는지 얼굴이 하얗게 질렸어"처럼 우리가 자주 사용하는 말 속에서도 이러한 변화와 관련된 표현을 쉽게 발견할 수 있다.

**아래의 증상들을 읽고 자신에게 해당한다고 느끼는 것에 표시해 보자.**

- 근육 긴장 : 이를 악물거나, 턱을 갈거나, 어깨를 구부리기 시작한다. 목이나 머리가 아프거나 얼굴을 찌푸리게 되고 손을 떤다.
- 비정상적인 호흡 : 호흡이 빨라지거나 고르지 않은가? 아니면 숨을 못 쉬거나 가쁘게 호흡하는 일이 있는가? 머리가 어지럽거나 현기증이 나거나 기절하는 일이 있는가?
- 기분의 변화 : 초점을 맞추거나 집중하는 일이 점점 어려워진다. 마음이 허전하고, 혼란스럽거나 지극히 단순하고 일상적인 작업도 어려워진다. 극단적인 경우 시야가 흐려지거나 좋아지는 것을 경험한다.
- 위장에 나타나는 현상 : 배가 살살 아프기 시작하거나 위통을 느낀다. 또는 불과 10분 전에 화장실에 다녀왔음에도 다시 화장실에 가고 싶은 욕구를 느낀다.
- 심장박동 변화 : 심장 박동이 강해지거나 빨라져서, 심장이 뛰고 있다는 사실을 스스로가 느끼게 되는가?
- 체온 변화 : 열이 나며 얼굴이 빨개지고 손바닥은 찬데 땀이 난다. 또는 반대로 몸이 차가워진다.

위와 같은 징후들은 자신의 신체에서 '투쟁 도주 반응fight or flight response'이 작동하고 있다는 신호이다. 이것은 실제 혹은 상상으로부터 오는 육체적이거나 정신적인 위협에 대한 신체의 본능적 반응이다. 한번 위협이 인지되면 뇌는 자신의 몸이 위협에 대항하여 싸우거나 도망칠 수 있도록 준비시키는 호르몬인 아드레날린을 방출하도록 신장 근처의 분비선들에 신호를 보냄으로써 몸에 적색경보를 울린다. 이러한 이유 때문에 불안함을 느끼기 시작하면 조용히 앉아 있으려고 하거나 가능하면 눈을 감으려고 애쓰는 것이다.

천천히 호흡을 하면서 내쉬는 숨에 집중해 보아라. 그러고 나서 자신의 몸에 모든 정신을 집중하라. 육체적인 감각들을 기록하는 원격제어 로봇이 있다고 상상해 보자. 로봇이 자신의 어디에서 무엇을 기록하는가? 할 수 있다면 각각 느껴지는 감각의 강도에 따라 0부터 10까지 점수를 매겨 본다. 10이 가장 강한 것이다. 예를 들어 목의 긴장 8, 두통 9, 울렁거림 3과 같이 말이다.

### 【2단계】 주제를 찾아라

자기 불신이 엄습하고 혹시 일어날지도 모르는 일에 대한 불안이 느껴지면, 당신의 머리를 스치는 생각이나 상상만이 유일하고 명확한 것이 된다. 때문에 똑같은 상황에 대해, 다른 사람들은 다르게 느낄 수도 있다는 것을 알아채기 어렵다. 이런 식으로 당신은, 경험과 바텀 라인에 의해 형성된 자신만의 두려운 예측들을 정당화시키기 시작한다. 그러나 대부분의 사람들이 불안과 불확실함을 느낄 때, 반복적으로 나타나는 명확한 주제들이 있다. 여기 가장 보편적인 예들이 당신에게도 해당되는지 확인해 보자.

#### ● 당신은 나쁜 일이 발생할 것이라는 가능성을 과대평가한다

당신은 자신의 예측을 지지할 만한 명확한 증거 없이도 어떤 일이 잘못될 것 같다고 절대적으로 확신한다. Tara타라 는 아는 사람들과 함께 저녁 먹는 것을 상상할 때, 견딜 수 없는 침묵과 싸늘함만이 오갈 것이라고 과신한다. 그녀는 직장과 놀이터에서 사람들이 자신에게 호의적이고 함께 대화 나누기가 편하다면, 다른 곳의 사람들도 같을 가능성이 있다는 증거를 무시한다.

#### ● 당신은 나쁜 일이 얼마나 더 나빠질지에 대해 과대평가한다

두려운 예측들로 마음이 가득 차기 시작하면, 그 예측들이 합리성을 띠는

건 불가능하다. 그래서 부정적인 일이 발생하더라도 빨리 극복하거나 잊을 수 있다는 생각을 할 수가 없다. Tara[타라]는 저녁 만찬이 지루해지면, 모든 사람들이 하품을 하고 시계를 보면서 10시 30분에 택시를 부를 것이라고 생각한다. 그녀는 이 일들이 자신과 친구들 사이의 관계를 영원히 바꾸어 놓을 것이며, 직장에서도 그녀가 지루한 사람이라는 사실이 동료들 사이에 퍼져 모두들 자신을 피할 것이라고 상상한다.

### ● 위기 상황에 대처할 수 있는 자신의 능력에 대해 과소평가한다

가장 최악의 상황을 상상하는 것뿐만 아니라 악화된 상황을 호전시키기 위해 자신이 할 수 있는 것은 아무것도 없다고 확신할지 모른다. Tara[타라]의 경우 저녁 만찬에서 어색한 침묵이 흐른다면 그녀가 다른 대화를 이끌어 내면 되고, 아니면 아무리 끔찍한 밤이었다고 할지라도 나중에 언니나 동생에게 이야기해 줄 만한 재미있는 사건이었다고 생각할 수도 있다는 점을 몰랐다.

### ● 다른 사람을 과소평가한다

당신은 상황을 호전시킬 수 있는 외부 요인들을 전혀 고려하지 않았을지도 모른다. Tara[타라]를 예로 들어 보자면, 그녀는 만찬에 참석한 다른 사람들도 좋은 시간을 갖기 위해 노력하고 있었다는 사실을 간과했다. 그 저녁 만찬의 성공 여부는 오직 그녀만의 책임이 아닌 것이다.

## 【3단계】 상황 회피 Spot avoidance tactics 또는 안전 추구 행동

두려움에 직면했을 때 그 상황을 빠져나오려 하는 것은 당연하다. Tara[타라]는 모임에 빠지기 위해 적절한 변명을 만들어 낸 후, 초대해 준 사람에게 꽃을 보냄으로써 미안한 마음을 대신 전했다. Tara타라 는 자신이 지어낸 이야기 속에서 안전하다는 느낌을 받을 수 있다. 그 변명들이 자신이 그 자리에 가지 않아도 된다는 안도감을 충분히 주고 있기 때문이다. 그러나 계속 그 느낌에만 머물고 싶어 한다면 그녀는 안전을 추구하는 행동만 계속 반복하게 된다. 그렇게 되면 Tara는 절대 편안해질 수 없으며 자신의 결점은 물론 제대로 된 본인의 모습을 인정할 수 없게 된다.

두려움에 직면하게 될 때 당신은 어떠한가? 그 두려움을 회피하려고 하는가, 아니면 그 두려움이 현실로 다가오기 전에 자신을 보호하려는 행동을 취하는가? 만약 자신이 보호 행동을 취하는 타입이라면, 그 행동들은 무엇인가? 그 행동들이 반드시 필요한 것이 아닐 수도 있는가? 당신이 하는 행동들이 확실하지 않다면 불안을 나타내는 신호가 생길 때 자신의 마음에 어떤 생각이 드는지 주목하도록 하라. 또한 당신이 직접 하는 행동에도 주목해 보자. 자신을 안전하게 하려고 어떤 행동을 하는가? 불안을 다스리는 방법을 더 자세히 알기 위해 나머지 부분을 잘 읽고 불안의 현실화 체크리스트를 완성해 보자.

## ♣ 직접 해 보기

### 불안에 대한 당신의 반응 Reactions

70~71쪽에 나온 불안의 현실화 체크리스트를 보자. 기록에 앞서 몇 가지 도움을 받기 위해 86~87 페이지에 있는 Tara타라의 기록을 볼 것이다. 이 연습은 두려운 예측들이 생겨날 때 어떤 일이 일어났는지 알 수 있도록 도와줄 것이며, 자신의 삶에 어떤 영향을 미치는지 또한 알려줄 것이다. 자신의 일상을 기록하는 이 표는 단순히 머리로 생각하거나 일기를 쓰는 것보다 스스로 변화하게 만드는 데 훨씬 큰 힘을 지니고 있다. 이 표는 단계별로, 낮은 자신감을 지속시키는 과정들을 신중하게 파악하도록 도와줄 것이며 실제 상황들 속에서 일어나는 시스템을 보도록 해 줄 것이다.

## 불안의 현실화 체크리스트 check worksheet

자신이 실제 불안했던 경험의 순간에 최대한 빨리 표를 채워야만 한다. 여기에는 여러 이유들이 있는데 우선은 모든 게 정상적이고 편할 때에는 걱정되는 예측들을 찾아내기가 쉽지 않기 때문이다. 지난 상황들을 냉철하게 돌이켜 볼 때, 자신이 했던 생각과 취했던 행동들에 지쳐서 상황을 솔직하게 기록하기 꺼려질 수 있다. 그리고 그 상황들을 기록하는 데 있어서 지체하면 지체할수록 기억할 수 있는 상세한 상황들도 더 줄어들 것이다. 따라서 처음부터 구조화된 표를 채우는 것이 힘들 수 있지만 여러모로 시도해 볼 가치가 있다. 이런 식으로 자신의 반응을 자세하게 관찰하는 것은  불안의 첫 신호들을 파악하는 데 도움이 될 것이며, 불안이 자신을 사로잡기 전에 제재할 수 있는 방법까지 배우게 될 것이다.

**당신이 기록해야 할 것들** : 요일, 날짜, 시간. 당신이 이러한 불안의 증상들을 겪은 때는 언제인가? 이 차트를 1~2주 동안 채운 사람들은 하루의 특정 시점(아침에 일어나서 맨 처음) 혹은 한 주의 특정 시점(금요일 저녁)처럼 종종 그 불안을 알려주는 패턴을 발견하곤 한다.

**상황** : 불안을 유발하는 요소들은 동료와의 마찰처럼 외부적인 것일 수도 있고, 자신이 방금 끝낸 보고서를 상사가 맘에 들어하지 않을 것이라는 생각처럼 내부적 요인에 의한 것일 수도 있다. 당신이 어디에 있었는지, 누구와 함께 있었는지, 무엇을 하고 어떤 생각을 하고 있었는지 상세하게 적도록 한다.

**감정** : 당신은 패닉, 압박, 짜증, 좌절, 창피함, 절망 등의 느낌을 받았는가? 상세하게 서술해 보고 '강도의 세기'에 따라 0부터 10까지 표기해 보자. 10은

## 불안의 현실화 체크리스트

| 요일/<br>날짜/시간 | 상황 | 감정과 신체적 반응<br>(0 ~ 10까지<br>순위를 매겨보자) | 불안예측<br>(0 ~ 10까지<br>순위를 매겨보자) |
|---|---|---|---|
| | | | |

| 회피/예방 행동 | 대안적인 시나리오<br>(이 상황을 다르게 볼 수 있는 관점을 찾기 위해 핵심 질문들을 사용하라. 0 ~ 10까지 안도감 정도를 적어 보자.) | 실험<br>1. 평소 하던 자기 방어적 행동들 대신에 어떤 행동을 취했는가?<br>2. 결과는 어떠했는가? |
| --- | --- | --- |
| | | |

그 정도가 가장 센 것이며 5는 중간 정도, 2는 약간의 감정 정도가 될 것이다. 자신의 감정 정도를 체크해 보는 것은 단서들을 최대한 빨리 파악하는 데 도움이 될 것이다.

신체적 반응 : 당신은 떨림을 느끼거나 더워지기 시작했는가? 아니면 턱을 꽉 다물거나 배가 아파 오기 시작했는가? 앞서 당신은 두려운 예측들이 떠오를 때 얼마나 다양한 신체적 반응이 나타날 수 있는지 배웠다. 자신이 느낀 모든 반응들을 적고, 감정 부분에서처럼 그 정도의 세기를 0부터 10까지 적어 보자. 0은 가장 약한 것이며 10은 가장 센 것이다.

불안의 예측들 : 일이 잘못될 수도 있다는 생각을 할 때 떠올랐던 생각들을 적어 보자. 그리고 각 예측마다 얼마나 강한 믿음을 가졌는지 0부터 10까지 그 정도를 적어 보자. 10은 자신이 아무런 의심의 여지없이 믿었다는 뜻이며 5는 중간 정도, 1은 거의 실현 불가능한 정도로 생각했다는 뜻이다. 당신은 그 예측들을 강하게 믿을수록 불안의 정도도 더 세진다는 것을 알게 될 것이다. 어쩌면 마치 영화를 보는 것처럼, 불안의 예측들이 현실이 되었을 때의 모습이 생생하게 떠올랐을 수도 있다. 한편 불안의 예측이 긴 문장이나 이미지가 아닌 '이제 또 시작이구나' 와 같은 짧은 문구일 수도 있고, '내가 잘 대처하지 못하면 어쩌지?' 혹은 '그들이 날 좋아할까?' 와 같은 질문들일 수도 있다. 그러한 예측 문구를 적어 보고 그 의미가 무엇인지 들여다보자. 만약 짧은 문구가 생각났다면 그 안에 숨겨진 의미를 파헤칠 수 있는지 생각해 보자. 어떤 두려움이 나타나는가? 어떤 일이 일어날 것 같은가? 만약 자신의 예측들이 질문 형식이라면, 그 뒤에 숨겨진 뜻을 생각해 보자. 자신에게 물어보라. '내가 과연 할 수 있을까?' 라는 질문에 대한 자신의 답이 '난 할 수 있어' 와 같은 것이었다면, 당신은 걱정하지 않아도 된다. 그러나 '난 할 수 없을 거야' 라면 그 안

에 숨은 의미들을 찾아야 할 것이다. 이러한 문구들 뒤에 내포된 뜻을 알았다면 그것들을 스스로가 얼마나 믿었는지 0부터 10까지 숫자로 나타내 보자.

**당신의 반응 – 회피 또는 자기 방어적 행동들 :** 당신은 두려움으로부터 스스로를 안전한 곳에 머물게 하기 위해 무엇을 하는가? 회피는 상대적으로 매우 쉬운 방법이다. Tara타라 의 경우, 그녀는 여러 초대들을 거절했다 그러나 자신을 보호하기 위한 행동이나 전략들은 조금 더 어렵다고 할 수 있다. 예를 들어, Tara가 여러 모임의 초대를 거절할 수 없었을 때 그녀의 다른 전략은 다른 사람의 대화에 집중해서 자신에 대한 언급을 최소화하는 것이었다. 자신의 방어적 행동이 다른 사람들은 깨닫지 못할 정도로 미묘할 수도 있지만 신중하게 관찰하고 가능한 많은 예들을 기록하다 보면 그 패턴을 찾아낼 수 있다. 특히, 구사일생한 듯한 느낌들을 조심하라. 이 감정들은 불필요한 자기방어적 행동들의 신호이다.

### 【4단계】 대안적인 시나리오 alternative scenarios 를 찾아라

다양한 상황 속에서 나타났던 두려운 예측들에 대한 이해가 명확해졌다면 이제 그것들이 실제 일어난 것처럼 자동적으로 반응하지 말고 그 예측이 가진 유효성에 대해 질문을 던져 보자.

여기서 배운 새로운 아이디어들을 실제로 적용하다 보면 더 나은 현실을 만들 수 있다. 불안한 예측들이 낮은 자신감의 악순환을 지속시킨다는 것을 기억하자. 지금껏 해 온 예측들 대신 다른 대안을 생각해 낸다면 자신의 삶을 위협하는 두려움을 없앨 수 있을 것이다. 이는 아주 중요한 단계로 자신의 진짜 모습이 반영된 삶을 경험하고 자신감을 높이며 일상생활을 즐길 수 있도록 도와준다. 다시 한 번 말하지만, 두려움을 느꼈던 자신의 경험에 대해 추상적이고 모호한 말로 나타낼 것이 아니라 구체적인 예들을 생각해 내야 한다. 그러면 당신은 이 과정을 훨씬 빨리 끝낼 수 있을 것이다.

아래 질문들은 자신의 평소 사고방식을 점검하는 데 도움이 될 만한 핵심 질문들이다. 각 문항마다 떠오르는 답들을 적고 그것을 얼마나 신뢰하는지를 0부터 10까지 숫자로 나타내 보자. 자신이 만들어 낸 대안들을 처음부터 완전히 믿지 않아도 좋다. 실제 생활에서 그 대안들을 활용할 수 있는 기회가 주어진다면 당신은 확신을 얻을 수 있을 것이다. 그러나 만약 그런 상황이 일어나지 않는다면, 아마도 자신이 생각해 낸 답들이 자신을 변하게 만들 만한 요소가 아닌 것이다. 이런 경우 다른 대안들을 다시 찾아보도록 하자. 기억하라. 이 과정의 목적은 불안을 덜 느끼는 것과, 자신을 부정하게 되는 상황에서 대처하는 행동을 바꾸는 것이다.

## 핵심 질문들

**자신의 행동과 관련하여 무엇이 생각나는가?** 지금의 두려운 상황을 예측하게 했던 과거의 특별한 경험이 있는가? 모든 상황이 당연히 악화될 것이라고 생각하는 버릇이 있는가? 혹은 당신의 이성적 판단이 기분이나 감정에 따라 좌우되는가?

**이 상황에서 주어진 사실이 당신에게 무엇을 말해 주는가?** 상황을 객관적으로 바라보자. 자신이 느끼는 두려움만큼 상황이 나쁘지 않다고 말해 주는 증거를 놓치고 있진 않은가? 혹은 과거에 이와 비슷한 상황에서 아무 일 없이 잘 해결됐던 경험이 있진 않은가? 상황을 다르게 해 줄지도 모르는 다른 사람이나 여러 방식의 도움을 무시하고 있진 않은가? 자신의 두려움이 과장됐을지도 모른다는 점을 알려주는 여러 요소들을 전혀 고려하지 않은 건 아닌가?

**이 상황을 다른 시각으로 바라볼 수는 없는가?** 만약 당신의 친구가 같은 종류의 두려움과 걱정을 털어놓는다면 뭐라고 말하겠는가? "내가 생각해도 상황은 악화될 것 같아"라고 말할 것인가? 아니면 모든 것이 잘 될 것이고 혹은 상황이 나빠진다 하더라도 세상이 끝나는 건 아니라고 이야기해 줄 것인가? 과거 경험에 대해 이야기하는 방식에는 여러 가지가 있음을 명심하자. 당신은 자신이 저지른 실수를 악재 혹은 앞으로 닥칠 실패의 증거라고 생각할지도 모른다. 하지만 다른 사람들은 그 상황에서 할 수 있는 실수이고 그 속에서 교훈을 얻을 수 있다고 생각할 수 있다. 자, 이제 스스로에게 물어보자. 나는 이 상황의 중요성을 과장하고 있진 않은가? 예를 들어 스스로가 자신감이 가득 차 있는 사람이라면, 당신의 관점은 어떠하겠는가? 자신의 삶에 대해 자신이 있고 긍정적이지 않겠는가? 한 달, 일 년, 혹은 십 년 후에 지금 일어난 상황을 돌이켜 보면 어떤 느낌이 들지 상상할 수 있는가? 내가 이 상황들을 기억이나 할 수 있을까? 기억한다 하더라도 지금과 똑같은 느낌이 들까? 내가 찾은 새로운 관점들을 적어 보고 이 관점들을 얼마나 신뢰하는지 0부터 10까지 숫자로 나타내어 보자. 처음부터 이러한 새로운 관점들이 진짜 옳은 걸까 하는 생각들을 할 필요는 없다. 만약 신뢰가 전혀 가지 않는다면 당신에게는 무용지물이라는 의미이다.

**자신에게 닥칠 가장 최악의 상황은 무엇인가?** 자신이 가장 두려워하는 것들을 적어 보자. 이것을 적고 나면 그 두려움이 현실로 나타날 가능성이 얼마나 없는지 알 수 있다. Tara타라는 침묵이 가득한 저녁 파티에서, 손님들이 그녀를 원망스럽게 보고 있다는 생각을 했다. 하지만 사실은 몇몇 사람들이 악의적으로 그런 것뿐이다.

**자신에게 일어날 수 있는 가장 최고의 상황은 무엇인가?** 반대로 가장 최고의 결과는 무엇인가? 최악의 상황과 반대되는 시나리오를 생각해 보자. 모든 사람들이 그녀가 하는 말을 재미있어하며 크게 웃어 주는 저녁 파티를 기대했다. 그리고 모든 손님들이 그녀를 안아 주며 자신들이 만났던 사람 중에서 그녀가 가장 재미있는 사람이라고 말해주는 것을 상상했다. Tara타라 는 이 관점들이 얼마나 비현실적이고 터무니없는지 잘 알았지만 과장되고 부정적인 예측들을 하지 않도록 하는 데 도움이 되었다.

**현실적으로 가장 일어날 법한 일은 무엇인가?** 최고와 최악의 시나리오에 대해 생각해 보았다면 이제 그 둘 사이에서 일어날 법한 가장 현실적인 상황을 생각해 낼 수 있겠는가? 그 상황이 어떤 것일지 적어 보자. Tara타라 의 경우 여러 대화가 오가는 즐거운 분위기 속에서 사람들이 편안함을 느끼는 저녁 파티를 상상했다. 그녀는 그 파티의 분위기 메이커였고 여러 대화에 동참했으며, 때때로 재미있는 이야기를 함으로써 사람들의 웃음을 자아냈다. 그녀는 다른 손님들을 더 잘 알게 되었을 뿐만 아니라 아주 좋아하는 사람들까지 생겨 전반적으로 매우 좋은 밤이었다.

**당신의 즉각적인 전략은 무엇인가?** 최악의 상황이 벌어졌을 때 당신은 무엇을 할 수 있는가? 의심과 불안의 예측들이 가득한 순간, 실제로 당신은 이 상황을 잘 모면할 수 있는 능력을 지녔음에도 이를 대처할 수 있는 스스로의 능력을 과소평가하거나 간과할 수도 있다. 예를 들어 Tara타라 가 저녁 파티에 참여했는데 다른 손님이 그녀를 싫어해서 그녀에 대한 나쁜 말들을 했다고 가정해 보자. Tara는 자신을 위해 자리를 박차고 일어나거나, 과거 미팅에서 어려움에 처했을 때 잘 이겨 냈던 것을 기억하면서, "너무 취했으니 그만하라"고 이야기하며 그 손님을 제지시킬 수도 있다.

자신이 가지고 있던 두려움들이 현실로 다가왔을 때 상세한 계획들을 실행에 옮기는 것은 어려울 수 있다. 하지만 자신이 세운 최악의 시나리오에 잘 대처할 수 있는 방법을 알고 있다면 생각보다 쉬운 일이 될 것이다. 만일 과거에 비슷한 경험을 한 적이 있다면 당신은 그 경험으로부터 무엇을 배웠는가? 다시 이런 일이 일어난다면 어떻게 하겠다고 생각했는가? 유머 감각, 차분함, 조직적인 사고 체계 등 당신의 어떤 성향이 도움을 줄 것이라 생각하는가? 주변에 당신을 도와줄 수 있는 것들은 무엇인가? 아는 것이 힘이라는 말처럼, 이 상황을 대처하는 데 도움이 되는 효과적인 정보들은 어떤 것인가?

악몽 같은 최악의 상황을 벗어나기 위해 장기적으로는 어떤 변화를 줄 수 있을까? 자신에 대해 비합리적인 기대를 하고 있는 사람들이 생각을 바꾸도록 노력해야 할까? 만약 스스로 생각하는 최악의 상황이 아주 중요한 일의 마감 날짜를 놓치는 것이라면, 당신은 상사와 업무 분할 혹은 스케줄 조정에 대해서 상의해 볼 수 있지 않을까? 물론 이런 노력들은 쉽지 않을 수 있다. 어쩌면 상사가 화를 낼 수도 있으며, 내 능력에 대해 의문을 품을지도 모른다는 상상을 하는 등 처음에는 더 많은 부정적인 예측들을 만들어 낼 수도 있다. 혹은 '혼자서 해결해야 할 텐데' 와 같은 생각을 하며 자책할지도 모른다. 이럴 때는 생각나는 것을 모두 적어 보고 그에 따른 대안 방법을 찾아 보자. 당신의 상사는 이미 마감 날짜가 비현실적이라는 생각을 하고 있을지도 모르고, 그 일이 한 사람이 하기에는 너무 많은 업무량이라고 생각할 수도 있다. 혹은 일만 잘 마칠 수 있다면 마감 날짜가 조금 늦춰져도 괜찮다고 생각할 수 있다.

설령 대안 방법을 적용했음에도 불구하고 상황이 나아지지 않더라도, 적어도 자신이 그 상황을 어떻게 생각하고 받아들여야 하는지 이미 알고 있기 때문에 견딜 수 있을 것이다. 이것이 바로 연습의 핵심이다.

## 【5단계】 실제 점검해 보기 – 실험

자신감을 쌓기 위해 절벽에서 줄 타고 내려가기나 암벽 등반과 같은 어려운 도전들을 하는 데에는 많은 이유가 있다. 이러한 도전들은 당신의 뇌가 아무리 두려움의 메시지를 확고하게 전달하더라도('떨어지고 말 거야', '위험할 거야', '죽을지도 몰라' 등) 그 메시지가 반드시 옳은 것은 아님을 깨닫게 해 주기 때문이다. 용기를 내어 어려운 일을 해내고 나면 당신은 '안전장치는 잘 묶여 있었어', '강사는 자기들이 무엇을 하고 있는지 정확히 알고 있었어', '안전했어', '내 체력은 내 무게를 감당할 만큼 좋아', '균형을 잘 맞출 수 있었어'와 같은 새로운 메시지를 얻을 수 있다. 심지어 당신은 즐겼다는 생각을 하거나 재미를 찾을 수도 있다. 하지만 실제로 자신이 경험을 해 보지 않고 다른 사람이 하는 것을 지켜만 본다면 아무리 안전하다고 스스로에게 말할지라도, 여전히 이 도전을 잘 해낼 수 있을까 하며 확신하지 못하는 상태로 남아 있게 될 것이다. 이 때문에 새로운 예측을 실제 적용해 보는 것이 매우 중요하다. 신체적으로 직접 경험을 함으로써 두려운 예측들을 없애고, 새롭고 균형 잡힌 시각을 가질 수 있다. 자신이 생각했던 대안들을 적용해 볼 기회가 생겼을 때 전과 다르게 실제 그 대안대로 행동한다면 스스로 대안의 유용성을 발견할 수 있을 것이다. 당신은 이를 통해 도움을 받을 수도 있지만 만약 그렇지 않다면 다른 대안들을 찾아봐야 한다.

"늘 하던 대로만 하면 얻는 것 또한 똑같다"라는 말이 있다. 조금 진부해 보이지만 진실을 담은 말이다. 따라서 자신의 평생 습관을 고치기 위해서도 좋은 의도와 계획만으로는 부족하고 반드시 실천하는 과정이 필요하다. 피하고만 싶은 상황에 맞서거나 자기 방어적인 행동들을 떨쳐 내는 것이 처음에는 절벽 끝으로 내몰리는 듯 아찔하고 힘들 수 있다. 하지만 당신은 이미 안전지대로부터 빠져나왔고 다시 돌아갈 길은 없다. 생각해 놓았던 모호한 대안들은 점점 현실이 될 것이며, 이제 당신의 담력은 이러한 현실을 받아들이기에 충분하다. 절벽에서 잘 내려오는 것만이 대안을 성공시키고 그 과정을 즐길 수 있는 가장 효과적인 방법이다.

물론 자신이 행하는 실험이 절벽을 내려오는 것처럼 반드시 극적일 필요는 없다. 각자의 일상생활에 맞는 간단한 테스트나 계획으로도 가능한데, 예를 들면 내일 있을 미팅에서 처음 5분 동안 어떤 말을 할까 미리 생각하는 것이 될 수도 있고, 누군가 일을 좀 더 해줄 수 있느냐고 물어봤을 때 자동적으로 '알았어요' 라고 말하기보다 '스케줄 먼저 확인하고 다시 알려드릴게요' 라고 말해 보는 것이다. 아니면 이 두 가지 방식을 다 혼합해서 실험해 볼 수도 있다. 중요한 건 무엇을 선택하건 간에, 불안의 현실화 체크리스트에 자세하게 기록하기만 한다면 이 실험들로부터 많은 것을 얻을 수 있다는 것이다.

실험 과정이 다소 인위적이고 이상하게 여겨질 수도 있지만, 정말 효과가 있다. 그리고 당신이 다음 세 단계만 잘 따라 한다면 실험은 훨씬 쉬워진다.

### 1. 최대한 자세히 적는다

우선 '상황은 악화될 거야' 혹은 '내가 다 망쳐 버릴 거야' 와 같은 모호한 느낌은 테스트해 볼 수가 없다. 구체화하지 않는다면 실제 일어날 것인지 아닌지를 어떻게 알 수 있겠는가? 따라서 구체적인 사항들이 필요하다. 실제 무슨 일이 일어날 것 같은지 자신이 어떻게 행동하고 어떤 생각을 하게 될지 정확하게 적어야 한다. 또 관련이 있다면 당신과 다른 사람들은 어떻게 반응할 것인가도 포함할 수 있다. 만약 사람들이 자신을 인정하지 않을 것이라는 생각이 든다면, 어떻게 그 일이 일어날 거라 장담할 수 있는지, 그들이 당신을 인정하지 않는다는 메시지를 전달하기 위해서 무슨 말을 하고 어떤 행동을 하는가? 당신이 말하는 도중 등을 돌리는가? 아니면 눈을 굴리고 한숨을 쉬며 '아이고…' 라고 말하는가? 자신이 두려워하는 일이 무엇인지 알기만 한다면 스스로가 그러한 상황에 놓였을 때 정확히 무엇을 해야 할지도 알게 될 것이다. 그렇게 최대한 자세히 상황을 적어 본 후, 이번에는 각각의 예측들을 자신이 얼마나 믿는지를 0부터 10까지 나타내 본다. 예를 들어 자신의 예측 중 하나가 너무 불안해서 도저히 대처할 수 없다고 느껴지는 경우에, 그 예측의 현실화 가능성을 어느 정도 믿는지 점수를 매기는 것이다. 0에서 10까지 점수를 줄 수 있는데 예측되는 사항이 불안하다면 9 또는 10을 줄 수도 있다. 많은 사람들이 긴장감을 느끼지만 생각보다는 긴장이 심하지 않고 4나 5 정도라는 것에 놀란다. 자신의 감정을 미리 예측하고 점수를 매기면 그 상황이 실제로 자신이 예상한 만큼 나쁜지 아닌지를 객관적으로 볼 수 있게 해 준다.

## 2. 두려운 예측에 직접 뛰어든다

지금쯤 당신은 평소 하던 자기 방어적 행동들이 무엇인지 알고 있을 것이다. 두려운 예측들에 얽매여 있을 때 안전한 느낌이 들었던 그 방법들 말이다. 하지만 이 실험은 당신이 그 방법들을 버려야만 가능하다. 수영을 배울 때 구명조끼를 벗지 않는다면 남의 도움 없이도 자신이 물에 뜰 수 있다는 사실을 절대 알아낼 수 없다.

물론 구명조끼를 벗고 물에 들어가는 것이 처음에는 많이 무섭겠지만, 일단 가라앉지 않고 수영장 한쪽 끝에서 다른 쪽까지 갔다면 당신은 이 경험으로부터 아주 소중한 것, 즉 '나도 수영을 할 수 있다' 는 사실을 배우게 된다. 그러고 나면 당신은 스스로를 '수영 못하는 사람' 에서 '수영할 줄 아는 사람' 으로 생각하게 된다.

자기 방어 행동 안에서 자신이 했을 모든 것들을 생각해 보자. 설령 아주 사소한 것일지라도 말이다. 그리고 그 대신에 무엇을 할 수 있는지 미리 계획을 세워 보자. 예를 들어 당신의 실험이 파티에 가는 것이라고 해 보자. 평소의 자기 방어 전략대로라면 밤새 주방에 숨어서 설거지하고, 손님들에게 음료와 간식만 가져다 주면서 아무도 자신이 지루한 사람임을 알아차리지 못하게 했을 것이다. 그러나 이때 도와주는 시간을 30분 정도로 제한하고 나머지 시간은 다른 손님들과 즐겁게 보내는 것으로 대안을 세워 볼 수 있다. 또는 사람들에게 거부당할지도 모른다는 두려움 때문에 화나거나, 상처를 받아도 자신의 진짜 감정을 절대 표현하지 않는 사람이라면 부정적인 감정을 표현하는 데 있어서도 좀 더 마음을 열려고 노력해 볼 수 있다. 예를 들어 누군가 늦었을 때 다음과 같은 말을 해 본다. '당신이 늦게까지 밖에 있는데 전화도 안 하는 바람에 너무 걱정돼서 잠을 잘 수 없었어요.'

## 3. 결과 검토

이 실험은 합격과 불합격을 가르는 테스트가 아니라 개인적인 학습 경험이라는 것을 명심하자. 둘 중 하나만 효과적일 수도 있고 둘 다 가치 있는 정보의 출처가 될 수도 있다. 그러니 잘 되지 않더라도 구체적으로 기록하는 것을 그만둬서는 안 된다. 일어났던 일들을 명확하게 기억할수록 이 연습은 더욱 유용할 것이다. 당신의 표 마지막 칸을 사용하여 무슨 일이 있었는지 적어 보도록 하자. 그 다음 기분이 어땠는지, 무엇을 배웠는지 등을 묘사하도록 하자. 또 자신에 대한 부정적인 시각이 무엇인지 자아상을 새로 만들어야 할 필요성을 느꼈는지 등도 더불어 적어 보자.

물론 이 실험을 통해 자신의 두려운 예측들이 틀렸으며 대안 시나리오가 좀 더 현실에 가깝다는 것을 깨닫는 것이 가장 이상적인 방향이지만, 두려운 예측들이 정확하다는 것을 확인할 수도 있다. 그렇게 되면 기분이 가라앉고 흥미도 없어지겠지만 가능한 한 이런 감정들을 멀리하도록 노력해 보자. 이제 당신도 알고 있듯이 부정적인 사고의 레이더가 한번 켜지고 나면 객관적으로 사고하는 것은 매우 어렵다. 당신이 안전하다고 느끼는 곳에 머무르며 스스로 진정할 시간을 가졌을 때, 주어진 상황을 평가하고 어떻게 이 상황들이 벌어졌는지 알아보려고 노력하는 것이 좋다. 이 모든 상황들이 실제로는 자신과 관련 없는 다른 요인에 의해 일어난 것은 아닐까?

자신 말고 상황이 악화되도록 만든 다른 이유들을 더 찾아보자. 만약 자신이 파티에서 낯선 사람과 형식적인 대화를 나눴다면, 이는 당신이 그저 지루해서가 아니라 별로 공유할 수 있는 것들이 없어서 그런 것은 아닐까? 특정 상황의 원인을 자신이 제공했다는 확신이 든다고 해서 스스로를 너무 괴롭힐 필요는 없다. 자기 자신에 대해 관대한 마음을 가지고, 그 일로부터 무엇을 배울 수 있는지에 집중하면 된다. 가령 이와 비슷한 일이 다시 일어났을 때 다른 결과를 얻기 위해서 무엇을 할 수 있는지 등을 생각해 보는 것이다.

당신은 자기 방어 차원의 행동들을 모두 내려 놓았는가? 구명조끼를 벗고 수심 깊은 쪽으로 뛰어 내렸는가? 파티 주방에 숨은 채 모두가 집에 갈 때쯤이나 모든 대화가 마무리될 때쯤에 나오진 않았는가? 미팅에서 누군가 당신 말에 끼어들었을 때 '일단 제 말을 끝까지 들어 보세요' 라고 말하기보다 그저 그 상황을 받아들이지는 않았는가? '휴, 내가 해냈어' 라는 감정으로부터 여전히 자신 내면에 안전을 추구하는 행동이 존재한다는 점을 깨닫진 않았는가? 만약 그렇다면 다음엔 어떻게 다르게 행동할 것인가?

**다음은 TARA타라 가 이 실험을 어떻게 진행했는지에 관한 내용이다.**

### TARA의 실험 experiment

6개월 전, 한 직장 동료가 Tara타라에게 책 읽는 모임에 함께 갈 것을 권유했다. 그녀는 독서를 좋아했기 때문에 좋은 기회라고 생각했지만 모임에 참여한다는 생각에 극도로 불안해졌다. 그녀는 모임에 도착했을 때 사람들이 냉담하게 자신을 쳐다보며 '누가 초대했어?' 라고 수군거리고 자신이 앉을 자리가 없을 것이라는 상상을 했다. 또 얼굴이 빨개지고 소심해서 아무 말도 하지 못하는 자신을 두고, 모든 사람들이 자신을 지루하다고 생각하거나 책을 안읽었다고, 혹은 그냥 할 말이 없었을 뿐이라고 여길 것이라 예상했다. 그래서 직장 내 어느 누구도 다음 모임 날짜를 얘기해 주지 않을 수 있다는 생각도 했다. 이 중 몇몇 예측들은 진짜 일어날 것만 같다. 0부터 10 중에서 그녀는 자신의 얼굴이 빨개질 것이라는 예측에는 9를, 누군가 '누가 초대했어?' 라고 말하는 예측에는 5를 표시했다.

Tara타라 는 일주일 전에 친구들과 커피를 마시는 작은 실험을 했다. 자신은 아무런 할 말이 없을 것이며 재미있는 농담이 오고 가는 동안 그저 멍하니 웃으며 앉아 있을 것이라고 예측했다. 하지만 실제 사람들은 특별히 재미있거나 특별한 농담을 하려 들지 않았으며 그저 아이들 이야기, 올해 어디로 휴가를 갈지 등 일상생활에 대한 이야기를 나눌 뿐이었다. Tara는 곧 긴장이 풀렸고 그녀가 말을 하기 시작했을 때에는 사람들이 관심을 갖고 웃으며 잘 들어 주었다.

Tara타라 는 결국 독서 모임에 함께 가자던 동료에게 다음 모임 날짜를 물어보았고, 자신이 같이 가도 되는지 물어 보았다. 그 동료는 기뻐하며 모임 날짜와 토론할 책을 알려 주었다. 그 모임은 돌아가면서 각자의 집에서 가졌고 와인과 간단한 간식거리를 가져가게 되어 있었다. 토론하기로 한 책은 Tara가 이미 읽었으며 워낙 좋아하는 책이어서 집에서도 계속 읽었다. 그녀는 자신이 할 수 있는 말들을 종이에 적어 보기도 했는데 그렇다고 이것이 자기 방어적 행동은 아니었다. 가장 좋은 실험은 지나치게 많이 준비하지 않는 것이지만, 그녀는 머릿속에 떠오르는 모든 것을 말해 보기로 했다. 그러자 그녀는 모든 사람들이 다정할 것이고, 자신이 좀 수줍고 말이 많지 않아도 아무도 그것을 우습게 여기지 않을 것이라는, 좀 더 현실성 있는 예측을 해 냈다.

Tara[타라]가 예측한 대로 사람들은 친절했으며 자신을 환영한다는 느낌을 받았다. 그리고 아무 말도 못하기는커녕 토론에 매우 적극적으로 참여했으며 Tara가 말할 때마다 사람들은 그녀의 말에 주의를 기울이고 몇몇 사람들은 동의하면서 고개를 끄덕이기까지 했다. 또한 모인 사람들 중 두 명이 책을 끝까지 읽지 못해 많은 말들을 하지 못했지만 다들 바쁘기 때문에 읽지 못할 수도 있었다고 이해하는 분위기였다. 곧 대화 주제는 일상생활에 대한 것으로 넘어갔으며 Tara는 자기 옆에 앉은 한 여자와 즐거운 대화를 나누었다. Tara는 그날 밤 아주 기분 좋게 집에 돌아갔으며, 두려운 예측들을 하게 되는 또 다른 상황이 올 때는 그냥 받아들이는 것이 아니라 비슷한 실험을 해 봐야겠다는 다짐을 했다.

### 이제 자신의 등을 토닥거려 주자

실험을 끝냈다면 당신은 진정한 용기를 낸 것이다. 어려운 일을 훌륭히 해냈다고 자신의 등을 토닥거려 주자. 이제 당신 자신 및 다른 사람과의 관계에 대해서 무엇을 배웠는가? 자신감을 쌓는 데 도움이 될 만한 가치가 있는 실험이었는가? 아니면 새롭거나 더 어려운 상황에서 다른 비슷한 변화를 시도해 봐야 할 때인가? 당신의 다음 단계는 무엇인가?

## 이 단원에서 꼭 숙지해야 할 것들

Essential take-home messages from this chapter

- 자신의 개인적인 규칙들이 깨진 것 같다는 느낌이 든다면 의심과 두려움을 느끼게 될 것이다. 불안은 나쁜 시나리오를 자꾸 생각해 내서 모든 상황들이 악화될 것이라는 상상을 하게 만든다.

- 불안과 의심은 이성적으로 사고하는 것을 방해한다. 악화되는 상황들을 지나치게 과대평가하고 자신의 대처 능력은 너무 과소평가함으로써 그 상황을 잘 이겨 내지 못할 것이라고 생각하게 된다.

- 당신은 최악의 상황을 피하기 위해 자기 방어적 행동을 하게 될 것이다. 단기적으로는 효과가 있지만 자기 방어적인 행동들은 당신을 정체시킬 뿐이다. 이는 직접 경험을 통해 두려운 예측들이 옳지 않았다는 점을 스스로 알아낼 수 있는 기회를 앗아 간다. 당신의 두려움과 의심은 없어지지 않고 계속되어 후일 당신의 삶에 다시 찾아올 것이다.

- 이런 생각의 굴레로부터 벗어나고 싶고, 자신감 회복을 막는 악순환의 고리를 끊고 싶다면 당신은 자신이 '불안 가득한 모드' 로 접어들 때를 알려 주는 경고 신호를 발견하는 법을 배울 필요가 있다. 그 신호들은 불안에 의해서 촉발되는 육체적이고 감정적인 변화들이다.

## TARA의 불안의 현실화 체크리스트

| 요일/<br>날짜/시간 | 상황 | 감정과 신체적 반응<br>(0~10까지<br>순위를 매겨보자) | 불안 예측<br>(0~10까지<br>순위를 매겨 보자) |
|---|---|---|---|
| 1월 10일<br>월요일 오후<br>2시 30분 | 독서 클럽에 갈 것을 고려 중 | 불안 – 8<br><br>심장 박동 – 7<br><br>얼굴이<br>화끈거림 – 6<br><br>위경련 – 7 | 내가 방에 들어갔을 때 침묵이 흐를 것이다 – 7<br><br>내가 손해를 볼 것이다 – 9<br><br>누군가가 "쟤 누가 초대한 거야?"라고 속삭일 것이다 – 5<br><br>나는 침묵을 지킬 것이다 – 9<br><br>나는 너무 불편해서 그 방을 나가고 싶을 것이다 – 8 |

| 회피/예방 행동 | 대안적인 시나리오<br>(이 상황을 다르게 볼 수 있는 관점을 찾기 위한 핵심 질문들을 사용하라. 0~10까지 안도감의 정도를 적어 보자) | 실험<br>1. 평소 하던 자기 방어적 행동들 대신에 어떤 행동을 취했는가?<br>2. 결과는 어떠했는가? |
|---|---|---|
| 통상적으로 이런 종류의 초대에 응하지 않는다.<br><br>만약 가야 한다면 즐겁게 하려고 애쓰거나, 나에 대해서 말하지 않으려고 애쓴다. | 내가 방 안에 들어왔을 때 사람들은 계속 얘기를 하고 있을 것이고 모임의 주선자는 일어나서 나를 반겨 줄 것이다 – 10<br><br>사람들은 나를 보고 기뻐할 것이고 내가 환영받는다고 느끼게 만들 것이다 – 10<br><br>나는 처음에는 조용할 것이다. 그러나 저녁이 끝나갈 무렵에는 어떤 의견을 낼 수도 있을 것이다 – 7<br><br>만약 그들이 나에게 무례하게 군다면, 이곳은 내가 속하고자 했던 독서 클럽이 아니었던 것 뿐이다 – 5 | 1. 독서 클럽에 갔다.<br><br>2. 나는 거기서 말을 많이 했다. 모두가 잘 들어 주어 아주 편안했고, 나도 독서 클럽의 일원이 되었다는 느낌을 받았다. 또 가기로 결심했다. |

● 당신은 자신의 공포스럽고 불안한 예측들에 대해 질문하는 법과, 더욱 현실적인 대안 시나리오들을 제시하는 법을 배울 수 있다. 당신이 새로운 관점들을 직접 적용해 보고, 그동안 회피하고 자기 방어적 행동으로 모면하기만 했던 상황들에 직접 부딪치는 실험을 하고 나면, 자신의 부정적 예측들이 정확한 것이었는지 아닌지 알 수 있으며 낡은 관점보다 새로운 관점이 훨씬 더 유용하다는 것을 발견할 수 있다.

**교훈**

자신의 감정에 대해 구조화된 체크리스트를 채워 넣는 일은 인위적으로 느껴질지 모른다. 그러나 조직적인 방식 안에서 주어진 가르침을 따르는 것이 때로는 훨씬 더 도움이 되기도 한다.

# 5

## 자기 내면의 비판에 도전하기
CHALLENGING YOUR INNER CRITIC

"너는 쓸모없어, 너는 뚱뚱하고 한심해, 늘 실패만 하는데 왜 시도하려는 거야? 너는 바보스러운 짓을 또 다시 하고 말았어. 모두가 널 비웃고 있는데 왜 그가 너랑 데이트하길 바라겠어?" 당신은 친구한테 이런 말을 하는 것을 상상이나 할 수 있는가? 하지만 자신에게는 매일 이 같은 말들을 하고 있다. 자신감이 부족한 사람들의 경우 자기비판의 소리를 듣는 것이 몸에 배어 있다. 스스로를 비웃고 바보로 만들며 사소한 잘못까지 지적하는 것은 아침에 눈 뜨는 순간부터 시작되는 오랜 습관과 같다. 가끔 이런 자기비판의 소리가 작아질 때도 있지만 아예 없어지는 경우는 드물다. 당신의 마음은 아주 작은 실수나 좌절에도 민감해지며 자신을 무시해도 되는 합당한 이유로 삼는다. '너' 는 멍청해, '너' 는 못생겼어, '너' 는 나쁜 엄마야, '너' 는 약해 빠졌어. 부정적이고 불안한 생각의 파편들이 막 발사되려는 미사일처럼 터져 나와 그 어떤 긍정적인 사고도 못하게 막는다. 때문에 그나마 이룬 작은 업적이나 성공들은 인식조차 못하거나 '이건 그냥 운일 뿐이야' 혹은 '이건 아무것도 아니야' 라고 간주해 버린다. 자신의 비판적인 사고는 감정에도 강력한 영향을 미친다. 만약 친구가 당신 옆에 서서 "넌 아무짝에도 쓸모없는 한심한 사람이야"라고 질책한다면 무기력과 불안함을 느낄 것이다. 우리의 두뇌는 외부에서 오는 메시지와 내면에서 오는 메시지의 차이를 감지하지 못한다. 혼자 속으로 하는 비판도 감정에 똑같은 충격을 가하게 된다. 믿지 못하겠는가? 그러면 간단한 실험을 한번 해 보자. 다음에 나열된 단어 리스트를 천천히 신중하게 읽어 보자. 그리고 이 단어들이 나에게 해당한다고 상상하며 점차 자신감과 기분이 어떻게 달라지는지 살펴보자.

| | | |
|---|---|---|
| 게으른 | 추한 | 왕따 |
| 실패자 | 짜증나는 | 거부된 |
| 한심한 | 혐오스런 | 멍청한 |
| 어리석은 | 열등한 | 무가치한 |

어떤 단어는 자신을 비판할 때 자주 사용하는 레퍼토리의 하나일 수 있다. 눈에 띄는 단어에 밑줄을 치고 메모해 놓자. 이것이 앞으로 당신이 주의해서 사용할 단어들이다. 스스로에 대해 좀 더 객관적이고 솔직한 관점을 얻으려고 할 때 중요한 단계는 자신을 비판하고 있을 때를 인식하도록 학습하는 것이다. 자기비판이 스스로의 감정에 어떤 영향을 미치며 일상 속에서 어떻게 작용하는지 면밀히 관찰해야 한다.

***이 단원에서 배우게 될 것들 …***

- 자기비판이 유용하다거나 어떤 목적(동기부여, 바보짓을 하지 않도록 하는 것)을 이루기 위한 것이라는 믿음을 버리는 법

- 미묘하고 철저한 자기비판적 사고를 인식하는 법
- 자기비판적 사고가 아닌지 의문을 품고 왜곡된 사고 유형을 인식하는 법

## 자신 내면의 비평이 득이 될 수 없는 다섯 가지 이유
Five reasons your inner critic is not your friend

자기비판의 목소리를 통해 잘못을 들추어 내지 않으면 인생에서 아무것도 얻을 수 없다고 생각하는가? 자기비판이 성공에 안주하거나 안일해지는 것을 막아 주는 것 같은가? 잘한 것에 대해 생각하며 스스로를 칭찬한다면 자만과 자아도취에 빠지게 될까봐 걱정하는가? 일부 문화권과 가풍에서는 스스로에 대해 좋게 생각하는 것은 '자만심'에 빠지게 하며 누군가가 더 잘하도록 독려하는 가장 좋은 방법은 잘못을 지적하는 것이라고 믿는다. 혹은 자기비판적 사고가 스스로를 바보로 만들거나 관계 속에서 상처를 받는 것을 막는 유일한 방법이라고 생각할 수도 있다. 하지만 실제로 동기를 부여하고 보호해 주는 것과 정반대 역할을 하고 있다. 당신은 자기비판적인 사고 '덕분'이 아니라, 그런 사고를 함에도 '불구하고' 지금의 자리까지 오른 것이다. 자기비판의 목소리가 잠재력 발휘를 막고 만족스러운 삶을 살지 못하게 하는 다섯 가지 이유를 소개한다.

### 1. 그것은 당신 편이 아니다

내면의 비판 목소리는 아주 작은 결점이나 실수를 찾는 것을 좋아한다. 하나의 결점이라도 발견했을 때에는 한심한 패배자로 인식하면서 자기의 모든 것을 비판하는 근거로 사용한다. 당신은 이런 행동을 하는 친구를 참을 수 있겠는가? 아이 학교의 '사복 착용일'을 잊어버린 이유가 당신이 어떤 것도 제대로 해내지 못하는 쓸모없는 멍청이기 때문이라고 얘기하는 누군가와 시간

을 함께 보내길 원하는가? 내면의 비판 목소리가 당신이 잘 해낸 일이나 자산, 강점을 강조하는 일은 결코 없다. 지구상의 다른 모든 사람들과 마찬가지로 당신은 강점과 약점, 재능과 결점, 장점과 단점 모두를 갖고 있다. 하지만 내면의 비판 목소리는 장점을 잘라 내고 아주 사소한 실수에 기반해서 늘 당신을 비판할 준비가 되어 있다. 이 같은 상사를 위해 일하고 있다고 상상해 보자. 당신은 일을 그만두기 전까지 혹은 다른 일을 찾기 시작할 때까지 얼마나 오래 견딜 수 있겠는가? 일주일? 한 달? 혹은 반년? 하지만 우리들 대부분은 이런 격렬한 내면의 비판을 여러 해 동안 참아왔다.

## 2. 당신의 발전을 저해한다

당신의 7살 난 아들이 크리켓Cricket을 배우고 싶어한다고 상상해 보자. 당신은 지역에 있는 두개의 클럽 중 하나를 선택할 수 있는데 하나는 Jeff제프가 운영하는 것이고 다른 하나는 Neil네일이 운영하는 클럽이다. Jeff는 잘못된 것을 얘기하고 어떠한 작은 실수라도 잡아내는 등 항상 소년들에게 잔소리를 하며 엄격하게 대했다. 그는 또 자신의 팀원이 게으름을 피운다거나 산만하게 구는 것 등 일반적인 행동에 대해서도 종종 엄하게 꾸짖곤 했다. Jeff는 자신이 단호한 통제력을 잠시라도 느슨하게 한다면 소년들이 게으름을 부리기 시작할 것이라고 믿었다. 반면 Neil은 모든 소년들의 특별한 재능을 알아채고 그들이 재능을 최대한 잘 활용하도록 돕는 재주가 있었다. 개선해야 할 사항을 말할 때에도 잘했던 것을 먼저 말하는 등 격려를 많이 해 주었다. Neil은 지속적인 격려의 힘을 믿었고 소년들의 자신감을 북돋아 주는 것이 동기를 부여할 수 있는 열쇠라고 생각했다. 자, 이제 어떤 곳으로 아들을 보내겠는가? 아이의 능력이 최고로 발휘되도록 이끌어 주고 열정을 키워주는 접근법이 무엇인지 감이 잡히는가?

대부분의 사람들은 실패에 대해 비난받고 자책할 때보다 상을 받거나 칭찬을 받을 때 더 많은 것을 배운다. 만일 당신이 시합에서 "조금만 더 잘하고 더 빠르고 제대로 할 수 있었다면"이라는 코치의 부정적인 말들을 끊임없이 듣지 않았다면 지금쯤 무엇을 성취할 수 있었을지를 상상해 보자. 당신은 "게으르다, 부족하다, 희망이 없다"라는 말을 듣는 것이 새로운 것에 도전하게 하고 자신이 발전할 수 있는 영감을 준다고 생각하는가? 아니면 포기하게 만드는 것이라고 생각하는가?

### 3. 배우는 것을 막는다

자기비판의 목소리는 문제를 극복하는 데 전혀 도움이 되지 않는다. 오히려 제대로 된 자기 인식을 방해하며 실수로부터 배우는 것을 막는다. 또한 사신의 성공을 실제보다 덜 가치 있게 여기며 모든 실수나 문제를 과장하여 말하기 때문에 잘 진행되고 있던 것들부터 배울 수 있는 기회도 잃게 된다.

### 4. 자신이 침울할 때 활동을 시작한다

자신을 비난하면 우울과 불안을 느끼는 것은 물론 용기와 자신감까지 잃게 된다. 이는 자신이 약하다고 생각하거나 스스로에게 미안한 마음을 갖고 있을 때 자동으로 따라온다. 이런 기분은 스스로를 우습게 만들고 자신에게 뭔가 문제가 있다고까지 생각하게 하지만, 인생을 살면서 피할 수 없는 경험이다. 이러한 감정과 자기비판의 원인은 스트레스나 관계상의 문제 또는 유년기의 사건 등이 될 수 있는데, 분명 자신만이 이런 기분을 느끼는 유일한 사람은 아니다. 불안감과 우울증은 충분히 극복할 수 있으며 이 책의 내용을 실천에 옮기는 것이 큰 도움이 된다. 문제나 어려움이 있을 때마다 스스로를 비난하는 것은 결코 해결에 도움이 되지 못하며 불안과 우울증 극복도 방해한다.

## 5. 자신을 속이는 당신의 마음

일이 잘 안 풀릴 때 당신은 자신이 한 일을 비판할 뿐만 아니라 다르게 처신했어야 한다고 스스로를 다그칠지도 모른다. 그 당시에 행동을 달리 했더라면 좋았을 거라는 당신의 생각이 맞을 수도 있다. 하지만 사실 나중에 잘못된 게 분명한 일조차 당신이 그렇게 행동할 만한 상당한 이유가 있어서였다.

너무 중압감을 느꼈을 수도 있고 피곤했거나 신경 쓸 다른 일이 많았을 수 있다. 또는 꼭 필요한 어떤 도움을 받지 못했거나 상황을 제대로 파악하지 못했을 수도 있다. 내면의 비난 목소리는 어떤 행동을 해야 했는지는 너무나 자명한데, 당신이 어리석어 올바로 처신하지 못했다며 거짓을 말한다. 그럼으로 인해 더더욱 상황을 객관적으로 보지 못하게 만들고 좌절감으로 자신을 괴롭히며 실수로부터 교훈을 얻지 못하게 막아 버린다.

# 어떤 생각이 자기비판적인 생각인지 찾는 방법

How to spot self-critical thinking

가끔은 자기비판적 생각이 머릿속을 울리는 뱃고동처럼 크고 명확할 때가 있다. 그러나 늘 그렇게 쉽게 알 수 있는 것은 아니며 때로는 조용하고 은밀한 비판에 가장 큰 상처를 입기도 한다. 특히나 오랫동안 자존감이 떨어져 있었다면 자기비판의 목소리에 너무 길들여져 그런 목소리가 존재하는지조차 알아채지 못할 수도 있다. 하지만 자신이 의식하지 못하는 사이에도 비난의 메시지는 여전히 흘러나오고 있다. 이런 비난의 메시지에 집중하는 것이 기분을 나쁘게 만든다고 생각해 꺼려질 수도 있다. 그러나 내면의 비판자가 가진 힘이 자신의 진짜 자아상을 억압하는 것을 막으려면 자기비판 메커니즘이 어떻게 작동하는지를 확실히 알아야만 한다. 내면의 비판자가 활동을 개시했다는 가장 확실한 신호는 감정의 변화이다. 쉽게 떠오를 수 있는 공포심이나 불안감, 염려 외에도 내면의 비판자는 다음과 같은 감정을 느끼게 만든다.

| | |
|---|---|
| 죄책감 | 수치심 |
| 슬픔 | 부끄러움 |
| 자신에 대한 실망 | 자신에 대한 분노 |
| 좌절 | 우울함 |
| 무력감 | 절망감 |

## ♣ 직접 해 보기

### ● 자기비판적인 사고 찾아내기

삶에서 해가 되는 관계를 제거하기 위한 힘과 확신을 찾는 데는 시간이 필요하다. 하지만 다행히 더 이상 내면의 비판이 득이 안 된다는 사실에 대해 더 많은 확신이 필요하지 않다. 자기비판적 사고는 삶에 그 어떤 긍정적인 면도 가져오지 못하므로 이제는 비판의 실체를 온전히 열어 볼 때가 됐다. 그 전에 우선 비판적 사고가 무엇인지부터 알아보자. 어쨌든 당신은 충분히 오랫동안 장황한 비판을 참아 왔고 내면의 비판자를 제거하기 전에 그로부터 무언가를 배울 수 있는 자격이 충분하다. 다음 연습 목표는 내면의 비판을 경청하는 방법을 찾는 것이다. 이때 내면의 비판이 초래하는 감정과 행동의 부정적 사이클에 얽매이지 않아야 한다. 이 방법을 통해 당신은 떠오르는 단어나 감정 또는 이미지를 가능한 한 객관적으로 볼 수 있으며 그 안에 숨어있는 의미까지도 찾아낼 수 있다.

100~101페이지에 있는 내적 비판 활동 표를 활용해 보자. 자기비판적인 사고를 다이어리에 그냥 쭉 써 내려 가면 기분이 더 안 좋아질 수 있다. 이 연습 문제는 당신으로 하여금 사고와 감정에 더 집중하면서도 객관성을 유지하도록 도와줄 것이다. 뿐만 아니라 '초기 경고 시스템'에 대한 인식을 강화시켜 앞으로는 초기 단계에서 자기비판적 사고를 골라낼 수 있게 된다.

자신이 미처 인식하기도 전에 이미 오랜 세월 동안 내면의 비난 목소리는 장황한 비판을 해 왔다. 이 연습 문제를 작성하면서 기분이 안 좋을 때 마음에 떠오르는 생각에 주목할 뿐만 아니라 이러한 사고가 자신의 삶에 얼마나 영향을 끼치는지, 또 자기 확신을 얼마나 억누르는지를 좀 더 잘 이해할 수 있다. 어려운 작업일 수 있으나 빠른 결과를 얻기 위해서는 바로 시작해야 한다. 며칠 동안 연습 문제를 작성한 후에는 감정의 변화와 발단이 되는 자기비판적 사고에 대해 주시해야 한다. 이러한 사고의 진짜 실체를 파악하기 위해서는 그것이 의견인지 아니면 오랜 사고 습관인지를 알아내는 것에서부터 시작해야 한다. 자기비판적인 사고는 힘이 강하다는 사실을 염두에 두자. 왜냐하면 이는 자신에 대한 가장 심도 깊은 믿음, 즉 바텀 라인Bottom line으로 가는 직결선이기 때문이다. 연습 문제는 이러한 비판적인 사고의 힘을 무력화하는 데 도움이 되며 '믿음'에 대한 안전한 검토를 가능하게 한다. 이는 비판적 사고를 유리 스크린 뒤에 놓는 것과 비슷해서 당신은 안전한 상황에서 그것을 검토할 수 있게 된다.

## ● 방법

가능하면 자기비판적인 생각을 떠오르는 대로 적어라. 오래 놔둘수록 자세하게 기억하는 것이 힘들어진다. 무엇을 어떻게 적을 것인가?

## 1. 날짜, 요일, 시간

당신의 기분이 저조할 때 적어 놓자. 나중에 어떤 패턴이 있는지 알기 쉽다.

## 2. 무슨 일이 일어나고 있었는가

기분이 나빠지기 시작했을 때의 세세한 상황을 적어 보자. 나는 어디에 있었는가? 누구와 있었는가? 무엇을 하고 있었는가? 무슨 일이 일어나고 있었는가? 때로는 샤워를 하거나 세수를 하는 등 특별히 무엇을 하고 있지 않았을 수도 있다. 이는 자기비판적 생각이 어떤 특정 상황이 아니라 항상 자신의 마음속에 있었기 때문이다. 만약 이러한 상황이라면 당신이 고민하고 있던 일반적인 생각을 적어 보자. 예를 들면, 이웃의 나무에 대하여 이야기하는 것이나 최근에 있었던 엄마와의 말다툼에 대해 생각하는 것 등이다.

## 3. 어떻게 느끼는가

감정과 신체의 변화에 대해 써 보자. 이것은 당혹스러움처럼 하나의 주요한 감정일 수도 있고 또는 부끄러움, 우울함 등의 여러 감정이 혼합된 것일 수도 있다. 만약 두통과 같은 신체적 변화가 있었다면 (예를 들어 머리, 목, 턱의 긴장감이나 뱃속이 가라앉는 듯한 느낌) 그 각각의 감정과 신체적 변화를 얼마나 강하게 느꼈는지를 0~10점 사이로 평가해 보자. 1이나 2는 그냥 미묘한 감정적 반응이나 신체적 변화를 말한다. 5는 적당한 양의 스트레스를 의미하며 10은 감정이나 변화가 가장 최악의 상태임을 말한다.

## 4. 자신의 생각

자기비판적인 생각은 다양한 형태로 나타나는데 일부는 스포츠 중계방송이나 잔소리처럼 머릿속에서 끊임없이 계속된다. 가능하다면 단어, 구, 문장 등으로 한 의미에 가깝게 적어 보자. 내면의 비평가는 때로 과거 기억의 스냅사진을 이용하여 마음속에 소리 없는 이미지를 만들어 내기도 한다. 자신이 수업 시간에 질문에 답하는 동안 인상을 찡그리는 선생님의 모습을 떠올려 보자. 그 이미지 안에 담겨진 메시지는 무엇일까? ('당신은 거슬려요' '지금 하고 있는 말이 무슨 말인지 알고 있기는 한가요?' 와 같은 메시지)

또 분명 기분이 좋지 않은데 그 생각이나 이미지를 정확히 꼬집어 낼 수 없는 때가 있을 것이다. 이때에도 자기비판이 무의식적으로 작용하는데, 그 때문에 깊숙이 숨어 버린 진짜 메시지를 어떻게 찾아낼 수 있겠는가? 예를 들어 친구가 전화를 다시 하지 않으면 당신은 이유도 모른 채 기운이 없고 언짢을 것이다. 내면의 비평가는 이미 당신이 재미없는 사람이라는 것을 깨닫고 그녀가 거리를 두고 있는 것이라고 말할 것이다. 또는 동료의 승진 소식을 듣고 절망감을 느낄 것인데, 자신이 승진하지 못한 이유가 그만큼 총명하지 못하기 때문이라고 내면에서 말할 것이다. 세세한 상황과 함께 그 상황이 전달하는 비판적인 메시지를 적어 보자. 가능하다면 각각의 자기비판적인 생각, 이미지, 의미에 대해 0부터 10까지 점수를 매겨 본다. 그러면 비판이 실제적이고 당연하다는 것을 자신이 어느 정도 믿고 있는지 확인할 수 있다.

## 5. 자동 반사 반응

내면의 비판으로 흔들린 감정에 아무렇지 않기란 어렵다. 에너지 넘치고 기분 좋은 날에는 순간적으로 내면 비판을 제쳐놓고 하루를 보낼 수도 있다. 그러나 특히 자신이 정신적으로 나약할 때는 비판적 사고를 무시하기가 더더욱 어렵다. 내면의 비평가가 목소리를 높일 때 자신이 어떻게 하는지 적어 보자. 좋아하는 음식을 먹으며 기분을 풀려고 하거나 술을 마시는가? 아니면 자신만의 은신처에 숨어 하루 종일 말도 없이 침울해하진 않았는가? 굳이 하지 않아도 되는 사과를 했다거나 더 오랜 시간 일하는 것으로 과잉 보상을 하려고 했는가? 누군가 당신을 짓밟고 가게 하진 않았는가?

## 이것이 잘되기 위한 조언

- 자기비판을 매일 하자.

  자신이 갖고 있는 자기비판적 메시지가 얼마나 미묘한가에 따라 며칠이 걸릴 수도 있고 몇 주가 될 수도 있지만 자신이 이해할 수 있을 때까지 매일 한두 개의 예시를 적어 보자.

- 자기비판이 일어날 때마다 적어라.

  비판의 생각이 드는 바로 그 순간에 메시지를 적으려고 노력하자. 며칠 동안은 종이를 항상 곁에 두어야 할 것이다. 자기비판적 사고가 그 순간에는 강력한 효과를 갖지만 시간이 지나면 자신이 하고 있던 생각을 정확하게 표현할 수 없기 때문이다. 만약 생각을 바로 적기가 힘든 상황이라면 손에 닿는 아무 종이나 핸드폰, 컴퓨터 등을 이용하여 최대한 그 순간에 세세하게 적어 보자.

- 핑계를 조심하라.

  화나는 생각에 초점을 맞추는 것이 즐거운 일은 아니기에 미루거나 피하려는 경향이 생길 수 있다. 하지만 이미 행동으로 실천한 이상 더 연기해서는 안된다. 끈질기게 따라붙는 내적 비판을 한 번에 자르려면 적과 정면으로 마주쳐야 한다. 그 일에 대한 감정과 사고를 머릿속에서 제거한다고 될 일이 아니다.

## 내적 비판 체크리스트

| 날짜/<br>요일/시간 | 무엇이<br>일어나고 있나 | 내가 어떻게 느끼는가<br>: 감정과 변화<br>(0~10까지 순위를 매기자) | 내가 무엇을 생각하고<br>있는가<br>(0~10까지 순위를 매기자) |
|---|---|---|---|
| | | | |

| 자동 반사 반응 | 나의 기발한 생각 ! | EBA |
|---|---|---|
| | 5개의 중요한 질문들을 관점을 찾는 데 사용하라.<br>(각각 0~10까지 점수를 매긴다.) | a) 나의 기발한 생각을 어떻게 느끼는가? (각각 0~10까지 점수를 매긴다.)<br>b) 신뢰성 – 나는 자기비판적 생각을 얼만큼 신뢰하고 있는가? (각각 0~10까지 점수를 매긴다.)<br>c) 무엇을 할 수 있는가? 시도해 보자. |
| | | |

## 내면의 비판가에게 대꾸하기

Talking back to your inner critic

이제 자기비판적인 생각을 조롱하고 균형 잡힌 관점을 제안하는 법을 배울 것이다. 벌써 자신이 자기비판적 사고를 하고 있다는 점을 발견하기 시작했다면 매우 잘하고 있는 것이다. 그것이 무엇인지 알아냈으니 이제 자기비판적 생각이 자신에게 질문했던 것과 똑같은 방식으로 대꾸할 차례이다. 여기서 자기비판적 사고는 절대 당신에 대한 진실이 아니기 때문에 이러한 사고가 당신을 마음대로 조종하는 행동을 멈추게끔 해야 한다. 자신의 비판적인 목소리를 대체하는 데 도움이 될 만한 균형 잡히고 긍정적인 생각들을 해 보자. 내면의 비판 체크리스트의 마지막 두 칸에 이 대안들을 적고 이러한 사고가 어떻게 자신에게 영향을 미쳤는지 평가해 보자. 마지막 칸은 새롭고 긍정적인 사고들이 얼마나 도움이 될지 실험하기 위한 행동의 계획을 적는 공간이다.

***적을 수 있는 예시 몇 가지는 다음과 같다:***

### 6. 반짝이는 새로운 생각들

자기비판적 사고방식을 대신할 의미 있는 대안들을 생각해 내고 싶다면 이 단원을 끝까지 읽고 특히 106~107페이지에서 소개하는 다섯 가지 '핵심 질문'을 놓치지 않길 바란다. 당신은 제시된 각각의 대안들을 얼마나 믿을 수 있느냐에 따라 평가하면 된다. 앞서 자기비판적인 생각들에 0에서 10까지 점수를 매겼던 것처럼 완전히 믿을 만한 대안이라고 생각되면 10을, 전혀 믿을 수 없다면 0을, 어느 정도는 믿을 수 있다면 5를 주자. 만일 자신이 모든 대안들에 낮은 점수를 준 것으로 결과가 나온다면 좀 더 믿을 만한 대안들을 떠올리기 위해 질문 과정으로 되돌아가 다시 시작할 필요가 있다.

## 7. 당신의 EBA는?

- **E는 감정** Emotion **이다.** 자기비판적인 생각들을 대신할 대안을 발견할 때 어떤 기분을 느끼는가? 느끼는 강도에 따라 0에서 10까지 점수를 매겨 보자. 10을 가장 강한 정도로 한다. 이를 통해 원래 가졌던 고통스러운 감정이 줄어드는 것을 확인할 수 있어야 한다. '나는 어떻게 느꼈던가(How I Felt)?' 라는 제목의 칼럼에도 자세히 설명되어 있다.

- **B는 믿음** Believability **이다.** 당신은 지금 자기비판적인 생각들을 얼마나 믿는가? 가장 강한 믿음에 10을 주어 각각을 0에서 10까지 평가해 보자. 자기비판적인 생각에 대한 믿음이 약해지는 것을 발견해 내야 한다.

- **A는 행동** Action **이다.** 자신이 무엇을 할 수 있다고 생각하는가? 지금이야말로 다시 뭔가를 시도해 볼 때이다! 마음이 가라앉는다는 것을 느낀다면 그것이 바로 자신의 인생에 가장 강력한 변화를 만드는 순간임을 스스로 깨달아야 한다. 안락의자에 편하게 앉아 이 책을 읽는 것을 넘어 밖으로 나가 위험을 무릅쓰고 자신의 한계를 넘어서야 한다. 어떤 시도든 감행하자. 그래야 자신이 얻은 새로운 관점이 실제 인생에서 얼마나 가치 있는지를 확인할 수 있다.

### 이것이 잘 되기 위한 조언

- **급하게 서두르지 말 것.** 몇몇 사람들은 대안을 찾는 것이 생각보다 쉽다고 느끼기도 한다. 혹시 자신은 그렇지 않더라도 너무 걱정할 필요 없다. 걱정해봤자 쓸데없는 구태의연한 말만 떠오를 것이다. 자기비판적인 생각은 몸에 밴 오랜 습관과 같고 대안들은 믿음직스럽지 못하거나 자신

의 이미지를 낯설게 만드는 것처럼 느껴질 수 있다. 어떤 습관이든 없애려면 많은 시간이 걸린다. 평소 사용하지 않던 정신 근육을 써야 하는 것은 우리 몸이 새로운 운동을 시작하는 것과 같은 이치다. 당연히 처음엔 어색하고 불편하게 느껴질 것이다. 그러나 연습을 통해 이 근육들은 점점 강하고 유연해질 것이다. 그리고 힘들게 노력한 대가로 당신은 자기비판적인 생각이 감정이나 행동에 영향을 주기 전에 즉각 잘라낼 수 있게 될 것이다. 이 훈련을 일단 시작하겠다고 마음먹었다면 매일 한두 개의 예를 가지고 질문지에 답하도록 노력하자. 나중에는 매일 작성할 필요는 없다. 그러나 작성해 놓은 자료들은 언제든 당신이 필요할 때 유용한 지원군 역할을 해 줄 것이다. 만일 행복하지 않다고 느껴지거나 자기비판적인 목소리가 다시 들리기 시작한다면 다시금 질문지에 답을 채우면서 마음의 평정을 찾도록 하자.

● **자신에게 친절해져라.** 속상한 일이 생겼을 때 자기비판적인 생각에 대해 객관성을 갖기란 매우 어렵다. 이런 상황이 발생했을 때는 스스로에게 관대해지자. 보통 상황이나 문제에 제대로 대처하지 못한 경우 자신을 비난하는 함정에 빠져들기 쉬운데, 자신을 진짜 힘들게 하는 것이 무엇인지 써 보면 그 상황에서 배울 점을 찾아낼 수 있다. 물론 새로운 상황에 적응하고 익숙해지기 전까지는 번뜩이는 아이디어를 찾기 위해 굳이 애쓸 필요 없다. 번뜩이는 아이디어라 할지라도 그 '실효'가 증명되기 전까지는 그냥 아이디어에 불과하기 때문이다.

● **완벽함보다 "잘했어"가 더 좋다.** 낮은 자신감을 가진 많은 사람들은 실제로 완벽주의자다. 그들은 자신들이 하는 모든 것에 지나치게 높은 기준을 갖고 있다. 자신이 완벽주의 덫에 걸린 것처럼 느껴진다면 이 모든 훈

련의 목적을 다시 한 번 생각해 보자. 근본적으로 당신의 최종 목표는 자기 인식을 높이는 것이다. 그러기 위해 당신은 더 유연한 융통성 있는 생각을 배울 필요가 있다. 완벽주의는 유연한 생각을 불가능하게 하고 창의적인 생각을 짓누르기 쉽다. 자신이 내놓은 답이 꼭 '옳아야 한다'거나 '꼭 적어야 할 내용'만 적을 필요도 없다. 자신이 보기에 일리가 있고 내면에 긍정적인 파장을 불러일으키며 스스로에게 딱 맞는 답이라면 어떤 것이든 좋다.

- **먼저 자신에게 휴식을 준다.** 상황이 힘들게 느껴질 때 자신을 괴롭히지 않도록 주의하자. 자신을 비난하는 습관으로 다시 빠져들 때 스스로에게 비난을 퍼붓지 말자. 오랜 사고 습관과 고통스러운 감정들이 하룻밤 사이에 사라져 버릴 것이라는 기대는 금물이다. 특히 수년간 마음속 깊숙이 자리 잡아온 자신의 이미지를 반영하는 것이라면 더더욱 그렇다. 자기비판적인 생각은 익숙하지만 낡고 오래된 코트와 같다. 새로운 관점을 받아들이게 되면 그것이 마치 새로 산 코트를 입은 것처럼 느껴질 것이다. 즉 보기에는 그럴싸하지만 낯설고 남의 옷을 걸치고 있는 것처럼 느껴진다는 것이다. 그러나 일단 그 옷을 입고 지내다 보면 어느새 익숙해져서 긍정적 변화가 눈에 띄게 많이 찾아온 것을 느끼게 될 것이다.

## 대안을 찾기 위한 5개의 '핵심 질문'

The five 'power questions' to help you find alternatives

자기비판의 생각에서 대안을 찾는 것은 쉬운 일이 아니다. 이 다섯 개의 문제들은 본인 내면의 가장 음흉한 자아도 찾아낼 수 있다. 당신에게 끔찍한 기분을 느끼게 했던 뭐라 표현하기 힘든 이미지들도 함께 말이다. 하지만 불안한 예측을 통해 이미 자신의 사고를 몇 번 비판하고 시험해 본 경험이 있음을 상기하자. 각 문제들을 공부하면서 특정 질문이 유독 흥미롭게 느껴질 수도 있다. 이것은 본인에게 어마어마한 자원이므로 반드시 사용해야 한다. 메모지에 써서 컴퓨터나 냉장고에 붙이거나 지갑에 넣어 갖고 다니자. 비판적인 사고에 직면하게 되면 '핵심 질문' 을 이용하여 자신의 사고를 비판해 보자. 각 문제는 본인의 사고를 유도하기 위해 더 섬세한 문제들로 형성되어 있다. 먼저 리스트를 읽고 명확한 분석을 위해 각 문제를 세밀하게 관찰해 보자.

## 5개의 핵심 질문

**문제 1) 증거가 있는가?**

- 당신은 자신의 의견이 진실이라고 생각하는가?
- 이러한 생각들이 정확하다는 증거가 있는가?
- 이러한 생각들이 정확하지 않다는 증거가 있는가?

**문제 2) 어떠한 대안들이 있는가?**

- 당신은 대안을 무시하고 있지는 않은가?
- 타인이 당신에 대해서 어떻게 생각하는가?
- 친구들은 당신에 대해서 어떻게 생각하는가?

**문제 3) 자아 성찰은 어떤 효과가 있는가?**

- 자기비판적 생각은 스스로에게 득인가, 실인가?
- 어떤 방식의 사고가 자신에게 도움이 되는가?

**문제 4) 당신이 생각하는 방식 어디에 잘못이 있는가?**

- 당신은 결론을 너무 빨리 내리진 않는가?

- 다른 사람에 대해서도 이렇게 생각하는가?
- 혹시 당신은 흑백 사고를 하는가?
- 일이 안 풀리면 자책을 많이 하지는 않는가?
- 자신의 장점을 무시하고 단점만 강조하는가?
- 사실은 본인의 탓도 아닌데 자책을 하는 편인가?
- 스스로 완벽한 사람이 되려고 하는 것은 아닌가?

**문제 5) 이런 생각들에 대해 내가 할 수 있는 일은 무엇인가?**

- 스스로를 어떻게 더 관대하게 여길 수 있는가?
- 지금의 상황 또는 미래에 대한 본인의 생각을 바꾸기 위해 무엇을 할 수 있는가?
- 덜 지멸적인 방식으로 행동해도 되는가?

## 문제 1 : 증거는 무엇인가?

혹시 자신의 생각을 사실로 믿고 있는 것은 아닌가? 그 생각이 틀린 것일 수도 있다. 과거에 사실이라고 믿었는데 나중에 알고 보니 사실이 아니었거나 정확하지 않은 내용이라고 밝혀진 경우가 있을 것이다.

**이러한 생각들이 정확하다고 할 만한 근거들이 있는가?** 자신에 대해 부정적 관점을 갖도록 하는 실제 증거는 무엇인가? 스스로에 대한 비난이 마땅하다고 입증할 만한 실제 사실 또는 관찰 내용이 있는가?(다른 사람의 의견 또는 생각 대신)

이러한 생각들이 정확하지 않다고 말할 만한 것들이 있는가? 과거 또는 다른 생활 영역을 돌이켜볼 때 스스로 비난하는 내용과 대치되는 증거는 무엇이 있는가? 예를 들어 스스로 바보라고 생각다면 이에 반하여 바보가 아니라 똑똑하다는 증거는 무엇인가? 자신이 성취한 모든 것들에 대해 생각해 보자.

**문제 2 : 어떠한 대안들이 있는가?**

스스로 다른 가능성에 대해서는 눈을 가리고 있지 않은가? 똑같은 상황도 다른 관점에서 볼 수 있다. 자신감이 충만해 있는 순간에 지금 처한 이 상황을 바라본다면 어떻게 보일 것 같은가? 10년 후에는 지금 이 상황이 어떻게 보일 것 같은가? 같은 문제를 안고 있는 친구가 있다면 어떤 조언을 해 줄 것인가?

제 3자가 이 상황을 본다면 뭐라고 말할 것 같은가? 자신에 대한 타인의 견해를 고려할 때는 뒷받침할 만한 객관적 견해가 있어야 하며, 스스로 고안한 관점이 현실에 기반을 두지 않은 것이라면 아무런 도움이 되질 않는다.

**문제 3 : 자아 성찰은 어떤 효과가 있는가?**

자기비판의 생각들이 자신에게 도움이 될까 아니면 장애물이 될까? 인생에서 원하는 것이 무엇인가? 목표가 무엇이며 현 상황에서 무엇을 얻고자 하는가? 자기비판적 생각들이 원하는 것을 이루는 데 도움이 될 것 같은가?

어떤 관점을 택하는 것이 자신에게 도움이 될 것이라고 생각하는가? 자신을 격려하며 보다 균형 잡히고 공감하는 시선으로 스스로를 바라본다면 인생이 더욱 풍요로워지고 행복 지수가 올라가지 않을까?

### 문제 4 : 내가 생각하는 방식 어디에 잘못이 있는가?

**나는 속단하는 사람인가?** 당신은 자신의 견해를 뒷받침할 올바른 증거도 없이 어떤 사실에 대해 단정짓는가? 상사가 엘리베이터 안에서 당신에게 미소짓지 않으면 자신이 하는 일이 맘에 들지 않아서라고 속단하는가? 상사는 두통 때문에 얼굴을 찡그릴 수도 있고 혹은 또 다른 이유가 있을 수도 있음을 알아야 한다. 든든한 자신감이 없으면 당신은 결론이 무엇이든 자신이 사람들 눈에 나쁘게 비치는 것에 움찔하는 습관을 갖고 있을 것이다. 증거를 검토하고 사실을 보며 '보다 큰 전체 상황' 에 대해 생각할 수 있어야 한다.

**나도 누군가에 대해 똑같이 생각하고 있는가?** 이중 잣대를 적용하고 있지는 않은가? 나는 어느 누구보다 스스로에게 엄한 사람인가? 자신에게 적용하는 잣대는 다른 사람이 당신에게 해 주었으면 하고 기대하는 것보다 더 높고 엄격한가? 자신이 알고 지냈던 누군가가 이와 비슷한 문제를 가졌을 때 그에 대해 어떻게 반응했을지 생각해 보자. '약하니' 거나 '한심한' 사람들이기에 더 잘 알아야만 한다고 말하겠는가? 아니면 그들을 격려하며 올바른 견해를 갖고 대처할 수 있도록 도와줄 것인가?

**나는 사물을 볼 때 흑과 백처럼 이것은 옳고 저것은 그르다는 이분법적 사고를 하고 있지는 않은가?** '흑과 백' 처럼 늘 한쪽은 옳고, 다른 한쪽은 그르다는 생각은 문제를 다룰 때 어느 한쪽으로 치우쳐 참된 것도 옳지 않다고 할 만큼 지나치게 단순화시켜 버린다. 대부분의 인간은 지나치게 선하거나 나쁘지 않고, 어리석거나 영리하지도 않으며, 약하거나 강하지도 않다. 양쪽이 적당히 섞여 있을 뿐이다. 어떤 일을 전적으로 망쳤다거나 또는 성공을 거두었다는 것은 정상적으로는 있을 수 없고 대개는 양쪽의 중간쯤에 해당하게 된다. 당신은 극단적으로 생각하는 경향이 있는가? 언제나 Always/전혀 Never, 모든 사람 Everyone/아무도 없음 No one, 모든 것 Everything/아무것도 없음 Nothing 과 같은 어휘들을 한번 살펴보자.

**나는 일이 잘 안될 때, 그것에서 한 인간으로서의 내 자신을 완전히 지워 버릴 수 있는가?** 당신이 했거나 또는 말했던 원칙에서 당신은 별로 가치가 없다고 하며 물러날 수 있는가? 누군가 자신을 좋아하지 않는 것처럼 보이는 것은 스스로에게 잘못이 있어서인가? 업무상 한 가지 실수를 했다고 하여 당신은 완전히 실패했는가? 하나의 상황만을 근거로 하여 당신 전체를 이렇다라고 판단하는 것은 옳지 않다. 어떤 면이 뛰어나다고 해서 당신이 전적으로 훌륭한 사람인가? 아니다. 그럴 수 없으며 사물도 마찬가지다. 자신에 대해 든든한 자신감이 없을 때 반드시 자기비판적인 생각에 빠지게 됨을 기억하자. 왜냐하면 자신이 갖고 있는 긍정적인 것은 제쳐 둔 채 부정적인 것에만 주의를 쏟기 때문이다.

**과연 나는 약점에만 신경을 곤두세우고 장점은 간과하고 있는 걸까?** 잘 해내지 못할 것 같은 일에만 신경 쓰며 자신이 가진 장점이나 재능을 배제하고 있지는 않은가? 스스로를 돌아볼 때 실수를 했거나 누군가에게 거부당했을 때, 혹은 패배감을 느꼈던 순간만을 떠올리지 않는가? 스스로 무능하다고 느끼는 순간에는 장점이나 재능이 있다고 믿기가 참 힘들다. 누구든지 미숙한 일도 있고 정말 후회하는 일이나 변화시켰으면 하는 점 등을 가지고 있다. 그런 생각은 다 한 번쯤 했을 것이다. 동전에 양면이 있듯 이럴 때는 스스로가 능숙하고 잘 해내는 면을 보는 것은 어떨까. 예를 들면 다른 사람들이 나의 어떤 면을 좋아하는지, 스스로 만족스럽고 좋은 점은 어떤 것인지, 지금까지 살면서 수많은 어려움과 스트레스들을 어떻게 해결해 왔고 내가 느끼는 나의 강점과 장점은 무엇인가 하는 점들 말이다.

### 문제 5 : 이런 생각들에 대해 내가 할 수 있는 일은 무엇인가?

**어떻게 하면 스스로에게 좀 더 관대해질 수 있을까?** 새롭고 너그러운 관점이 내면의 비판을 어떻게 개선시킬지 알 수 있는가? 단 하루만이라도 스스로에게 관대해지려고 의식적으로 노력하고 그러한 노력이 어떻게 다가올지 지켜볼 수 있겠는가?

**그렇다면 미래에 상황을 바꾸거나 그 상황을 보는 내 생각을 변화시키기 위해 내가 할 수 있는 일이 무엇인가?** 언제나 내가 잘못됐다고 느끼게 만드는 사람들에게서 거리를 둬야만 하는 건 아닐까? 아니면 나의 참된 열정과 재능에 맞는 일을 찾기 위해 항상 전전해야만 할까? 혹은 결과만 생각하는 점을 고치거나 스스로를 멋하는 걸 그만두는 것과 같이 단순히 생각하는 방식만 바꾸면 되는 것일까?

**좀 덜 좌절할 수 있는 방법으로 행동하도록 애써볼 수 있을까?** 자, 이제 생각은 충분히 했으니 행동으로 옮길 때이다. 당신이 불안한 예측을 실생활에서 실험한 것처럼 당신의 새로운 사고방식을 실제로 실험해 볼 수 있겠는가? 이것만 기억하자. 변화하려면 직접 겪은 경험보다 더 좋은 것은 아무것도 없다. 때로는 한 번의 실천이 백 마디 말보다 낫다는 걸 명심하자.

### ♠ 더 깊이 알기

**6단원에서는 자기 인식에 대해 배우게 된다.**

부정적인 생각에 집중하고 긍정적인 생각을 물리치는 경향이 있다면 내면의 비판가가 검사처럼 행동하며 모든 단점과 취약점을 계속 물고 늘어질 것이다. 따라서 부정적인 자아에 맞설 만큼 강한 긍정적 자아를 개발하여 부정적인 생각들에 반박할 만한 증거를 제시해야 한다. 마음속에서 재판이 진행되는 경우 일방적으로 제시한 한쪽 측면의 증거에만 기반해 스스로를 비난하기보다는, 모든 가능한 증거를 조합하여 판별할 판사와 배심원이 필요하다.

**상황이 뜻대로 굴러가지 않을 경우 가능한 모든 원인들을 짚어 보는 편인가, 아니면 곧바로 내 탓이라고 단정짓는 편인가?** 예를 들어 문자를 보낸 친구로부터 두 번 연속 답장을 받지 못한 경우 내가 친구의 마음을 상하게 한 탓이라고 생각하는 편인가? 뜻대로 일이 잘 풀리지 않는 경우 원인은 다양할 수 있다. 물론 내가 말이나 행동을 잘못해서 그 같은 상황에 이르게 된 것일 수도 있다. 그러나 다른 요인들도 고려해 볼 필요가 있다. 친구가 바빴거나 굳이 답장을 기대하고 보낸 문자가 아니라고 생각해서일 수도 있고 또는 집에 심각한 일이 생겨서 미처 문자를 보내지 못했을 수도 있다. 아니면 좀 더 여유 있게 대화할 수 있는 주말에 시간을 내서 전화를 하려고 문자를 보내지 않은 것일 수도 있다. 일이 잘못될 경우 다른 가능성은 생각해 보지도 않고 곧장 자신에게 책임을 묻는다면 이는 다른 가능성의 여지를 처음부터 배격하는 것과 같다. 다른 이유들을 생각해 볼 수 있겠는가? 모든 가능성을 열어 둔다면 자책하는 일이 줄어들게 되고 나아가 현재 발생한 일이 자신의 잘못에 기인한 일이 아니라는 사실을 발견하게 될 것이다.

**나는 완벽해지려고 노력하는가?** 인생에서 힘든 일들을 항상 잘 극복해 내기를 기대하는가? 어떤 상황이나 당신의 상태에 상관없이 모든 일이 완벽하게 풀려야 한다고 생각하는가? 언제나 완벽함을 추구하는 것은 현실적이지 않으며 자신을 실패하도록 하는 것이다. 언제나 100% 성공하지 못한다는 것을 받아들이는 것이 당신의 기준을 영원히 낮추는 것은 아니다. 현실적인 목표를 세우고 자신이 어떤 일을 이루어 냈을 때 자신에게 영광을 돌리는 것을 말한다. 그러면 당신은 실수로부터 배우고 더 잘하고 싶은 의욕이 생긴다. 윈스턴 처칠은 성공이란 열정을 잃지 않고 실패를 겪는 능력이라고 했다.

## 될 때까지 되는 척해라!

Fake it till you make it!

당신의 습관은 생각과 감정에 강력한 효과를 지니고 있다. 지금까지 자신에 대해 생각해 온 습관적인 방법은 자아에 대한 자부심을 낮게 유지시켜 오는 패턴을 따르고 있다. 여기에 새로운 패턴을 설립시킬 몇 가지 아이디어들이 있다. 건강한 자아 습관, 실험에 대한 적극적인 자세가 중요 포인트이다. 처음에는 약간 어색하다고 느낄 것이다. 모든 것이 끝나고 나면 당신은 '정신 근육 Mental muscles'을 강화시키고 있을 것이다. 당신이 될 때까지 되는 척해라. 만약 당신이 꾸준히 한다면 나중에는 두 번째 천성이 될 수 있다.

- **칭찬을 상냥하게 받아들이자.** 누군가가 자신에게 셔츠가 좋다고 말할 때 "오, 이거 오래된 거예요"라고 하지 말고 "고맙습니다"라고 웃으며 말해 보자. 누군가가 당신이 준비한 음식을 칭찬한다면 너무 오래 익혔다고 말하지 말고 "고맙습니다!"라고 웃으며 말하자.
- **자동적으로 사과하는 것을 멈추자.** 슈퍼에서 누군가가 당신에게 부딪힌다면 사과할 것인가? 웨이터가 잘못된 식사를 갖다 준다면, "죄송하지만 이것은 제가 주문한 것이 아닌데요?" 라고 말할 것인가? 자신이 하루에 몇 번이나 "미안합니다"를 말하는지 생각해 보고 반으로 줄이기를 시작하자. 당신이 정말 말하려고 하는 것과 좀 더 효과적으로 말하는 방법을 생각하도록 노력하자. "실례합니다만, 이것은 제가 주문했던 음식이 아닙니다. 제가 주문한 것은…"

## ANNA의 내적 비판 체크리스트

| 날짜/요일/시간 | 무엇이 일어나고 있나 | 내가 어떻게 느끼는가 : 감정과 변화 (0~10까지 순위를 매기자) | 내가 무엇을 생각하고 있는가 (0~10까지 순위를 매기자) |
|---|---|---|---|
| 6월 25일 수요일 6시 45분 | 새 남자친구가 이틀 동안 연락 없음 | 불 안 감 – 6<br>우 울 감 – 8<br>절 망 감 – 5<br>두통지수 – 3 | 또 시작이군, 이 남자도 나에게 관심이 없어 – 10<br>인간관계에는 정말 가망이 없어, 아무도 나랑 있고 싶어하지 않아 – 7<br>분명히 내가 이 사람을 불쾌하게 한 거야 – 9 |

| 자동 반사 반응 | 나의 기발한 생각 ! | EBA |
|---|---|---|
| | 5개의 중요한 질문들을 관점을 찾는데 사용하라. (각각 0~10까지 점수를 매긴다.) | a) 나의 기발한 생각을 어떻게 느끼는가? (각각 0~10까지 점수를 매긴다.)<br>b) 신뢰성 – 나는 자기비판적 생각을 얼만큼 신뢰하고 있는가? (각각 0~10까지 점수를 매긴다.)<br>c) 무엇을 할 수 있는가? 시도해 보자. |
| 문자 온 걸 못 봤을까봐 5분마다 핸드폰을 확인한다.<br><br>일하러 가면 산만하고 일이 진행이 안 된다. | 그는 나에게 전화하려고 했지만 일이 너무 바빴다 – 4<br><br>내가 왜 자기한테 전화하지 않는지 궁금해 한다 – 3<br><br>날 다시 만나고 싶은 건 아니지만, 그건 그 사람의 개인적인 이유 때문이지 내 잘못은 전혀 아니다 – 5 | a) 불안감 – 3<br>우울감 – 2<br>절망감 – 3<br><br>b) 5/5/3<br><br>c) 그에게 친근하지만 가벼운 이메일을 보내, 다시 만나자고 물어본다. 답장이 없다면 그는 흥미가 없어져 나를 잊은 것이다. |

- **'예'라고 말하기 전에 '아니오'라고 말하자.** 누가 당신에게 무언가를 부탁했을 때, 그것을 들어줄 여력이 있는지 당장 확신이 들지 않는다면 "잘 모르겠네요, 스케줄을 확인해 보고 대답해 드릴게요"라고 말하자. 오직 당신이 시간이 있거나 그것을 하기 원할 때에만 즉시 '예'를 답하자.
- **당신이 하는 말을 주의 깊게 보자.** 뇌는 입에서 자주하는 말을 믿는 경향이 있다. 만약 사람들에게 자신의 직업이 '악몽' 같다고 말하거나, 스스로가 '뚱뚱하다', '혼란스럽다'라는 말을 하거나 '형편없는 기억력'을 가지고 있다고 자주 말한다면, 당신의 뇌는 그것을 그대로 믿기 시작한다. 자기비판적 말들은 그런 경향에 빠지는 것을 가속화하고 자기의 이미지를 만드는 일에 직접적인 영향을 주기 쉬운 습관이다. 누군가 당신에게 "안녕하세요, 오늘 어떠세요?" 또는 "요즘 하는 일은 어떻게 돼 가요?" 라고 물었을 때 자동적으로 자신을 낮추어 말하는 대신 현실을 그대로 보고 긍정적이거나 혹은 중립적인 태도로 답변을 생각할 수 있겠는가?

## 이 단원에서 꼭 숙지해야 할 것들

Essential take-home messages from this chapter

- **아는 것이 힘이다.** 자기 내면의 비평가는 강력한 적이고 무찔러야 할 존재이며, 그것이 어떤 과정을 거쳐 작동하는지에 대해 알 필요가 있다. 마음속에서 작동되는 자기비판적 흔적에 집중하기란 물론 쉽지 않다. 하지만 그것을 무시한다고 해서 없어지게 할 수는 없다. 당신은 그 일에 도전해야 하고 믿을 수 있는 대안을 가지고 시험에 임해야만 한다.
- **아이쇼핑은 충분하지 않다.** 옷걸이에 걸려 있는 새 재킷은 꼭 당신의 스타일인 것처럼 보이겠지만, 실은 입어 보기 전까지는 모를 일이다. 이론은 여기까지다. 자신의 '반짝이는 새로운 생각들'을 실제 적용시켜 잘

맞는지를 확인하고, 앞으로 어떤 일에 대해 느끼고 행동하는 방식 자체를 긍정적인 방향으로 바꾸는지 아닌지를 살펴보아야 한다.

- **연민에는 힘이 있다.** 당신은 비판이 아닌 격려를 키워야 한다. 만약 이 일 때문에 스스로에 집중하느라 인생의 속도가 늦어지고 아무것도 성취할 수 없다고 느껴 속으로 두려움을 느낀다면, 이렇게 생각해 보자 : 누군가 실수할 때마다 그것을 비판하고, 실패할 것이라 말해 주는 것으로 그 사람에게 무언가를 가르칠 수 있다고 생각하는가? 만약 아니라면 당신은 왜 스스로를 위협하는 방식으로 좋은 결과를 얻을 수 있을 것이라고 생각하는가?

**교훈**

생각 안에 새긴 기록은 손으로 쓴 기록의 힘에 절반도 미치지 못한다. 그러므로 만약 진짜로 변화를 원한다면 쓰는 일을 계속하자.

# 6

# 있는 그대로의 자신을 받아들이자
ACCEPTING YOURSELF FOR WHO YOU ARE

여전히 많은 사회나 가정에서 긍정적인 사고방식이 금기시되고 있다. "기고만장하다"나 "거만하다"라는 말들은 지나치게 자신만만해하거나 능력이나 성취를 자랑스럽게 여기는 사람들을 겨냥한 비판의 말이다. 우리는 그들에게 문제가 생기기 만을 바라며 "그들은 실패를 향해 가고 있어" 라고 말한다. 호주에는 '키 큰 양귀비 증후군 Tall poppy syndrome' 이 있다. 정원사가 꽃을 가꿀 때 빨리 자라는 꽃의 목을 친다는 뜻으로 다른 사람보다 높아지거나 빨리 출세할 경우 잘되는 꼴을 못 보고 끌어내리려는 의미를 갖고 있다. 영국의 타블로이드 신문들은 추락하는 아이돌에 대한 기사나 가장 인기 있는 스타가 행동이나 일, 외모 등으로 비판받는 내용을 보도하는 것을 좋아한다. 따라서 우리들 대부분이 스스로에게 만족스러운 기분을 잘 못 느끼는 것은 당연하다. 부모들은 자녀에게 칭찬을 많이 하면 아이를 망치게 될 것 같다고 걱정한다. 학교에서는 공부에 재능이 있는 아이들이 놀림을 당하거나 외면당하며 결과적으로 그들의 재능을 깎아내리게 될 수도 있다. 즉 스스로에게 좋은 감정을 느끼는 사람들은 사회에서 쉽게 용납되지 않기 때문에 우리는 자신을 낮추는 법을 먼저 배우게 된 것이다.

만일 자기 불신을 버리고 스스로에게 좋은 감정을 느끼게 되면 사람들이 '자신감 넘치는' 자신을 거부할 것이라고 걱정할 수도 있다. 하지만 이 책의 목표는 '당신이 지금까지 본 사람들 중 최고다' 라고 생각하거나 당신이 하는 행동과 말이 모두 옳다고 하는 것이 아니다. 단점뿐만 아니라 자신의 장점도 받아들여 균형된 관점을 갖고 사는 법을 배우는 것이 최종 목표이다. 사실 스스로를 잘 받아들일수록 다른 사람도 더 잘 받아들이게 되고 친밀한 관계를 형성할 수 있다.

자기비판과 같이 당신의 장점들을 무시하고 과소평가하는 것은 내재된 당신의 잠재력을 발휘하는 것을 막아 왔다. 만약 당신이 자신의 강점과 재능들, 인생의 좋은 점들을 취할 자격이 있다는 것을 받아들인다면 스스로 너무 우쭐하게 되고 만족감을 느껴서 살아가는 동안 다른 어떤 것도 이룰 수 없게 될 것이라고 생각하는가? 자기 수용은 자신의 개성에 대한 현실적인 평가이고 자신감의 중요 요소이다. 당신의 자신감이 타고난 잠재력을 충분히 발휘하지 못하는 이유는 자신만의 특별한 재능과 능력들을 완전히 받아들이는 것을 거부하기 때문이다.

이 책은 인생에서 어떠한 일을 했든지 상관없이 당신은 대단한 사람이라고 확신을 주기 위해 고안된 속임수가 아니다. 오히려 그 반대이다. 가장 큰 목표는 '현실성' 이다. 있는 그대로의 자신을 받아들이고 현실적이고 정확하며 관대한 관점을 갖도록 하는 것이다.

***이 단원에서 배우게 될 것들 …***

- 자신의 장점에 관심을 갖고 좋은 점은 받아들이는 방법
- 매일 자신의 좋은 점들에 집중하게 하는 쉽고 단순한 방법
- 자신의 장점을 소중하게 여기는 것이 스스로에 대한 느낌과 일상을 사는 방법에 얼마나 즉각적인 영향을 주는가
- 매일의 작은 즐거움들이 호화롭지는 않지만 정신 건강과 행복에 필수적인 이유
- '해야 할 일' 목록에 반박하는 것이 자신의 자신감을 얼마나 끌어올려 줄 것인가

## ♣ 직접 해 보기

### ● 자신만의 재능을 분석해 보자

심리학자인 Martin Seligman마틴 셀리그만에 따르면 지속적인 내면의 만족감을 찾는 열쇠는 낙관주의, 근면함, 진실성, 명랑함, 너그러움과 같은 자신만의 특징적인 강점들을 찾아내서 최대한 활용하는 삶을 살도록 노력하는 것이다. 다음에 나오는 연습 활동은 자신만이 지니고 있는 자질, 기술, 관심사, 그리고 열정을 포함하는 자신만의 '특징적인 강점'을 이해할 수 있게 도와줄 것이다. 이러한 연습 활동은 스스로에 대해 좀 더 긍정적인 관점을 강화하도록 해 주는 훌륭한 방법이다. 더욱이 자신을 얼마나 비하하고 있는지 알려주는 경종이 될 것이다. 당신은 이 연습이 끝나기 전에, 부정적 요소들에 더욱 주의를 기울이는 방법을 익히고 그것을 통해 그 오래된 습관들을 심각하게 받아들이지 않고 오히려 과거로써 청산할 수 있게 될 것이다. 마음 속 부정적 요소들이 긍정적으로 생각하는 것을 막지 못하도록 한쪽에 밀어두는 방법을 배우는 동안, 자신의 장점들을 무시하는 버릇은 힘을 잃게 될 것이다.

## ● 무엇을 할 것인가

자신의 '장점 목록'을 만들어라. 몇 가지 도움이 되는 질문에 대답하는 것에서부터 시작할 수 있다. 만일 자신에 대한 의심들이 이미 약해지기 시작했거나 그것들이 단지 도전적인 상황에서만 드러나는 경향이 있다면 당신은 이것을 꽤 쉽게 할 수 있을 것이다. 자신감이 부족한 모든 사람들이 그들의 장점을 전혀 모르고 있는 것은 아니다. 하지만 부정적 자아상이 여전히 자리 잡고 있다면 당신은 장점 목록을 작성하는 게 불가능에 가까운 일이라고 생각할 수 있다. 당신은 단점과 약점들은 쉽게 나열하지만 장점을 떠올리라고 했을 때는 머릿속이 말 그대로 백지장이 되어 버리는 것을 발견했는가? 그것은 성장하는 동안 스스로를 좋게 생각하는 의욕이 꺾였던 사람들에게는 흔한 일이다. 만약 자신의 업적들을 축하받기는커녕 한 번도 인정받은 적이 없거나 당신의 욕구들이 중요하지 않다거나 혹은 보이지 않는다는 메시지를 받았다면 스스로를 인정하는 것이 낯설게 느껴질 것이다. 그러나 머지않아 당신은 스스로의 좋은 점을 보고 그것들을 소중히 할 수 있을 것이다. 이 활동에 시간을 투자하는 것이 그 첫걸음이다. 만약 당신이 시작할 수 없다면 믿을 수 있는 가까운 친구나 가족에게 첫 번째의 대략적인 목록을 만드는 것을 부탁해 보자.

## ● 필요한 것

종이 한 장, 연필, 절대 방해받지 않을 조용한 장소, 그리고 충분한 시간이 필요하다. 시작하기 전에 안락한 곳에 편하게 자리 잡고 앉아서 안정감을 느낄 수 있도록 노력하자. 당신이 가장 좋아하는 음악을 배경으로 틀어 놓거나 몇 분간 그냥 조용히 앉아 천천히 호흡하며 심호흡에 집중하면 편안함을 느낄 수 있을 것이다.

## ● 어떻게 하는 것인가

떠올릴 수 있는 한 많은 장점 목록을 만들어라. 처음엔 몇 가지를 적은 뒤에 머릿속이 하얗게 돼서 힘들더라도 걱정할 필요가 없다. 당신은 새로운 관점으로 생각하려고 애쓰는 중이고 머릿속의 새로운 길을 모색하기 위해 노력하고 있다는 것을 기억하라. 단지 시간이 오래 걸릴 뿐이다. 할 수 있는 한 많은 자질들을 떠올렸다면 당신의 목록을 안전한 곳에 넣어 두고 당신의 마음 한쪽에도 함께 보관해 두자. 새로운 생각들이 떠오를 때는 그것을 당신의 목록에 추가해 두어라.

## ● 도움 되는 질문들

이 활동을 하는 데 어려움을 겪고 있다고 해서 당신이 장점을 많이 가지고 있지 않다는 의미는 아니다. 당신은 그것들을 걸러내고 부정적인 것에만 집중하는 데 많은 시간을 보내 왔다. 다음의 질문들은 부정적인 것들을 걸러내고 긍정적인 것에만 집중할 수 있도록 도와줄 것이다.

- 당신의 어떤 점을 좋아하고 어떤 점을 가장 싫어하는가?
- 당신이 가지고 있는 장점들은 무엇인가?
- 당신이 인생에서 성취한 것은 무엇인가(사소한 것이라도)?
- 당신은 어떤 도전과 마주했는가?
- 당신이 타고난 능력이나 재능은 무엇인가(사소한 것이라도)?
- 당신이 습득한 재능은 무엇인가?
- 다른 사람들은 당신의 어떤 점을 좋아하고 인정하는가?
- 다른 사람에 대해 중요하게 평가하는 자질과 행동 방식 중에 당신이 갖추고 있는 것은 무엇인가?

- 어떠한 단점이 당신에게는 해당되지 않는가?
- 당신의 가장 친한 친구는 당신을 어떻게 묘사하는가?

**당신의 어떤 점을 좋아하고 어떤 점을 가장 싫어하는가?** 당신이 자화자찬하는 감정을 느꼈던 순간이 있는지 살펴보라. 당신이 마지막으로 나이 든 이모를 방문했을 때, 인내심이 충만한 사람이라는 생각이 머릿속을 스쳤던 적이 있는가? 아이들과 대화하느라 시간을 보낸 후 기분이 좋았던 적이 있는가? 당신이 사실은 훌륭한 정비공이거나 창의력 있는 요리사일지도 모른다는 비밀스런 느낌을 가졌던 적이 있는가? 위기의 상황에서 냉정함을 유지하거나 문제에 대한 훌륭한 해결책을 생각해 낸 적이 있는가?

**당신이 가지고 있는 장점들은 무엇인가?** 당신이 이런 자질들을 항상 보여주지 못한다는 것은 문제가 되지 않는다. 심지어 가장 웃긴 코미디언들도 24시간 일주일 내내 농담하지는 않는다. 그리고 가장 관대한 사람들조차도 때로는 그들의 인내심이 바닥이 나는 것을 발견하게 된다. 모두가 쉬는 날이 있다. 만약 스스로의 자질을 인식하게 된다면, 그것이 당신의 완벽한 이상형에 부응하건 아니건 당신은 그것을 칭찬할 필요가 있다. 단지 완벽하지 않다고 해서 장점들을 무시해서는 안 된다.

**당신이 인생에서 성취한 것은 무엇인가(사소한 것이라도)?** 반드시 노벨상 같은 것이 아니어도 된다. 성취란 컴퓨터에 사진을 옮기고 사진을 친구와 가족들에게 보내 주는 것이나 지역주최 5km 자선 마라톤이 될 수도 있고 맛있는 봉골레 스파게티를 만들 수 있는 능력일 수도 있다.

**당신은 어떤 도전과 마주했는가?** 자신이 과거에 어려운 도전, 문제, 두려움을 극복했다는 사실을 망각하고 있지는 않는가? 이제까지 과거를 돌이켜 보며 내가 어떻게 극복해 왔는지 생각해 본 적이 있는가? 이러한 사실들이 자신에게 말해 주는 것이 있다. 그것은 당신에게도 용기, 끈기, 강인함이 있다는 뜻이다. 이 책을 선택해야겠다고 생각한 것 또한 당신 내면의 용기를 보여주는 것이다. 그러한 자신의 용기를 자랑스럽게 생각해라.

**당신의 타고난 능력이나 재능은 무엇인가(사소한 것이라도)?** 재능이라는 것은 올림픽에 나가는 것보다 더 큰 무엇이라 할 수 있다. 완벽하지 않더라도 사소한 재능 역시 중요한 것이다. 당신은 사람들을 편하게 만드는 능력이 있는가? 땀 한 방울 흘리지 않고 가구를 조립할 수 있는가? 패션에 걸맞은 액세서리를 고를 수 있는가? 아니면 노래방에서 'My Way' 노래를 멋지게 부를 수 있는가? 이 모든 것들이 바로 당신의 능력이다. 언제까지 이 능력들을 망각하고 있을 것인가?

**당신이 습득한 재능은 무엇인가?** 삶 속의 다양한 부분들을 생각하면서 그 속에서 자신이 가지고 있는 아주 기본적인 재능들을 한번 적어 보라. 당신은 테니스를 칠 수 있는가 아니면 자유형을 할 수 있는가? 파워포인트나 엑셀을 사용할 수 있는가? 매번 부피가 커지는 스폰지 케이크를 만들 수 있는가? 다른 언어로 점심 주문을 할 수 있는가? 시들어 버린 식물과 나무를 다시 살릴 수 있는가? 업무적 재능, 가정적 재능, 사교적 재능, 학업적 재능, 운동 능력, 여가 활동 모두를 포함해서 생각해 보자.

**다른 사람들은 당신의 어떤 점을 좋아하고 인정하는가?** 아마도 당신은 크게 인식하지 못해도 자신이 잘했던 점에 대해서 타인으로부터 지속적으로 이야기를 들었을 것이다. 이제는 이러한 점들에 관심을 갖자. 친구들이 당신에게 조언을 구하거나 도움을 요청하는 것들이 무엇인가? 그들이 당신을 어떠한 점에서 칭찬하는가? 그들은 당신의 어떠한 점을 극찬하는가?

**다른 사람에 대해 중요하게 평가하는 자질과 행동 방식 중에 당신이 갖추고 있는 것은 무엇인가?** 이 연습은 본인보다 타인의 장점에 주목했을 때 아마 더 쉽게 여겨질 것이다. 그러나 때로는 타인의 장점이 자신의 장점을 반영하기도 한다. 다른 사람의 긍정적 자질 중에 친숙하게 느껴지는 점이 있는가? 그렇다면 당신이 과거에 비슷하게 행동했다는 것을 의미할지도 모른다. 기준이 되는 상대가 자신보다 어떤 일을 더 잘 해내는 것보다 자신이 동일한 자질을 갖추었다는 사실을 인정하는 것이 중요하다. 아니면 당신의 자질 중에 다른 사람 또한 그 자질을 갖추었으면 하는 면이 있는가? 당신은 남의 이야기에 경청하는 편인가? 또는 사적 문제가 직장 생활에 영향을 주지 않게 주의를 기울이는가? 아니면 주변 사람들이 즐겨 읽을 책이나 즐겨 들을 CD를 빌려주는 편인가? 다른 사람이 당신과 동일하게 행동했을 경우 자신이 좋아할 만한 점들을 적어 본다.

**어떠한 단점이 당신에게는 해당되지 않는가?** 때로는 단점부터 고려했을 때 장점을 떠올리기가 더 쉬울 수 있다. 꼬인 논리로 여겨질지 모르지만 이 방식을 통해 이전에 못 보고 넘어간 장점을 발견할지도 모르지 않는가! 뿐만 아니라 이 작업은 이상할 정도로 재미있기도 하다. 상상력에 날개를 달아 자유롭게 단점들을 떠올려 보자(예 : 선입견이 강한 사람, 신뢰가 안 가는 사람, 정직하지 못한 사람, 비겁한 사람, 변덕스러운 사람, 교활한 사람). 이 중에 당신에게 해당되는 단점이 있는가? 그렇지 않다면 당신이 반대 경우에 해당할 가능성을 고려해 본다(예 : 편견 없는 사람, 신뢰 가는 사람, 정직한 사람, 용감

한 사람, 일관성 있는 사람, 올바른 사람, 공정한 사람). 100% 이 장점들을 갖추지 않았거나 항상 이에 적절하게 행동하지 않더라도 적어 본다.

**당신의 가장 친한 친구는 당신을 어떻게 묘사하는가?** 가장 친한 친구나 신뢰감을 주는 동료, 가족을 떠올려 보자. 이들이 당신을 어떻게 묘사하는가? 이 질문을 직접 하기가 꺼려진다면 메일을 써서 보내는 것이 더 쉬울 수도 있다. 사이가 가깝고 자신이 존경하는 사람들 중에 당신의 장점을 나열한 목록을 보내 달라고 부탁할 수 있는 사람이 있는가? 당신이 조금이나마 '해롭다고' 여기는 친구나 당신에게 기쁨보다 걱정을 끼치는 가족은 고려 대상에서 제외할 것은 말할 필요도 없다. 남에게 자신을 평가해 달라고 부탁하는 것이 민망하게 여겨질지라도, 상대방이 당신을 아끼고 당신 또한 상대방을 신뢰한다면 오히려 큰 깨달음의 순간이 될 수도 있다. 자신이 생각지도 못한 자질을 찾아낼 수 있고 이를 통해 상대방과의 관계를 강화시키는 계기가 될 수도 있다. 감사의 표시로 당신 또한 상대방에게 동일한 목록을 만들어 주겠다고 제안할 수 있다.

## 자신에게 맞춘 목록 만들기

자신의 장점 목록을 만드는 것은 중요한 첫 단계이며 목록 만들기를 통해 만족감도 높아졌기를 바란다. 하지만 목록을 만들기만 하고 다시는 보지 않는다면 만족감 또한 머지않아 사라지게 될 것이다. 목록을 잘 활용해야 한다! 장점 목록은 중요한 의식을 높이기 위한 활동의 좋은 시작점이다. 이의 목적은 당신의 행동에서의 장점을 인식하도록 자신의 의식적 촉각을 조율하는 것이다. 처음에는 장점을 인식하기 위해 의식적으로 노력을 해야 하지만, 궁극적으로는 이러한 행위는 사기를 올리도록 하기 위해 자신의 장점에 대한 의식이 항상 함께 하도록 해야 한다. 이 단계에 이르게 되면 당신은 특별한 노력을 하지 않아도 자신의 올바른 행동 혹은 일이 잘 풀리는 것을 자동적으로 인식하게 된다. 하지만 이러한 정신적 조율이 생기도록 하기 위해서는 자신의 장점을 부각시키기 위한 방법을 찾아야 한다.

## 자신의 장점을 부각시키기 위한 방법

장점 목록에 대해 며칠 동안 생각해보고 최대한 많은 장점을 추가하자. 그런 다음 방해 받지 않고 자신이 편안함을 느끼고 휴식을 취할 수 있는 시간을 고른다. 목록을 스스로 천천히 읽어 보는 것으로 시작하여 중간 중간 멈추어 각 단어들이 자신에게 스며들도록 노력한다.

생각들이 충분히 이해되도록 처음부터 끝까지 신중하게 읽고 난 후, 다시 처음부터 읽는다. 이번에는 각 목록을 고려하면서 각 장점, 재능, 혹은 업적의 증거가 되는 특정 상황을 떠올려 본다. 기억을 최대한 생생하게 떠올리기 위해 오랜 시간을 투자해야 한다. 눈을 감고 자신이 있었던 장소, 함께 있던 사람, 보고 듣고 맡았던 것, 느꼈던 기분, 취한 행동, 그리고 그 행동의 결과를 떠올려 보자.

2단원에서 나왔던 Kevin케빈은 '좋은 친구'라는 장점을 그의 장점 목록에 등록했다. 그는 심사숙고 끝에 퇴근 후 직장 동료들과 술을 마시러 갔던 날을 떠올렸다. Kevin은 동료 중 한명인 Ali알리가 우울해 보인다는 것을 알아차렸다. 함께 집으로 걸어가던 중에 Ali는 아내와 부부싸움을 해 기분이 매우 가라앉아 있다고 털어놓았다. Kevin은 Ali의 얘기를 들어 줬고 자신이 그의 말에 귀 기울이고 있다는 사실을 보여 주기 위해 힘이 되는 말을 해줄 뿐, 충고나 자신의 의견 혹은 유사한 경험을 얘기하며 끼어들지 않았다. Kevin은 Ali가 그저 마음에 담긴 얘기를 털어놓기만 하면 된다고 생각했다. 다음날 Kevin은 사장이 Ali에게 맡기려고 했던 작업을 대신 맡아 줬고 그로인해 Ali는 고마움을 느끼는 듯 보였다. Kevin은 이 상황을 자신의 세심함과 감성 지능에 대한 사례로 정했다.

더 깊이 자기 자신에게 몰두할수록 활동은 더 강력해질 것이다. 또한 이 활동의 위대함은 장기적인 효과뿐만 아니라 즉각적으로 자신의 기분을 상승시킬 수 있다는 데 있다. 자신의 감정을 돌아보기 위해 잠시 시간을 내 보자. 자신감이 상승하는 것을 느낄 수 있는가? 전에 없던 자기 인정의 기분이 꽃피우는 것이 느껴지는가? 기분이 좋아지지 않았나?

## 만약 이러한 일들이 일어나지 않는다면 어떻게 해야 하는가?

아마도 내면의 비판 목소리가 슬금슬금 당신의 잠재의식을 좀먹고 있을 것이다. '당신이 창의적이라고? 농담이겠지', '도덕심? 꿈 깨!' 이와 같이 비판의 목소리는 당신의 장점을 깔아뭉개지 않는가? 그 목소리는 당신의 장점들이 별것 아니고 누구든 그만큼은 한다고 말하거나 수많은 사람들이 당신보다 더 잘 한다고 말하는가? 아니면 의기양양한 자신을 수치스럽다고 말하고 있는가? 혹은 그 장점들이 괜찮고 때로는 당신이 자애롭고 힘이 되기도 하지만 항상 그렇지 않기 때문에 인정할 수는 없다고 얘기하는가? 아니면 당신의 자질들이 평범하다고 폄하하고 있는가?

당신은 그 목소리의 존재에 얽매이지 않고 의식할 수 있겠는가? "아 '목소리' 가 또 나왔구나, 언제 또 들릴지 궁금했어! 덕분에 지금은 긍정적인 얘기들이 필요하게 됐어"라고 생각할 수 있겠는가? 만약 비판의 목소리가 멈추질 않는다면, 5단원을 다시 한 번 보고 또 다른 내면의 비판들 작업표를 채워 볼 수도 있다. 장점 목록을 주기적으로 채워 나간다면 긍정적인 기억에 몰두하고 필요할 때마다 마음속에 자세히 떠올려 볼 수 있을 것이다. 즉시 기분을 바꾸고 싶다면 Paul Makenna폴 마케나 같은 신경언어학 프로그램 의사들이 추천한 간단한 속임수를 활용해 보자. 직장에서 힘든 회의에 들어가기 전에 10분만 투자해서 잘 진행되었던 과거의 회의를 조용히 회상해 본다거나, 직장에서 자신의 재능이나 기술이 조명 받았던 기억에 몰두해 본다면 당신은 좀 더 자신감 있고 편안하며, 창의적이고 효과적으로 회의에 임할 준비를 해서 회의실로 들어가게 될 것이다.

## 당신의 긍정 노트

Your positives notebook

당신은 자신의 장점 목록들을 가지고 있고 그것이 실제이며 믿을 만하다고 느끼기 위해 장점들을 삶으로 끌어들이는 데 시간을 보내 왔다. 이제는 이런 인식을 사실로 유지하는 방법이 필요하다. 이것이 긍정 노트가 시행되어야 하는 시점이다.

### ♣ 직접 해 보기

### 당신의 장점에 관해 생각해 보자

마음을 끄는 표지의 작은 수첩을 하나 구입하자. 이미 필기한 것을 사용하지 마라. 특별한 것을 사는 것은 이 프로젝트를 진지하게 받아들일 가치가 있는 것이라고 마음속으로 확실히 체크하기 위한 것이다. 가급적이면 떠올랐을 때 바로 당신의 장점, 기술, 일상의 자질들을 사용하는 방법의 예를 적어 보자. 당신의 목표는 자신이 한 좋은 일들을 당신의 정신이 주목하게 하여 자동적으로 그것들이 알아차리게 되는 상태에 다다르는 것이다. 매일 3개의 예를 기록하는 것을 목표로 삼아라. 만약 당신이 긍정 노트를 가지고 다니는 것이 잘 되지 않는다면 매일 잠자리에 들기 전에 세 가지를 적는 시간을 가져라. 만약 당신이 세 가지 이상을 찾아냈다면 모두 적는 것은 괜찮지만 매일 최소한 세 가지는 적을 수 있도록 노력하자. 만약 어떤 것도 생각이 나지 않는다면 올바른 마음가짐을 갖기 위해 장점 목록을 읽어 본다. 모든 도입부에는 당신이 한 일을 적고 그것이 보여주는 자질, 기술, 강점, 재능을 요약해 보자. 다음에 나오는 Charlotte샬롯의 예가 도움을 줄 것이다.

### CHARLOTTE샬롯의 긍정 노트

3월 20일 화요일

1. 일이 끝난 후 새로운 디자인에 대한 색감을 찾는 데 시간을 보냈다. (디자인에 관한 성실함과 열정)
2. 토요일이 Jane제인의 생일이라는 것을 기억하고 그녀에게 보낼 완벽한 카드를 찾았다. (사려 깊음, 좋은 친구)
3. 운동도 하고 돈을 절약하기 위해 출퇴근 시 집에서 회사까지 자전거를 이용한다. (의욕적이고 모험심 있음)

매일 자신의 장점에 주목하는 버릇을 만드는 것은 스스로를 인정하는 새로운 방법 중 하나가 된다. 한 주를 끝내면 각 페이지를 다시 보고 그 경험들을 충분히 이해해 보자. 마치 다시 체험하는 것처럼 마음의 눈으로 재창조해 보라. 최대한 생생하게 기억하고 당신이 경험한 느낌들을 다시 떠올려 보라. 이렇게 하면 몇 주 뒤에는 스트레스 받을 때, 스스로를 비하하고 나쁘게 느낄 때, 또는 기분이 좋아지고 싶을 때 언제든지 다시 돌이켜 보면서 자신감을 북돋아 주는 가치 있는 기억들을 만들 수 있을 것이다.

## 즐거움의 힘
The power of pleasure

지금까지 당신은 자기비판과 부정적인 예측의 어두운 그림자를 쫓는 것을 도우면서, 자신의 장점을 조명하고 그것이 당신 마음속 무대의 정중앙에 오도록 만들었다. 당신은 자신이 가치있는 사람이라는 것을 받아들이기 시작했다. 이제는 당신의 인생에 쏟는 모든 노력과 자신이 한 좋은 일에 대해서 스스로에게 얼마나 자주 보상을 하는지 알아볼 시간이다. 호화롭거나 사치스럽지는 않아도 자신의 정신 건강에 필수적인 참된 즐거움을 스스로에게 매일 한 가지씩 선사할 수 있도록 하자. '혼자서 쉬는 시간 me time'에 관해 얘기하는 것이 아니다. 그 표현은 너무 많이 사용되어서 거의 의미가 없다. 이것은 제멋대로 행동하라는 것도 아니고 당신이 정말 원하지 않는 한 촛불을 켜둔 채 거품목욕을 즐기는 것을 포함할 필요도 없다. 이것은 당신 자신의 행복에 대해 책임을 지고 작은 것일지라도 매일 해내는 업적에 칭찬을 함으로써 자신감을 높이는 일에 관한 것이다. 당신의 자아상을 변화시키는 과정에서 이것이 얼마나 중요한 것인지 과소평가해서는 안된다. 삶의 즐거움을 늘리고 장점에 집중하는 것이 당신의 기분을 좋아지게 한다는 것은 사실이다. 하지만 이것이 단지 기분을 좋게만 만드는 것에 관한 것은 아니다. 기분이 좋을 때 자기비판과 맞서며 자신감을 저하시키는 악순환을 멈추게 하는 것이 훨씬 쉽기 때문이다.

### ♣ 직접 해 보기

### 1. 매일 쓰는 활동 일기를 시작하라 Daily Activity Diary(DAD)

행복은 당신이 생각하는 것보다 더 작은 것이다. 사소한 즐거움과 작은 성취들은 큰 효과를 가지고 있다. 하지만 놀라운 것은 우리들 대부분이 실제로 좋아하는 것보다 해야만 한다고 느끼는 것들이나 목적이 있다고 느끼는 것을 하는 데 대부분의 시간을 보낸다는 것이다. 당신은 어떠한가? 이 활동은 자신이 어떻게 시간을 보내는지 그것이 당신을 행복하게 하는지 불행하게 만드는지 분명하게 보여 줄 것이다. 당신에게 즐거움을 가져다 주는 활동이 거의 없는 날들을 확인하는 것에 도움이 되도록 일기를 가지고 있어야 한다. 그렇게 한다면 매일 자신의 삶에 긍정적인 경험을 가져오기 위해 스스로가 할 수 있는 변화에 관해 생각할 수 있게 될 것이다.

## 2. 어떻게 하는가

최소한 일주일 동안 당신 삶의 시간표를 채울 필요가 있다. 시간표에는 매일 매시간 동안 자신이 하는 일의 세부사항을 포함하고 있어야 한다. 휴가를 보내고 있을 때와 같이 특별한 날이 아니라 평상시와 다르지 않은 보통의 일주일을 선택하자. 매시간 무슨 일을 하는지 적고 그 일로부터 자신이 무엇을 얻는지 또한 적어 보자.(이것에 관해서는 다음 절에서 알게 될 것이다.) 당신은 이틀 간의 Charlotte[샬롯] 활동 일기를 통해 발상을 얻을 수 있을 것이다. 매시간을 기록하는 것의 이점은 당신이 실제로 어떤 일이 일어나고 있는지를 주목하도록 유도한다는 것이다. 하루를 마감할 때 그 날 어떤 일이 일어났었는지에 대한 어렴풋한 느낌보다 수많은 정보로 가득한 정확한 기록을 가지게 될 것이다. 따라서 매시간 동안 ;

**1) 당신이 한 일을 적어라.** 자신이 각 시간대를 어떻게 채웠는지 간단히 메모하자. 하지만 가능한 한 구체적으로 적어 보자. 활동은 단지 활발하게 움직이는 것만을 의미하지는 않는다. 차 한 잔을 마시면서 앉아 있는 것, 머릿속에 일주일 계획을 세우는 것, 문제에 관해 걱정하는 것, 빈둥거리는 것, 내일을 준비하는 것, 잃어버린 물건을 찾는 것, TV 채널을 돌리면서 소파에 앉아 있

는 것, 잠자는 것, 이 모든 것이 활동이다. 당신의 항목들이 구체적일수록 이 활동은 더 유용해진다.

**2) 즐거움**Pleasure**의 정도를 평가하라.** 당신이 얼마나 그 일을 즐겼는지 생각해 보자. 평가는 0에서 10까지로 하고, P10은 가장 큰 즐거움, P5는 중간 정도의 즐거움, P0은 전혀 즐겁지 않음을 의미한다. 일마다 즐거움의 정도에 얼마나 많은 차이가 있는지 놀라게 될 것이다. 자신의 활동을 평가하는 것은 매우 흥미로운 사실을 보여 주는데, 즐겨야 하는 것이 아니라 당신이 실제로 즐기고 있는 것들을 보여 준다. 그리고 어떤 것들은 생각했던 것만큼 즐겁지 않다는 것을 실감하게 될 것이다. 특정한 친구들을 만나는 것처럼 말이다. Charlotte샬롯은 회사까지 자전거를 타고 출퇴근할 때 신선한 공기를 마시고 운동을 하는 것은 즐거웠지만 교통체증은 즐겁지 않았기 때문에 P6을 주었다. 또 그녀는 친구들과 함께 했던 식사에는 P10을 주었는데 음식이 맛있었고 모두가 편안하고 우호적인 분위기에서 대화도 쉽게 잘 풀렸기 때문이었다. 하지만 그 후에 술자리는 P2를 주었다. 왜냐하면 그녀는 너무 피곤했고 바bar는 사람들로 붐벼서 앉을 자리를 찾을 수도 없었으며 음악소리가 너무 커서 대화를 할 수 없었기 때문이었다.

**3) 성취**Achievement**에 대해 평가하라.** 이것은 각각의 활동들이 얼마나 성취감을 주는지를 나타낸다. A10은 가장 큰 성취감을 의미하는데 정신적인 격려이자 잘했다는 의미이다. Charlotte샬롯은 그녀의 상사와 함께한 점심에 A9를 주었는데, 그것은 그녀가 예전처럼 자신을 낮추는 접근법을 쓰는 대신, 자신의 업적과 잘 해낸 일을 자연스럽게 드러낼 뿐만 아니라 지원이 더 필요했다고 느꼈던 일에 관해 얘기하려고 노력했기 때문이다.

## CHARLOTTE샬롯의 매일의 활동 일기

| 시간 | 목요일 | 금요일 |
|---|---|---|
| 6-7 | 잠자기 P10/A0 | 잠자기 P10/A0 |
| 7-8 | 일어나기 / 샤워하기 / 옷 입기 / 몸에 좋은 뮤즐리 먹기 P5/A7 | 일어나기 / 샤워하기 / 옷 입기 / 몸에 좋은 뮤즐리 먹기 P5/A7 |
| 8-9 | 회사까지 자전거 타기 P6/A10 | 비가 와서 회사까지 붐비는 버스 타고 가기 P1/A0 |
| 9-10 | 새로운 디자인 작업하기 P6/A8 | 팀 회의 P2/A6 |
| 10-11 | 상동 | 상동 |
| 11-12 | 사무 보조원에게 회사 문제에 관해 얘기하기 P3/A7 | 행정 업무 만회하기 P2/A7 |
| 12-1 | 새로운 디자인 작업하기 P5/A3 | 상동 |
| 1-2 | 새 티셔츠 쇼핑하기 P9/A2 | 상사와 점심 먹기 P2/A9 |
| 2-3 | 새 고객과의 미팅 P4/A8 | 상동 |
| 3-4 | 상동 | 너무 많이 나온 휴대폰 요금에 대해 문의하기 위해 휴대폰 회사에 전화하기 P0/A10<br>상쾌한 공기를 마시기 위해 짧은 산책하기 P9/A5<br>새로운 디자인 작업하기 P8/A8 |
| 4-5 | 회사 동료와 잡담하기 P8/A6 | 새로운 디자인 작업하기 P8/A8 |
| 5-6 | 회의 노트와 고객 목표 작성하기/ 이메일 모두 확인하기 P2/A8 | 상동 |
| 6-7 | 집까지 자전거 타고 가기 P4/A10 | 생일에 회사 사람들과 술 마시기 P5/A8 |

| | | |
|---|---|---|
| 7-8 | 고양이 밥 주기, 볶음 요리하기, 먹고 와인 마시기 P8/A0 | 친구와 타이 음식 먹으러 가기 P10/A0 |
| 8-9 | 엄마와 통화하기 P3/A7 | 상동 |
| 9-10 | TV 오락프로그램 보기 P7/A0 | 상동 |
| 10-11 | 침대에서 새로운 소설 읽기 P9/A1 | 사람들로 붐비는 바에서 술 마시기 P2/A2 |
| 11-12 | 잠자기 P9/A0 | 늦은 밤에 버스로 집에 돌아가기 P0/A9 |
| 12-1 | 상동 | 잠자기 P10/A0 |

그것은 쉽지 않은 일이었지만 그녀는 해냈다. 그래서 그녀는 스스로에게 높은 A평가를 주었던 것이다. A5는 중간 정도의 성취감을 의미하는데, Charlotte은 금요일 오후에 짧은 산책을 한 것에 A5를 주었다. 그녀는 그 산책이 자신이 좀 더 생산적으로 일할 수 있도록 만들고 그녀의 머릿속을 맑게 하는 데 도움이 된다는 것을 알았지만, 근무시간에 사무실을 떠났다는 것에 대한 죄책감을 극복해야만 했다. 그녀는 아침으로 뮤즐리Muesli를 먹은 것에 대해 A7을 주었다. 그녀는 보통 아침을 건너뛰는데, 그날은 비록 시간에 쫓기더라도 시간을 내서 아침을 먹으려고 노력했다. 만약 아무런 노력도 하지 않았다면 스스로에게 A0를 주도록 하자. Charlotte은 저녁에 집에서 TV 오락프로를 본 것에 대해 A0를 주었다.

성취가 마라톤을 뛰거나, 봄맞이 집 대청소를 한다거나, 자선 모금 행사를 계획하는 것 같이 주요한 사건들을 말하는 것이 아님을 염두에 두자. 모든 성취들은 결국 상대적인 것이다. 자신에겐 큰 일이 반대로 다른 누군가에게는 아주 쉬운 것일 수도 있다. 당신이 주기적으로 하는 어떤 것이 마음 상태에 따라 성취감을 다르게 줄 수 있다는 것을 잊지 말자. 자신이 감정적으로 연약하게 느껴질 때나 피곤할 때 혹은 스트레스를 받거나 몸이 아플 때에는 아이들에게 인내심을 발휘하고, 짧은 산책을 가는 것, 몸에 좋은 음식을 준비하는 것 등 비교적 일상적인 활동조차도 커다란 성취가 될 수 있다.

따라서 각 활동을 평가할 때 당신의 기분을 고려하도록 하자. 당신이 보통 A5로 평가하는 식전 산책은 춥고 비오는 날 아침이나 피곤하고 의욕이 없을 때는 A8이나 A9을 받아야 마땅하다. 따라서 성취는 당신이 어떻게 느끼는가에 따라 평가해야만 한다. 역경을 극복한 작은 승리를 칭찬하는 것은 자신감을 쌓는 데 중요한 역할을 한다.

어떤 활동들은 주로 A활동이고, 어떤 활동들은 주로 P활동이지만 또 어떤 활동들은 그 두 개가 섞여 있다. 운동할 때마다 남의 시선이 신경 쓰이거나 계속할 수 있을지 확신하지 못한다면, 그것은 높은 A평가를 받아야 마땅하다. 하지만 수업 중에 편안함을 느끼고 즐기기 시작했다면, 역시높은 P 평가를 주어야 한다.

## 이것이 잘 되기 위한 조언

- **최소한 7일간은 할 수 있도록 하자.** 패턴에 주목하고 시간을 어떻게 사용하는지 분명히 알 필요가 있다. 보통 일주일이면 충분하지만, 때에 따라 더 많은 시간이 필요하기도 하다.
- **늘 옆에 지니고 있어라.** 당신이 매일 일기를 써 나간다면 하루 동안 한 많은 일들을 쉽게 잊어버리지 않고 실제 사건에 더 근접하여 평가가 정확해질 것이다. 하지만 당신이 일기를 쓰는 것을 미루고 기억에만 의존한다면, 당신의 생각이 여전히 부정적인 것에 집중되고 성공을 폄하하는 경향이 있거나 무기력한 날에는 효과적이지 않고 따분하게 여겨질 것이다.

- **매일 재검토하자.** 하루를 마감할 때 몇 분 동안 기록한 것을 되새겨 보자. 즐거움이 적거나 높은 P평가가 많았는가? 가장 높은 성취감 혹은 가장 낮은 성취감을 준 것은 무엇이었는가? 당신을 놀라게 한 것이 있었는가? A와 P평가에 근거해서 어떤 일을 늘리거나 줄이겠는가? 기록지의 제일 아래에 자신의 생각들을 적고 삶의 변화를 만드는 데 사용해 보자.

## 변화를 만들 시간

Time to make changes

### 【1단계】 지금까지 자신의 눈에 띄는 것을 보아라.

당신의 '매일의 활동 일기'가 낮은 P평가를 보여 준다. 이것은 당신이 즐거움을 우선시하지 않는다거나 즐거움을 위해 한 일들을 정말로 즐긴 것이 아니었다는 것을 나타내는 커다란 징후이다. 만약 당신이 바쁘면 '나는 오늘 그것을 할 시간이 없으니 내일 해야겠다'라는 생각을 하기 쉽다.

하지만 그 '내일'은 결코 오지 않는다! 특히 여자들은 자기 자신을 해야 할 일 목록의 제일 마지막에 놓고 다른 사람들의 요구를 처리한 후에야 자신을 위한 시간을 가질 만하다고 느낀다. 하지만 즐거움을 위해 매일 아주 적은 시간을 내는 것도 커다란 영향력을 가진다. 혹은 당신이 여가시간을 가지지만 그 시간 동안 하는 일들을 정말로 즐기지 못할 수도 있다.

당신은 시시한 일상을 보낸 적이 있는가? 새로운 취미를 시작하거나 뭔가 다른 것을 시도할 필요가 있는가? 자신 삶의 즐거움을 제한하는 것은 활동 그 자체라기보다는 스스로의 생각일 수 있다. 자신이 다른 일에 정신이 팔려서 즐거워야 하는 것들을 즐기지 못하고 있다는 사실을 깨달은 적이 있는가? 혹은 그 일들이 과거에는 어땠는지를 마음속으로 비교하고 있는 자신을 발견한 적이 있는가? 아니면 당신의 이상적인 삶에서는 일이 어떻게 흘러갈 것인지 생각해 보았는가? 자신의 마음이 다른 곳에 있는데, 어떤 활동에 완전히 몰두해 정말로 그것을 즐기는 것은 어려운 일이다. 다른 곳으로 정신이 팔리는 이런 경향을 조심하고 바로 지금 여기' 에 다시 집중하게 할 수 있도록 노력하자. 주변의 광경과 소리에 주목하고 사람들이 말하는 것을 듣도록 하라. 만약 흥을 깨는 생각들이 계속해서 자신의 주의를 끈다면, 불안한 예측과 자기비판적인 생각들을 다룰 때 배웠던 것과 같이 그것들을 적고 질문을 던져 보자.

만약 계속해서 아무런 즐거움을 가져다주지 못한다면 우울함으로 고통받을지도 모른다. 1단원 12~13페이지에 나와 있는 체크리스트로 돌아가 보자. 다섯 개 이상의 증상들이 최소 이주일 동안 지속된다면 주치의에게 가서 얘기하는 것이 최선이다.

**당신의 '매일의 활동 일기' 가 낮은 A평가를 보여 준다.** 성취감은 자신감을 만드는 결정적인 부분이다. 만약 자신의 성취 평가가 지속적으로 낮다면, 성취감을 주기 위해서 더 많은 활동을 하도록 매일의 일정을 변경하거나 태도를 조절해야 한다. 그것은 당신이 도전적인 일은 거의 하지 않는다거나 기술을 사용하거나 만족감을 느끼는 것을 자신에게 용납하지 않는 것이다. 만약 당신이 일을 얼마나 잘 해내고 대처할 수 있는지에 대해 걱정한다면 자신감이 부족할 가능성이 높다. 아니면 당신은 할 수 있다는 기분이 들거나 뭔가 새로운 것을 할 준비가 됐다고 느낄 때까지 기다리고 있는 것이다. 만약 그렇다면 자신의 불안감과 비판적인 생각들을 점검해 보자. 그렇게 느껴질 때는 한번 해보는 것이 최선이다. 의욕이 생길 때까지 기다리지 마라. 성취감을 줄 수 있는 매일의 작은 목표를 세우자. 태도 또한 확인해 보아야 한다. 내면의 비판의 목소리가 도전 중인 일들을 헐뜯고 있지는 않는가? 그 목소리는 당신이 성취한 것들이 사실 그리 특별하지도, 잘 하지도 않았다고 폄하하며 누구든 살 수 있는 일이라고 얘기하는 데 능숙하다는 것을 기억하자. 만약 당신의 삶의 원칙이 모든 것을 완벽하게 하는 것이라면 친숙하게 들릴 것이다.

자신이 해낸 것을 기분 좋게 느끼는 것이 불가능할 정도로 스스로에 대해 높은 기준을 세운 적이 있는가? 그것을 매일의 작은 성공이 특별하지 않다거나 다른 사람들도 해 낼 수 있을 만큼 평범한 것이며, 좀 더 빨리 혹은 좀 더 효과적으로 할 수 있었을 것이라고 말하는 것과 같다.

만약 내면의 비판 목소리가 깊숙이 자리 잡고 있다면 매일 자신이 이룬 것들을 칭찬하는 습관을 가질 수 없다. '일을 잘 해냈다' 는 만족감을 누리거나 최소한의 성취감을 느끼는 것은 일을 하며 좋은 점 중 하나이다. 하지만 당신이 해야 할 일을 처리했을 때 이러한 감정을 느끼지 못하고, 되레 자신이 그 일을 잘 해냈는지의심을 한다거나 앞으로 해야 할 일이 걱정되고 불안하다면 이전 단원으로 돌아가서 내면의 비판의 목소리를 확인해 보아야 한다.

자신이 실패했다고 느끼지 마라. 당신은 인생의 습관들을 변화시키고 있으므로 시간이 걸리는 것은 당연한 일이다. 자신이 과제를 끝냈을 때 마음속을 채우고 있는 부정적인 생각들을 내면의 비판 기록 표에 적어 두고 연습 활동들을 반복하자. 연습 활동을 반복한다고 해서 당신이 이 책을 잘 활용하지 못한다는 것은 아니다. 그것은 당신이 용기와 끈기를 가지고 오래된 정신적 습관들에 맞서고 있다는 것을 의미한다. 그리고 당신이 계속해 나간다면 결국 결승선에 도달할 수 있을 것이다. Charlotte[샬롯]은 매일의 활동 일기를 시작했을 때 비판하는 목소리가 할 말이 많다는 것을 알게 되었다. 하지만 단순히 무시하는 것보다 그것을 적고 대안을 생각해 냄으로써 정면으로 그 생각들에 도전하는 것을 택했다.

## CHARLOTTE샬롯의 내면의 비판 기록표

| 자기비판적인 생각들 | 대안들 |
|---|---|
| 나는 당신이 왜 시도하는지조차 이해할 수 없으며, 당신은 결코 이 일기를 계속하지 못할 것이다. | 만약 내가 계속해 나간다면, 나의 내면을 훤히 알게 될 것이다. 나는 지금까지 잘하고 있고 계속하지 않을 이유가 없다. |
| 내면의 비판을 기록하는 것은 은 꽤 당혹스러운 일이다. 당신 친구들 중 그 누구도 이것을 하지 않을 것이다. | 나는 남들이 어떻게 보든 간에, 나 자신을 위해 계속할 것이고 일기 쓰는 것으로부터 많은 것들을 배울 것이다. |
| 당신이 건강을 위해 아침을 먹는다고 해서 다른 사람들도 그것을 중요한 목표로 생각할 것 같은가? | 나는 아침을 먹는 것이 중요하다고 생각해서 몸에 좋은 아침 밥을 더 자주 먹겠다는 결심을 했고, 회사에 늦었거나 건너뛰기 쉬울 때조차도 아침을 먹었다. 덕분에 오전 내내 더 기운이 난다는 것을 알게 되었다. |
| 나는 당신이 쓰레기 같은 TV를 본 것까지 적는다는 것을 믿을 수 없다. 아무도 당신을 진지하게 받아들이지 않을 것이다. | TV를 보는 것은 나를 편안하게 해주고 일에 대한 관심을 끄는 것을 도와준다. 그리고 다른 사람들이 그것에 관해 어떻게 생각하는지는 상관없다. |

Charlotte샬롯의 반응을 살펴본면, 자신을 비하하는 대신 자신의 행동에 대해 좀 더 참을성이 생기고, 관대해졌다는 것을 보여 준다. 또한 그녀의 비판의 목소리는 다른 사람들이 그녀의 어떤 행동도 진지하게 받아들이지 않으며 한심한 사람이라는 자아상을 반영하고 있다는 사실을 알게 되었을 것이다. 당신은 혹시 그녀가 비판의 목소리에 대답했을 때 '힘내!' 라고 생각한 적이 있었는

가? 당신은 그녀가 매일의 활동 일기와 내면의 비판 기록표를 통해서 스스로에게 관대해지고, 작은 성공에서 오는 기쁨과 성취감을 자연스럽게 생각하게 된 것을 느꼈을 것이다. 그녀는 자신을 칭찬과 휴식, 즐거움을 받아 마땅한 사람으로 대하고 있다. 그 사람이 참된 그녀이고 당신도 그 사람이 될 수 있다.

## 【2단계】 변화하기

약간의 변화가 큰 결과를 낳을 수 있다. 이제 당신은 앞서 작성한 각자의 매일 활동 일기 DAD(Daily Activity Diary)로부터 하고 싶은 것과 해야 할 것 또는 없애야 할 것이나 줄여야 할 것에 대해 알아 보았다.

다음 단계는 이를 실행에 옮기기 위해 계획을 세우는 것이다. 이때 주의해야 할 것은 성취해야 할 일(도전, 의무 혹은 간단한 임무 등)과 기쁨(즐기거나 휴식을 취하는 것)의 균형을 적절하게 맞추는 것이다. 당신의 매일 활동 일기에 맞춰 적절한 시간을 찾아라. 어디에서 시간을 만들 수 있는가? 일정에서 빼거나 줄일 수 있는 일이 있는가? 무기력할 때 '하고 싶을 때' 까지 기다리지 말고 그 일을 일정에 적어 해결할 가능성을 높이자. 만약 운동을 한 후 기분이 나아지는데 좀처럼 시간이 나지 않는다면 운동을 위한 구체적인 시간을 정해 보자. 매일의 일정에 넣는 것이 도움이 될 수 있다. 이렇게 하는 것은 완벽을 추구하는 사람에게도 좋다.

만약 시작하는 것이 어렵다면 시간을 내려고 하기보다는 정해 놓은 일정을 지키는 것이 더 쉽게 느껴질 수 있다. 또 다른 방법은 일정에 추가하고 싶은 일을 적은 다음, 일정의 어느 부분에 넣을 것인지를 생각하는 것이다. 책을 좀 더 읽고 싶거나 멀리 떨어져 사는 친구 또는 가족과 좀 더 자주 얘기를 나누고 싶은가? 그런 일을 하기 위해 기존 일정에서 무엇을 수정하거나 뺄 수 있는가? 여기서의 목표는 이런 일이 습관이 되도록 하는 것이다. 그래서 계획을 직접 쓰지 않아도 그 일에 대해 크게 신경 쓰지 않고 유쾌하게 그 일을 이뤄가는 것이다. 그러나 일이 너무 많아 바쁘거나 스트레스를 받을 때는 목표를 직접 써 보는 것이 도움이 될 수 있다.

이 일을 개인적인 시간 관리로 생각하자. 시간은 놓치면 다시 올 수 없다. 그러니 '나중에' 혹은 '조금 한가하면' 시간을 즐기겠다고 스스로에게 말하지 말고 하루하루를 최대한 이용해야 한다.

### *TV 시청시간을 줄여라*

일반적인 성인들은 하루 4시간 정도 TV를 본다. 그 시간을 반으로 줄인다는 것은 하루에 두 시간의 여유가 생긴다는 의미인데 이 시간을 좀 더 생산적인 활동을 하는 데 이용할 수 있다. 여기서 끝이 아니다. 두 시간의 여유만 생긴 것이 아니라 살도 뺄 수 있다. Vermont 버몬트 대학의 한 연구에 따르면 TV 시청 시간을 절반으로 줄인 시청자는 하루에 119 칼로리를 더 태웠으며 이는 한 달에 1파운드의 지방을 태우기에 충분한 수치이다.

### *멋진 하루를 계획하기*

1. 계획하기 편한 시간대를 고르자. 대부분의 사람들은 아침에 일어나자마자 혹은 잠들기 전에 계획을 짤 것이다. 아침 시간이 바쁘다면 저녁에 하자. 침대 곁에 메모지를 두고 떠오르는 아이디어를 잠들기 전에 적으면 된다. 밤에 활기가 없는 타입이라면 피로가 회복된 아침에 하는 것이 좋다. 내일의 할 일을 연필로 적자. '내일은 옷장 정리를 하면서 낡은 옷들은 버려야지' 라고 머릿속으로만 생각할 게 아니라 계획표에 적도록 한다.

2. 균형 잡힌 계획을 짜자. 완벽주의자이거나 매사에 110%의 역량을 발휘

하자는 원칙을 지닌 사람일수록 성과 위주의 활동들로 하루 일과를 채우고 싶을 것이다. 하지만 '즐거움' 이라는 요소를 빠뜨린다면 의욕을 잃고 기운이 빠지는 것은 순식간이다. 기운이 빠지면 사고에까지 영향을 미쳐 부정적으로 생각하거나 쉽게 자책하게 된다. 물론 즐거움에만 치중한 계획도 균형을 잃기는 마찬가지이다. 특별한 날을 정해 멋진 시간을 보내거나 온전히 휴식을 취하는 것도 괜찮은 방법이다. 하지만 대체로 무언가를 성취했다는 느낌과 시간을 유용하게 보냈다는 느낌은 자신감을 높이고 '즐거움' 이라는 활동에서 얻는 기쁨을 배가시킨다.

3. 실제 행동을 기록하자. 하루의 계획은 연필로 적어 두었으니 실제로 있었던 일은 그 옆 공간에 펜으로 기록해 보자. 각각의 활동은 '성과' 와 '즐거움' 으로 구분하자.

4. 오늘 하루를 돌아보자. 잠자리에 들기 전 계획표를 보고 얼마나 지켰는지 확인하자. 기존 계획에서 많이 벗어났다면 원인이 무엇인가? 무리한 계획을 세웠거나 뜻밖의 일이 있었는지도 모른다. 당신의 목표는 즐거움과 만족감의 균형을 지키는 것이었다. 혹시 어느 한쪽이 과하거나 부족하지 않았는가? 오늘의 결과를 내일의 계획을 위해 생각할 거리로 삼자. 기억하라. 당신의 목표는 완벽한 하루가 아니라 행복한 하루를 만드는 것이다.

## 이것이 잘 되기 위한 조언

Tips for making this work

- **세부조정을 유지하라.** 만약 자신의 계획이 현실적이고 일상의 즐거움뿐 아니라 성취감을 가져다 주는 균형적인 계획이었다면, 당신이 그것을 무너뜨린 것일지도 모른다. 만약 자신에게 잘 적용되는 견본이 있다면 그것을 마음대로 반복하자. 하지만 최고의 계획은 융통성 있고, 새로운 관심사와 해야 하는 일에 시간을 내주어야 한다는 것을 염두에 두어라. 당신은 십대 아들과 더 많은 활동을 하고 많은 시간을 보내길 원하는가? 새로운 관계를 키워간다거나 항상 배우길 원했던 언어를 배울 수 있는 저녁 수업을 시작하길 원하는가?

- **잘 되지 않는 일로부터 배워라.** 잘 되지 않는 계획으로부터 많은 것을 배울 수 있다. 예를 들어, 당신이 오후 8시에서 10시 사이에 온라인 강의를 들을 계획을 세웠는데 배우자가 와인을 마시면서 TV를 보자고 당신을 설득한다고 가정해 보자. 혹은 아침에 산책을 갈 계획을 세웠지만 알람을 끄고 다시 잠이 들었다고 가정해 보자. 이 두 가지 경험으로부터 많은 것을 배울 수 있다. 당신은 다른 사람을 즐겁게 하거나 자신이 해야만 한다고 느껴서 계획을 바꾸는 습관을 만들었는가? 배우자에게 저녁 시간을 바치도록 계획하지 않은 것에 대해 스스로가 이기적이라고 느끼는가? 아침 6시 반에 일어나는 계획이 당신에게 너무 과한 일이라고 생각하는가? 당신은 아침형 인간이 아닐 수 있다. 이러한 잠재적인 경고 사인을 알아차렸을 때 그것을 예상하고 그들 근처에 계획을 세울 수 있다. 예를 들어, 만약 아침이 당신이 운동할 수 있는 유일한 시간이라면, 당신의 신발과 운동 도구들을 침대 옆에 두고 일어나자마자 착용할 준비를 해 둘 수 있

고 30분 일찍 잠자리에 들 수도 있다. 당신의 자아상에 관해 무엇을 배울 수 있는가? 함께 와인을 마시지 않기 때문에 배우자가 당신을 지루하다고 생각할 수도 있다는 점을 걱정해서 공부를 미루는 것에 대해 당신은 동의하는가? '나는 …한 사람이다'가 당신의 자아상인가?

- **새로운 즐거움을 찾자.** 즐거움이라는 요소가 자신의 인생에서 적은 부분을 차지한다면 이 활동은 흥미를 발견하고, 새로운 열정을 찾고, 휴식을 취할 새로운 방법을 시도하기 위해 좋은 기회가 될 것이다. 특히, 당신의 삶이 바쁘고 자신을 마지막에 두는 경향이 있다면 재미를 위해 무언가를 하는 생각의 습관을 버리기는 쉽다. 만약 시간이 문제가 안 되고 크고 작게 생각하려고 애쓴다면 자신이 하는 모든 것의 목록을 만들어라. 신체적으로 활동적인 어떤 것을 할 수 있는가? 30분 수영할 시간을 낼 것인가? 산책을 갈 것인가? 초보자 카약Kayak이나 유술Ju-jitsu 수업에 참여할 것인가? 자신의 일상에서 5분 동안 무엇을 할 수 있는가? 새로운 차茶를 시도해 볼 것인가? 5분 휴식 기술을 배울 것인가? 생각이 같은 사람들의 인터넷 토론회에 참여할 것인가? 집에서는 무엇을 할 수 있는가? 특별한 요리를 하거나 코미디 DVD를 보거나 오래된 사진들을 살펴볼 것인가? 어떠한 사교적인 일들을 할 수 있는가? 살사를 배울 것인가? 지역의 스카우트에 지원하거나 커피를 마시자고 친구들을 초대하겠는가? 스스로를 야외로 이끌기 위해 어떤 것을 할 수 있는가? 정원 손질을 하거나 지역의 관광 명소를 방문한다거나, 회사까지 자전거를 타거나 걸어가겠는가? 아이들과는 무엇을 할 수 있는가? 연을 날리거나 자전거를 타러 가거나 공원에 소풍을 가거나 함께 레고로 무언가를 만들겠는가?

- **흥을 깨는 생각들을 한쪽에 밀어 두자.** 자신이 계획한 즐거움 중에서 자신에게 가장 잘 맞는 것을 찾아 직접 시도해 보자. 자신을 위해 시간을 낸다는 것은 당신에게 의존하는 사람들을 더 잘 돌보고 일을 더 효과적으로 하는 것을 의미한다는 것을 기억하자. 만약 자신의 하루가 해야 할 일들로 바쁘다면 즐거움과 휴식을 위해 시간을 내는 것은 어려울 수 있다. 한 가지를 더 하기 위해 시간을 내는 것이 가능하겠는가? 만약 힘든 직업을 가지고 있거나 일과 가족과의 삶을 조율해야 하거나 어린 아이나 나이 든 부모 혹은 아픈 사람을 돌보는 사람이거나 수많은 지역사회 또는 자원봉사 활동을 하고 있다면 즐거움을 위한 시간을 내는 것은 불가능하거나 사치로 보일 수도 있다. 하지만 자신을 위한 시간을 낼 수 없다면 당신은 곧 피곤함을 느끼고 의욕이 사라져서 결국에는 모든 의무들을 다하지 못할 수도 있고 건강에도 영향을 줄 수 있음을 알게 될 것이다. 만일 정말 여유 시간이 없다면 현재 일상에서 어느 부분에 즐거움을 추가할 수 있을지를 창의적으로 생각해 보자. 예를 들면, 향기로운 샤워젤로 샤워를 한다거나 슈퍼마켓에서 듣기 위해 좋아하는 음악이나 흥미로운 라디오 프로그램을 mp3로 다운받아 보아라. 회의 후에 사무실로 돌아가기까지 경치 좋은 길을 택해 보자. 흥을 깨는 생각들이 자신의 즐거움을 망치도록 두지 마라. 당신은 사치를 누리고 있는 것이 아니라 자신의 정신 건강과 행복을 보호하고 있는 것이다.

## 해야 할 일 목록에 맞서는 것이 당신의 자신감에 좋은 이유
Why tackling your to-do list is good for your self-confidence

만약 당신이 실질적인 문제들, 직무들, 잡일들을 미룬다면 점점 쌓여서 자신감을 떨어뜨리기 시작할 것이다. 계속해서 쌓여가는 해야 할 일 목록에 관해 생각하는 동안 당신은 '대처할 수 없어' 나 '게을러' 라는 메시지를 받게 된다. 그것은 당신이 자신의 인생에 대한 통제를 잃어버렸다고 느끼게 만든다. 하지만 다음 단계를 따른다면 미루어 온 문제들에 대해 정신을 차리는 것이 생각보다 훨씬 쉬운 일임을 알게 될 것이다.

1. 궁극적으로 해야 할 일 목록을 만들어라. 그동안 자신이 미루었던 모든 일들과 피해 왔던 모든 문제들을 적어 본다.

2. 살펴보고 중요한 순으로 번호를 매긴다. 가장 먼저 할 필요가 있는 일 옆에 1이라고 쓰고 다음 순서도 계속한다. 만약 최선의 순서를 결정할 수 없다면 적은 순서대로 다루거나 자신이 얼마나 쉽게 생각하는지에 따라 번호를 적고 가장 쉬운 것부터 시작하자.

3. 할 일 중 1순위를 택해서 작은 단계들로 나누어라. 예를 들어 정원 울타리가 무너졌다면 1단계는 전화번호부에서 지역의 울타리 회사 전화번호와 이름을 찾아 적는 것이고 2단계는 전화를 걸어 직접 견적을 뽑아 줄 수 있는지를 알아보는 것이고 3단계는 모든 견적서들을 '6주간은 이용할 수 없음' 또는 '지역의 추천을 받은 곳' 등의 다른 메모사항들과 함께 비교해 보는 것이다. 4단계는 회사를 선택하는 것 혹은 당신의 배우자나 가족들과 상의하는 것이 될 수도 있다. 5단계는 선택한 회사에 전화해서

작업할 시간을 예약하는 것이다. 만약 당신이 할 수 없는 단계를 발견한다면 해결하기 위해 필요한 도움이나 조언, 더 많은 정보를 찾아 보자.

4. 불안한 예측들('당신은 결코 이것을 해결하지 못할 것이다')과 자기비판적인 생각들('당신은 서류 작업을 하는 데에도 쓸모가 없다', '당신은 항상 너무 늦었을 때까지 모든 것을 미룬다')을 주의하자. 만일 도움이 된다면, 이러한 생각들을 적고 대안을 생각하라. 예를 들면, '만일 내가 한 단계씩 해 나간다면 난 할 수 있어' 또는 '너무 바빠서 몇 가지를 놓친 것은 놀랄 일도 아니야. 하지만 난 지금 바로 그것을 처리할 수 있어'와 같은 것들이다.

5. 해야 할 일들을 자신의 매일의 활동 일기Daily Activity Diary(DAD)에 포함시키고 P와 A로 평가하는 것을 잊지 말자.

6. 스스로에게 '잘했어!'라고 얘기하자. 해야 할 일 목록들을 하나씩 해 나가거나 그것을 하기 위한 첫발을 내디뎠을 때 스스로를 칭찬해 주어라.

7. 목록에서 다음 해야 할 일을 택하고 그것을 작은 단계들로 나누어라.

## 이 단원에서 꼭 숙지해야 할 것들

Essential take-home messages from this chapter

- **자기 수용은 자만심이 많은 것과는 다른 이야기이다.** 그것은 개인의 기량, 재능과 장점을 인지하고 삶의 균형을 맞추는 것에 관한 것이다. 그렇게 해서 스스로의 단점과 한계를 인식하는 것뿐만 아니라 동전의 다른 면처럼 긍정적인 면도 함께 인지하게 되는 것이다.
- **이러한 과정은 자신의 삶을 제한하는 것이 아니라 향상시키는 것이다.** 있는 그대로의 자신을 받아들이고, 자신이 잘하는 일을 칭찬하는 것은 성취에 대한 동기를 키워준다. 그리고 자신의 훌륭한 점에 대한 관심을 높이는 것은 친구를 잃게 하는 것이 아니라 관계를 개선시켜 준다. 사람들은 누구나 균형 있고 진정한 방법으로 스스로를 진심으로 받아들이는 사람에게 자연적으로 끌리게 된다.
- **하루의 계획은 도움을 준다.** 즐거움과 성취감을 가져다 주는 더 많은 일들을 포함시키기 위해 자신의 하루를 계획하는 것은 자기 수용을 향한 여정에서 중요한 단계이다.

**교훈**

매일 자신의 삶에서 적게나마 즐거움을 위한 시간을 만드는 것은 사치나 추가적인 선택 사항이 아니라 필수적인 것이다.

# 7

# 삶의 원칙 변화시키기
## CHANGING YOUR RULES FOR LIVING

지금까지 불안한 예측과 자기비판적 생각들이 어떻게 바텀 라인에 반영되고 강하게 유지되는지를 살펴보았다. 이제는 당신과 균형있고 건강한 바텀 라인 사이에 서 있는 또 다른 큰 장벽을 허물 시간이다. 성장하면서 자신을 방어하기 위해 서서히 자리 잡은 '삶에 대한 원칙' 이 그것이다. 당신은 일종의 갑옷을 입듯 삶에 대한 원칙들을 만들어 냈다. 그것은 불안함과 거부나 수치심과 같은 고통스러운 감정들로부터 스스로를 보호하거나 세상 밖의 시선에게 자신이 가치 있는 사람이라고 보이는 것을 돕기 위해 고안되었다.

또한 삶의 원칙은 탈출구의 역할도 해 왔다. 예를 들어, 당신은 속으로 자신이 무능하다고 생각한다. 하지만 일을 열심히 하고 자신에게 높은 기준을 적용하다 보면 그것을 잊고 그냥 괜찮다고 생각할 수 있다. 또는 자신이 매력 없는 사람이라고 믿을 수 있다. 그러나 파티를 즐기는 삶을 사는 한, 아무도 그것을 눈치 채지 못할 것이고 당신 자신도 괜찮아진 척할 수 있다.

이러한 원칙들은 대부분 잘 작용하기 때문에 오랫동안 원칙을 지키면서 스스로에 대한 좋은 견해를 유지하는 것이 가능하다. 하지만 그것은 사실 자신을 보호하는 것보다 자신감이 잘 자라는 것을 막는 악순환의 연결고리이다. 원칙들은 자신에 관한 진정한 진실 혹은 스스로가 진정한 진실이라고 생각하는 것들을 가릴 수는 있지만 바꾸지는 못한다. 마감일을 놓쳐 화가 나서 원칙을 막 무너뜨리려는 순간 '당신은 아직 충분히 훌륭하지 않아!' 혹은 '당신은 사랑 받지 못하는 사람이야!' 라는 바텀라인이 발생한다.

삶의 원칙에 맞서는 것은 단지 가지만을 자르는 것이 아니라 자신감 부족의 뿌리를 뽑는 것과 같다. 뿌리를 찾는 것은 많은 노력과 인내가 필요하다. 하지만 이로써 당신은 불안한 예측과 자기비판적인 생각들의 가시덤불을 제거할 수 있다.

***이 단원에서 배우게 될 것들…***

- 삶의 원칙들이 어디에서 나왔고 그것은 무엇인가.
- 삶의 원칙이 건강한 자신감을 발전시키는 것을 어떻게 저지하고 있는가.
- 어떻게 자기 수용과 자기 존중을 뒷받침하고 당신을 성장하게 도와줄 지침들로 원칙을 바꿀 수 있는가.

## 삶의 원칙들은 어디에서 왔는가?

Where do rules for living come from?

당신은 아이였을 때 보모의 행동과 태도 또는 부모나 가족들의 모습을 관찰하며 처음으로 원칙을 배우게 되었다. '만약 내가 웃으면 아빠도 날 보며 웃어 주실 거야', '만약 내가 울면 엄마가 나를 안아 주실 거야' 와 같은 가장 기본적인 메시지부터 '만약 내가 엄마에게 계속해서 도움을 요청하면 짜증을 내실 거야', '만약 내가 넘어지면 할머니는 과자를 주실 거야' 라는 좀 더 복잡한 메시지 등에서 원칙을 배우기도 했다. 아이들은 무엇이 칭찬과 비판을 부르는지 알고 있다. 이러한 모든 경험들이 개인적인 원칙을 이루고 어떻게 인생을 살아갈지에 대해 장기적인 영향을 주게 된다. 물론 모든 원칙들이 도움이 안 되는 것은 아니다. '길을 건너기 전에는 항상 양쪽을 살펴봐라' 또는 '물에 들어

가기 전에 항상 온도를 확인해 봐라'와 같은 원칙들은 위험으로부터 당신을 구해 주기도 한다. 원칙이 가장 효과적일 때는 다른 환경이나 사회상에 자신이 잘 적응할 수 있도록 할 때이다. 반면 원칙들이 엄격하고 행동하는 데 있어 유일하게 옳은 방법이라고 생각되거나, 부정적인 신념에 뿌리를 내리고 있을 때에는 전혀 도움이 되지 않는다. 도움이 되지 않는 원칙들은 삶의 제약을 만들어서 잠재력을 발휘하는 것을 막는다. 원칙들은 불가능한 요구를 하고 비현실적으로 모든 상황에 같은 식으로 엄격한 기준을 적용함으로써 당신을 실패하게 만든다. 예를 들어 '넌 항상 혼자서 해내고 다른 사람의 도움을 기대해서는 안 된다', '집은 항상 완벽하게 정돈된 모습이어야 한다'와 같은 것들이다.

원칙들이 본래는 방어하는 방법으로 만들어졌지만 융통성 없는 원칙들은 삶을 더 어렵게 만들고 그 원칙이 없었다면 존재하지도 않았을 문제들을 만들어 낸다. 이러한 원칙들을 이해하는 데 포함된 노력은 당신이 좀 더 생산적이고 창의적인 일을 하는 데 사용될 수 있는 에너지를 소모시켜서 참된 잠재력을 발휘하는 것을 저지할 수 있다.

또한 당신이 갖고 있는 원칙들은 시대에 뒤떨어졌다. 어쩌면 당신이 세상을 경험할 기회를 갖기 전에 만들어진 것일 수도 있다. 또한 무엇이 옳고 그른지 무엇이 정상이고 비정상인지 인간의 합리적인 요구들이 무엇인지에 대한 제한된 관점에 근거하고 있다. 당시에는 완벽하게 이해되었을 수 있지만 지금 당신의 세계는 넓어졌고 그것들은 더 이상 당신에게 맞지 않는다.

때로는 원칙들이 자기 주변의 세상에 따라 형성되어 있다. 그것은 당신이 유아기에 사용한 메시지나 지금 사용하는 메시지의 과장된 형태일 수 있다. 예를 들면, '내게 배우자가 없다면 나는 아무것도 아니다', '돈이 많을수록 더 성공할 것이다', '오직 백인들만 좋은 직업을 갖는다'와 같은 것이다.

자신의 낮은 자신감을 반영하는 원칙들은 삶의 모든 부분에서 나타난다. Jackson잭슨의 비판을 피하자는 원칙은 그가 답을 모른다는 것을 결코 인정할 수 없게 함으로써 직장에서 극심한 스트레스에 시달리게 했다. 그것들은 관계에도 영향을 미칠 수 있다. Anna애나의 '혼자 알아서 하고 다른 사람에게는 아무것도 기대하지 말자' 라는 원칙은 그녀가 관계에 대해 매우 작은 기대감을 가지고 있고, 상당히 나쁜 대우를 받는 것을 참는다는 것을 의미한다. Kevin케빈의 '확신이 없으면 아무것도 시도하지 말자' 는 원칙은 그의 능력을 완전히 사용하지 못하는 저임금의 직장에 머물러 있음을 의미한다.

## 원칙에 관해 알아야 할 다섯 가지

Five things you need to know about rules

1. 자신의 원칙은 혼자만의 것이다. 같은 문화에서 자란 다른 사람들의 것과 많은 공통점이 있지만 정확히 자신이 가지고 있는 방식으로 삶을 경험한 것은 당신이다. 심지어 같은 가족 내에서도 모든 아이들은 다른 경험을 한다. 따라서 당신의 원칙은 오직 당신 자신에게만 특별한 것이다.

2. 원칙은 변화를 거부한다. 원칙들은 보이지 않는 안경과 같이 세상에 대한 시각에 영향을 미친다. 당신은 그것을 쓰는 것이 너무 익숙해져서 그 시각이 얼마나 삐뚤어졌는지 알아보기 힘들다. 앞서 4단원에서 불안한 예측 상태로 들어갈 때 자신이 취하는 예방책들은 두려움이 타당한 것인지 이해하는 것을 방해하기 때문에 실제로는 자신을 보호해주지 못한다는 것을 알게 되었다. 삶의 원칙도 비슷하다. 자신의 원칙 안경을 통해 세상을 바라보고 거기에 따라 행동하도록 강요받는다고 느끼는 한 당신은 이 시각이 정확하고 도움이 되는지 아니면 실제로는 자신을 방해하고 있는지를 결코 알지 못할 것이다.

**3. 원칙들은 힘 있는 감정을 불러일으킨다.** 원칙 중 하나가 무너지거나 그럴 위기에 있다고 느낄 때 떠오르는 감정들은 온화한 것이 아니다. 당신은 단지 걱정만 하는 것이 아니라 겁을 먹고 불안함을 느낀다. 또 단순히 짜증이 나는 것이 아니라 화가 나게 되며, 슬픔만을 느끼는 것이 아니라 우울함을 느끼고 심지어는 절망까지 하게 된다. 원칙을 깨는 것은 부정적 자아상을 활성화시키기 때문에 그 감정들은 매우 강력하다. 그리고 이러한 혼란에 사로잡혀 있을 때 무슨 일이 일어나는지 관찰하고 그 감정에서 분리되는 것은 매우 어려운 일이다.

**4. 원칙들은 불합리하다.** 원칙들은 도움이 되는 지침으로 가장하고 있지만 사실 불합리하고 비정상적이다. 원칙들은 다른 사람들이 잘 해나가는 방법이나 보통 사람이 기대하는 정상적이고 합리적인 것들을 반영하고 있지 않다. 완전히 비현실적인 요구함과 동시에 지나친 일반화에 매달리고 있다. 그것들은 환경이나 상황의 변화에 대해 어떠한 양해도 구하지 않고, 단지 극단적이고 평중된 사고방식의 흑백논리만 작용할 뿐 중립적인 것을 나타내지 않는다.

**5. 원칙들은 자신감을 무너뜨린다.** 원칙들은 자신이 불가능한 목록을 해낼 때까지는 스스로에게 만족할 수 없다는 것을 의미한다. 불가능한 목록은 완벽함을 이루는 것, 항상 자신의 삶을 완전히 통제하는 것, 만나는 모든 이들의 사랑을 받는 것을 말한다. 원칙에 맞춰 산다는 것은 당신의 자신감이 같은 상태를 유지하는 것에 달려 있다는 것을 의미한다. 예를 들면 항상 젊고 매력적일 것, 괜찮은 몸무게와 몸매일 것, 하는 일들을 쉽게 성공할 것, 큰 집을 가지고 있고 그에 맞는 차를 가지고 있을 것, 착한 아이들이 있을 것, 배우자를 필요로 한다는 것 등을 말한다. 하지만 앞서 말한 그 어떤 것도 안정적이지 않다. 우리는 모두 나이가 들고 아프며 쓸모없어질 수도 있고 관계가 깨질 수도

있다. 삶의 몇몇 것들은 영구적으로 고정된 것들이다. 만약 자신이 고정된 환경에서만 만족감을 느낀다면 부서지기 쉬운 자신감을 가지고 있을 것이다. 당신의 목표는 삶과 자신 주변의 세상에 어떤 일이 일어나든지 있는 그대로의 자신에게서 행복감을 느끼는 것이다.

## 개인적인 삶의 원칙들을 확인해 보자

Identifying your personal rules for living

이제 현실을 직시하고 자신이 살아가는 데 갖고 있는 원칙을 확인할 시간이다. 지금까지 말로 표현한 적이 없기 때문에 꽤나 어려운 작업이 될 것이다. 원칙들은 불안한 예측이나 자기비판적인 생각보다 알아채기 어려울 수 있다. 하지만 원칙을 적는 것은 자신감을 낮추고 꿈을 방해하는 것이 무엇인지 찾기 위한 열쇠가 될 수 있다. 또한 삶의 원칙들을 밝힘으로써 이것이 확고한 자아존중감을 어떻게 방해하는지 알아볼 수 있다. 자신의 원칙이 무엇인지 알려주는 단서들을 찾고 그것들을 서서히 밝혀 나가는 작업은 흥미롭게 느껴진다.

원칙이 무엇인지 알아내는 것은 스스로를 놀라게 만들 수도 있고, 종이에 써놓은 것들을 침착하게 바라보면 몇 가지는 믿지 못할 만한 것일 수도 있다. 요점은 '나는 모든 사람들에게 사랑받아야만 한다' 처럼 차분히 시간을 가지고 생각해 보았을 때도 자신의 원칙이 납득이 되지 않을 때나 '당신은 잘못된 편을 드는 것을 싫어하고 분쟁을 피하려 애쓸 것이다' 처럼 마치 사실인 양 행동하는 것들이 바로 자신이 현재 사용 중인 원칙이다. 한 가지 좋은 소식은 이미 불안한 예측과 자기비판의 생각을 확인하기 위해 했던 작업들이 당신이 갖고 있던 삶의 원칙을 파악하는 데 도움이 된다는 것이다. 당신은 어떤 상황이 강한 감정과 자기비판적인 생각들을 불러일으키는지 알고 있다. 이러한 상황들은 개인적인 원칙들과도 관련이 있다.

당신은 이미 자신이 가장 위협을 느끼는 상황에 대한 유형을 발견했을 것이고 그것은 삶의 원칙들을 향해 큰 충고를 해 줄 것이다. 하지만 여전히 아무것도 모르겠다는 느낌이 들고 자신이 원칙을 가지고 있는지 100% 확신이 가지 않는다고 해도 놀라지 마라. 그것은 찾기 힘들 수 있고 표현하는 데 시간이 걸릴 수도 있다.

이 단원의 마지막에 가면 당신은 모든 각도에서 바라보도록 도움을 주는 생각할 거리들, 다른 표현들에 대한 실험, 여러 생각들을 시도해 예측을 따라가는 것을 발견할 것이다. 당신의 목표는 지금까지 자신의 삶에 가장 큰 영향을 준 원칙들을 알아내는 것이다.

### 원칙의 언어

**삶의 원칙들은 보통 세 가지 방법으로 표현된다.**

**'만약 …, 그러면 …' 의 표현들이다.** '만약 누군가가 나를 깎아내린다면 그들은 제대로 된 이유를 가지고 있어야만 한다.' '만약 내가 생각한 대로 말한다면 사람들은 나를 비웃을 것이다.' '만약 내가 누군가와 가까워지려 한다면 그들은 내가 얼마나 사랑받지 못하는 사람인지 알게 되고 나를 거부할 것이다' 이와 비슷한 또 다른 표현은 '…하지 않는다면, …할 것이다 이다. '내가 매일 먹는 것을 잘 조절하지 않는다면 나는 좋은 기분을 느낄 수 없을 것이다.' 이것들은 추정이라고 알려져 있고 만약 자신이 특정 방식으로 행동하거나 혹은 행동하는 것을 실패한다면 스스로가 생각한 것이 현실로 일어날 수 있을 것이다.

**'해야만 한다.' '나는 다른 사람들이 진짜 나를 볼 수 없도록 해야만 한다.' '나는 모든 것을 110%로 해야만 한다.'** 이러한 것들은 당신이 특정한 방식으로 행동하도록 하거나 특정한 타입의 사람이 되도록 강요한다. 거기에는 대개 숨어 있는 '그렇지 않으면'이 있는데, '나는 다른 사람들이 진짜 나를 볼 수 없도록 해야만 한다. 그렇지 않으면 그들은 내가 얼마나 지루한 사람인지 알게 될 것이고 나를 거부할 것이다'와 같다.

**가치 판단들.** '할 자격이 없는 것을 시도하는 것은 바보 같은 일이다.' '몸무게가 많이 나가는 것은 수치스러운 일이다.' '스스로 자립하는 것은 필수적인 일이다.' 이러한 것들은 문제의 중심에 다가서기 위해 조금 풀어볼 필요가 있는 애매한 원칙들이다. 단서는 '바보 같은', '수치스러운', '필수적인'과 같은 서술 단어에 있다. 한번 시도해 보는 것이 왜 바보스러운 일인지 자신에게 물어 보자. 시도해서 일어날 수 있는 일 중에 가장 최악의 것은 무엇인가? 수치스럽다는 것은 무엇을 의미하는가? 만약 내가 망신을 당하고 있다고 상상한다면 마음속에 정확히 떠오르는 것은 무엇인가? 어떤 기분이 드는가? 본질적Essential이라는 것은 무슨 의미인가? 내가 완전히 자립하지 못했다면 어떤 일이 일어날 것인가? 자립심은 나를 무엇으로부터 보호해 주는가? 만약 내가 도움을 청했다면 일어날 수 있는 최악의 일은 무엇인가? 나를 어떤 종류의 사람으로 만들고자 하는가?

## 원칙 혹은 원칙들?

Rule or rules?

어떤 사람들은 하나의 전능한 삶의 원칙을 가지고 있고 어떤 사람들은 하나 이상의 것을 가지고 있다. 예를 들면 당신은 '다른 사람들은 모두 나를 좋아해야만 한다. 그렇지 않으면 난 쓸모가 없다'라고 느낄지도 모른다. 하지만 당신은 또한 '나는 나에게 맞서는 모든 것에 잘 대처해야만 한다' 라는 규칙에 좌우될 수도 있다. 자신의 원칙에 편안함을 느끼고 다음 원칙으로 나아갈 준비가 될 때까지 각각의 원칙들을 찾아내서 실험해 봄으로써 모든 원칙을 차례대로 알아낼 수 있어야만 한다.

## 원칙으로 가는 여섯 가지 단서들

Six clues to your rule

이 단서들 중 몇 가지는 다른 것들보다 더 많은 정보를 가져다 줄 것이다. 하지만 각각에서 무엇을 알게 될지 하나하나 시험해 볼 가치가 있다.

### 단서 1 : 자신이 잘 느끼는 두려움과 비하의 말들

자기비판적인 생각과 불안한 예측들을 기록했던 것을 살펴 보자. 두려움이나 예측으로 가장하고 있는 삶의 원칙을 알아챌 수 있겠는가? 당신의 자기비판적인 생각들 중 어느 하나라도 좀 더 일반적인 원칙의 구체적인 예에 해당하는 것이 있는가? '나는 또 망쳤다!' 는 '만약 내가 실수를 한다면 그것은 나의 잘못이다' 라는 원칙을 말해 주는 것일 수 있다.

### 단서 2 : 주제를 찾아 보자

당신의 작업 표에서 계속되는 집착과 걱정들을 골라낼 수 있겠는가? 지금까지 했던 작업들에 펴져 있는 주제는 무엇인가? 어떤 종류의 상황들이 스스로를 의심하도록 만드는가? 예를 들면 자신이 잘 해내지 못한 일에 주목한다거나 불편해하는 사람들과 마주치는 것 등이다. 자신의 어떤 면들이 가장 다루기 어려운가? 다른 사람들의 어떤 행동이 자신감을 떨어뜨리는가? 주제를 반복하는 것은 자신감을 유지하기 위해 당신이 자신과 다른 사람들 그리고 일반적으로는 세계로부터 요구하는 몇 가지 발상들을 알려 줄 것이다.

### 단서 3 : 자신과 다른 사람들에 대한 스스로의 판단

자기비판적인 생각들을 보자. 어떤 상황에서 당신은 스스로를 깎아내리기 시작하는가? 자신의 어떤 점을 비판하는가? 자신에게 바라는 것에 관해 무엇을 말해 주는가? 만약 기준을 느슨하게 한다면 어떤 일이 일어날 것인가? 일들은 어떻게 잘못되는가? 자신이 스스로 옭아맨 고삐를 느슨하게 하고 원칙에 따른다면 결국 어떻게 될 것인가? 멍청하다거나 게으르다거나 이기적이라거나 하는 것처럼 당신은 어떤 종류의 사람이 되는가? 무슨 일이 있어도 결코 허락하지 않는 것은 무엇인가? 자신이 다른 사람들의 어떤 점을 비판하는지도 생각해 보자. 당신은 그들이 어떤 기준을 맞추기를 바라는가? 이것은 때로 자신에게 맞춰둔 기준을 반영할 수 있다. 만약 자신이 회사에서 110% 발휘하기를 기대한다면 늦게 출근하고 도처에서 훨씬 편안한 태도를 취하고 있는 동료들을 못마땅하게 여기지 않기가 어렵다는 것을 알게 될 것이다.

### 단서 4 : 옛날로 돌아가 보자

'옛날로 돌아가라' 는 메시지는 자신이 어떻게 행동해야 하고 어떤 사람이 되어야 하는지에 관한 것이다. 이러한 것들이 원칙으로 두각을 나타낼 수 있다. 아이였을 때는 당신이 들은 것의 의미를 오해하거나 문자 그대로 받아들이기가 쉽다. 부모가 '나는 원해요' 만으로는 얻을 수 없다는 것을 통해 당신에게 정중히 부탁하는 것을 가르치려고 했다면 당신은 어떤 것을 원하는 것은 잘못된 것이고 만약 직접적으로 요구한다면 그것을 오히려 빼앗기게 될 것이라는 결론을 이끌어 내게 될 것이다. 당신은 자신이 원하는 것을 우회적인 수

단들로 얻을 수 있다거나 어떤 것도 원하지 않는 척을 해야 한다고 결심하게 될 것이다. 이제 당신의 즉각적인 반응은 유아기의 도움이 되는 충분한 세부사항을 거의 기억하지 못한다는 것이 될 것이다. 만일 그렇다면 내면의 비판기록표를 살펴보아라. 자신에게 전형적으로 보이는 주제가 되는 생각과 느낌들을 고른 후 그러한 감정들이 언제 시작되었고 자신이 의식한 방식으로 생각하고 행동하기 시작한 때가 언제인지 정확한 시간을 집어낼 수 있는지를 보라. 불안한 예측이나 자기비판적인 생각들을 야기시키는 상황들을 보자. 그것들이 과거의 어떤 것을 떠올리게 하는가? 당신은 목소리를 듣거나 얼굴이 떠오르거나 특정한 기억이나 이미지가 떠오르는가? 예를 들어, Anna애나는 그녀가 학교에서 돌아와서 몇몇의 나이 많은 남자 아이들이 놀이시간에 그녀의 코트로 컵을 닦으려 했다고 엄마에게 일렀을 때, 그녀의 엄마가 Anna에게 벌을 받지 않기 위해 얘기를 지어내는 것을 그만하라고 말했던 순간의 이미지를 분명하게 가지고 있다. 나중에 그녀는 학교에 갔을 때 느꼈던 불안감과 같은 '웃긴 감정들' 에 관해 엄마에게 얘기했던 것을 기억한다. 그녀의 엄마는 '너는 바보 같은 생각을 가지고 있다' 고 웃으며 말했고 Anna의 '웃긴 감정들' 은 가족의 농담거리가 되었다. 당연히 Anna의 삶의 원칙은 이러한 경험들을 반영하고 있는데 그것은 '나는 자립심을 가져야만 하고 다른 누구의 도움도 기대해서는 안 된다' 는 것이다.

만약 과거를 선명하게 주목하는 데 문제가 있다면 다음 활동을 시도해 보자. 편안한 마음을 가질 시간을 조금 갖고 유아기의 중요한 시점을 돌이켜 생각해 보아라. 아마도 당신이 항상 꿈에서 되돌아가는 나이이거나 가장 분명한 이미지를 상기시키는 나이일 것이다. 이제 그 아이가 의자에 앉아서 다음 문장들을 완성하는 그림을 그려 보자.

- 나의 가족에게 나쁜 점은 …
- 내가 항상 하는 매우 중요한 것은 …
- 내가 많은 관심을 받을 때는 …
- 내가 항상 문제를 일으킬 때는 …
- 내가 학교에서 잘못을 했을 때 집에 돌아와서는 …
- 내가 하라는 대로 하지 않았을 때, 어른들은 나에게 내가 ~한다면 ~한 일이 일어날 것이라고 얘기한다.
- 내가 마지막으로 가족들을 실망시켰을 때 나는 ~라고 들었다.
- 집에서 가족의 포옹을 받거나 애정을 얻기 위한 최선의 방법은 ….
- 내가 좋아하는 가족의 말들은 ….

### 단서 5 : 긍정으로부터 배워라

때때로 삶의 원칙들에 관한 단서는 좋았던 시간에 숨어 있기도 한다. 자신감이 매우 낮은 사람들조차도 가끔은 자신이 좋게 느껴지기도 하고 그 시간들이 자신의 모든 원칙들 혹은 가장 중요한 원칙을 따랐다는 표시가 될 수도 있다. 자신이 굉장하다고 느꼈던 마지막 순간을 기억하려고 노력해 보자. 당신은 왜 그렇게 좋은 기분을 느꼈는가? 이것이 함축하고 있는 것은 무엇인가? 자신이 굉장히 멋지게 보여서 기분이 좋았다면 삶의 원칙은 외모와 관련되어 있는가? 프로젝트를 훌륭히 끝냈고 그것이 자신이 생각하는 높은 기준을 넘어섰다면 당신은 어떤 원칙을 따르고 있는가? 만약 자신이 파티의 중심이 되어서 며칠 동안 흥분해 있다면 원칙은 사람들에게 사랑받는 것을 중심으로 두고 있는가? 자신이 기분 좋은 사건들을 회상하는 데 어려움이 있다면 대신 스스로가 우러러보고 존경하는 사람들에 대해 생각해 보자. 그들에게서 당신이 감탄하는 점은 무엇인가? 그것은 당신에게 어떤 원칙을 비추어 주는가? 만약 당신이 살고 싶은 이상적인 삶에 관한 몽상을 가지고 있다면 그 몽상이 당신이 무엇을 하고 어떻게 되어야 하는지에 대해 무엇을 말해 줄 수 있는가?

### 단서 6 : 하향식 화살 기법을 사용하라

이 활동은 특정 문제에 초점을 맞추고 근본적인 원칙을 알기 위해 그것에 대한 당신의 반응을 풀어 나가는 것이다.

1. 시작점을 골라라. 당혹스럽고 스스로에게 기분 나쁜 상황을 생각해 보자. 예를 들면 누군가와 논쟁을 벌였거나 사람들 앞에서 너무 많이 먹는 것 등이다. 그것은 자신의 원칙을 무너뜨릴 위기에 있거나 실제로 원칙을 부수며 자아상이 활성화되는 상황이 될 것이다. 기억 속에 분명한 최근의 사건을 선택하자.

2. 세부사항을 검토하라. 빈 종이 한 장을 반으로 나누어서 하나는 '감정들'로 제목을 붙이고 다른 하나는 '생각들'로 제목을 붙여라. 각각의 제목 아래에 자신에게 일어난 모든 것들을 적고, '생각들' 아래에는 이미지도 포함시켜라. 감정적으로 가장 큰 영향을 주는 생각을 살펴보자.

3. 잠시 그 생각을 간직하자! 이제 그 생각의 순수함에 도달하기 위한 여러 질문들을 스스로에게 해 볼 것이다. 자신이 생각한 것이 지나친 음주로 사람들 앞에서 난처했던 것이라 가정해 보자. 만일 이게 사실이라면 당신에게 무엇을 의미하는가? 가령 '통제력을 잃었다는 것이죠' 등의 대답을 할 수 있다. 자, 이제 다시 자신에게 묻자. 만약 그게 사실이라면 무엇을 의미하는가? 아마 '사람들이 내게 허점이 있다는 걸 알 거예요' 라는 생각을 할

수 있다. 다시 한번 마음속으로 물어보자. 그게 사실이라면 그것은 당신에게 무엇을 의미하는가? 사람들이 당신을 혐오할 거라 느끼는가? 자신이 어떤 생각의 원천 주위를 맴돌고 있는 느낌을 받는다면 지금이 원칙에 도달할 수 있는 기회이다. 사람들에게 사랑받기 위해서는 완벽한 사람이 되어야 한다는 생각처럼 말이다.

4. 만일 이 방법으로 할 수 없다면 다른 질문으로 접근해 보자. 최악의 상황은 무엇일까? 그 다음엔 무슨 일이 일어날까? 그리고 그 다음엔? 이런 생각들을 한다. 하지만 다르게 생각해보면 그 상황이 나에게 어떤 문제를 가져올지, 그 상황을 극복하기 위해서 내가 어떤 사람이 되어야 하는지, 그러한 상황들을 성공적으로 극복하기 위해서 내가 무엇을 해야 하는지, 혹은 그 상황이 내 삶의 방식에 비추어 어떤 의미인지 생각해 볼 수 있다.

### 네 가지 질문의 위력

세계적으로 저명한 자가 치료 지도자 Byron Katie 바이런 케이티는 하위적 분석 운동인 'The Work'를 창안했다. 이 운동은 자신을 괴롭히는 문제들을 간단히 적어 내려가고 다음의 네 가지 질문을 하는 것이다. 그것이 진실인가? 당신은 그것이 진실이라 확신할 수 있는가? 그것이 진실이라면 당신은 어떤 행동을 하는가? 그런 확신이 없었다면 당신은 어떤 상태였을까? 'The Work'의 목적은 생각의 '전환'을 통해 긍정적인 생각으로 사고방식을 바꾸는 데 있다.

## 자신의 원칙을 시험해 보자

Test-driving your rule

삶의 원칙들 중 어느 하나라도 개략적인 초안을 가지고 있다고 생각할 때가 바로 그 원칙을 시험해 볼 때이다. 비록 그 원칙이 옳은 것인지 확신하지 못할 때에도 자신의 인생에 얼마나 맞는지 알아볼 필요가 있다. 자신의 원칙이 특정한 상황에서 왜 그렇게 행동해야 하는지를 잘 보여 주는가? 대략적인 원칙을 마음 한편에 담아 두고 며칠을 지켜보다가 '아! 그래 바로 이거야' 하는 순간이 있는지를 잘 살펴보자. 그 원칙이 자신이 가지고 있는 불안한 예측이나 자기비판적인 생각들에 대해 새로운 혜안을 보여 주었는가? 그렇다면 자신만의 원칙 혹은 그것들 중 하나라도 찾았음에 틀림없다. 표현에 대해서는 크게 걱정할 필요 없다. 몇 페이지 이전에 나왔던 '원칙의 표현The language of Rules' 부분을 잘 읽어 보고 다른 구성 방식을 시험해 보자. 하지만 만일 자신의 원칙이 여전히 맞지 않는 것 같다면 다른 것을 계속해서 찾아보자.

## 지금이 당신의 원칙들을 변화시킬 때이다

It's time to change your rules

삶의 원칙들은 서서히 영향을 준다. 사고방식과 행동에 영향을 미치며 하루 24시간, 일주일 동안 매일 당신에게 상당한 영향력을 가할 뿐 아니라 이러한 영향력은 수십 년 동안 지속되어 왔을 것이다.

당신은 그러한 원칙들이 인생에 미치는 영향을 잘 알고 있을지도 모른다. 이것에 대해 자세히 알기 위해 시간을 투자하는 것이 변화를 위한 첫걸음이자 당신에게 알맞는 새로운 원칙이나 대안을 찾는 데도 도움이 된다.

지금 당신 마음속에 있는 하나의 원칙이 사람들과의 관계에서 자신이 행동하는 방식을 잘 설명해 줄 수 있는가? 혹은 계속해서 잘못된 행동양식을 똑같이 반복하고 있는가? 그 원칙이 당신이 왜 관계를 지속할 필요성을 느끼지 못하는지 왜 가까워지려고 다가오는 사람들을 밀어내고 싶어하는지의 이유를 설명할 수 있는가? 당신이 필요로 하는 것을 요청하기 힘들게 만들고 정말로 느끼는 감정에 관해 얘기하는 것을 어렵게 만드는 원인이 바로 이 원칙은 아닌가? 그렇다면 삶의 원칙이 자신과의 관계에는 어떤 영향을 미치고 있는가? 그 원칙이 자신을 우선시하는 것이나 마땅히 누려야 하는 자신의 몸과 마음에 관심과 애정을 쏟는 것을 힘들다고 느끼게 만드는 이유를 설명할 수 있는가? 좀 더 날씬하고 건강하거나 더 성공했거나 혹은 단순히 더 행복하거나 성취감을 느낀다거나 하는 자신이 되고자 하는 것을 당신의 원칙이 방해하고 있지는 않은가? 원칙들이 무너지거나 무너질 위기에 있을 때 자신이 느끼는 불편한 생각들이나 감정 혹은 특정한 물리적 증상들을 얼마나 자주 겪는가? 이러한 일에 잘 대처하고 아무 일도 일어나지 않았다는 듯 일상생활을 계속하기 위해 얼마나 많은 정신적 에너지를 쏟고 있는가?

시간을 되돌려 봤을 때 성장하는 동안 자신의 성격에 그러한 원칙이 어떤 영향을 미쳤는지 알 수 있는가? 그 원칙이 자신을 좀 더 신중하고 자기 방어적인 성격으로 만들었는가? 이미 그 원칙이 자신감에 영향을 주었음을 알고 있을 것이다. 하지만 그것이 또한 당신의 타고난 유머 감각이나 다른 사람들과 잘 어울리는 능력을 위축시키지는 않았는가? 또 당신을 소심하거나 덜 창의적인 사람이 되도록 하지는 않았는가? 그 원칙은 당신이 왜 불안한 생각만을 하는지 소심하게 속으로만 불평을 늘어놓는지 이유를 설명해 줄 수 있는가?

이제 자신의 삶의 원칙들을 밝혀냈고 그 원칙들이 자연히 없어지기를 기대하고 있을 것이다. 불행히도 그것을 없애는 과정은 좀 더 복잡하다! 하지만 좋은 소식은 당신은 이미 수많은 기초 작업을 끝마쳤다는 것이다. 당신은 이미 불안한 생각들을 미연에 방지하거나 내면으로부터의 비판의 목소리를 입 다물게 하는 기술들을 배웠다. 또 자신의 좋은 점들을 받아들이고 삶에서 마땅히 누려야할 기쁨들을 받아들이는 것도 배웠다. 이것들 모두가 당신의 눈에서 허물이 사라지고 자신만의 삶의 원칙이 정말로 어떠한 것인지를 잘 들여다 볼 수 있도록 도왔다. 이제 당신의 목표는 자신에게 꼭 맞는 새로운 원칙들을 찾는 것이다. 첫째로 그것은 환상에 기준한 것이 아닌 현실적인 것이 될 것이다. 그리고 그 새 원칙은 당신 일에 계속 지장을 주는 게 아니라 당신을 기분 좋게 긍정적인 방향으로 이끌어 줄 것이다. 만일 자신이 한 가지 이상의 원칙을 가지고 있다면 가장 변화시키고 싶은 한 가지를 먼저 선택해서 시작하고 다른 원칙으로 넘어가기 전에 모든 과정을 완료하자. 아마도 당신은 한꺼번에 여러 가지 원칙들을 바꾸고 싶어 할지도 모른다. 하지만 한 번에 한 가지씩 노력한다면 좀 더 꼼꼼하고 철저하게 해낼 수 있을 것이다.

**여기 당신을 한발 앞으로 나가게 해 주는 단계들이 있다.**

**♣ 직접 해 보기**

**자신의 원칙 변화시키기**

**원칙을 바꾸기 위한 일곱 단계**

**【1단계】 적어 보아라**

가능한 한 최선을 다해 아래의 세 가지 내용을 완성해 보자.

- 내 인생의 원칙은…
- 이 원칙이 내 인생에 미친 영향은…
- 나는 나 자신이~할 때 원칙을 따르려고 애쓴다.

**【2단계】 배경이 되는 내용을 기록하라**

이것은 무의식적으로 원칙을 따르지 않고 관찰하는 식으로 바꾸는 객관화 과정의 첫걸음이다. 당신은 과거의 부정적인 측면들을 좀 더 자세히 보게 될 것이다. 하지만 이는 연민을 느끼려는 게 아니다. 원칙의 근원을 파헤치는 것은 그것을 좀 더 분명하게 알고 힘을 빼앗기 위한 방법이다. 지금까지 당신이 한 일은 원칙이 어디서부터 왔는지 그때는 왜 그것이 좋아 보였는지를 알려줄 것이다. 당신은 벌써 수많은 퍼즐 조각들을 모았고 이제 그것들을 모두 맞춰 볼 순간이다.

자신이 가지고 있는 원칙의 배경 이야기를 써 보는 것은 지금까지 모아온 모든 정보들을 하나로 모으도록 도와줄 것이다. 아마도 당신의 머릿속에는 과거의 이론이나 장면 하나하나들이 복잡하게 엉켜 있을 것이다. 이제 그 생각들이 사라지기 전에 종이에 옮겨 적을 때다. 장편소설처럼 적을 필요는 없고 요점만을 간단히 적거나 감정의 흐름만을 나열하는 것이 편하다면 그렇게 해도 괜찮다. 목표는 원칙이 필요하다고 믿게끔 이끌었던 경험을 기록하는 것이다. 삶의 원칙이 처음 생겨났던 구체적인 순간으로 되돌아가 볼 수 있겠는가? 그 원칙을 고수하기 위해 자신의 행동을 변화시켰던 처음 순간을 적어볼 수 있겠는가? 혹은 가족, 조직이나 사회가 당신이 그 원칙을 따르기를 바라는 것 같다고 실감했던 첫 순간을 적을 수 있는가? 그렇다면 그들과의 관계는 어떠했나? 이야기의 주인공은 누구였고 자신이 호감 가는 사람이나 좋은 사람이 된다거나 하는 관계에서 살아남기 위해서는 원칙이 필요하다고 느끼도록 그 사람들은 어떤 역할을 했는가? 그들은 어떤 말을 하고 무엇을 했는가?

이제 좀 더 최근으로 가 보자. 어른이 된 후 어떤 경험들이 당신이 원칙에 맞춰 살아야 한다고 확신을 가질 수 있도록 도움을 주었는가? 당신은 자신의 원칙에 대한 믿음을 좀 더 굳건하게 해 주는 사람들과 관계를 맺어 본 적이 있는가? 오만한 사람, 독설가, 요구가 많은 사람, 빈곤한 사람 등 특정한 타입의 사람에게 끌리는 자기 자신을 발견한 적이 있는가? 다른 사람과의 관계에 있어 특정한 유형이 있는가? 만약 한 어른이 아이에게 하는 것처럼 원칙을 만드는 것을 도왔다면, 당신은 비슷한 식으로 당신을 대하는 배우자나 상사로 그들을 바꿔서 생각해 본 적이 있는가?

이러한 연습 활동의 요점은 누군가가 당신에게 영향을 주어서 스스로를 피해자로 느끼도록 하거나 자신이 다른 이들만큼 훌륭하지 않았다고 해서 패배자로 느끼게 하려는 것이 아니다. 당신의 원칙은 살아남기 위한 일종의 전략이었음을 기억하자. 그것은 하루하루의 일상을 무사히 보내거나 당신 주변의 혼란스러운 상황들을 이해하는 방법이었다. 그리고 그것은 그때의 상황에 비추어 보면 충분히 이해할 수 있는 것이었다. 하지만 지금은 내가 여전히 이 원칙을 필요로 하는가 아니면 바꿔야 할 때인가 하는 질문을 던질 때이다.

### 【3단계】 그 원칙이 왜 쓸모없는지를 보라!

주저하지 마라. 지금은 당신의 인물 됨됨이를 검증해 보아야 할 때이다. 혹시나 삶의 원칙이 당신이 실패하도록 내버려두진 않았는가? 그 원칙이 당신이 항상 초인적인 힘을 발휘하도록 기대하고 있지는 않은가? 그것은 변화하는 상황을 무시할 만큼 단호한 것인가? 아니면 단순히 필요를 넘어선 것인가, 아니면 단지 시대에 뒤떨어진 것인가?

당신은 자신의 원칙을 사랑하는 이에게 권해줄 수 있는가? 그렇지 않다면 왜 자신에게는 받아들이기를 기대하는가? 이 원칙은 당신이 아이였을 때 세웠다는 것을 염두에 두어라. 만약 한 어린아이가 당신을 대신해서 당신의 삶을 사실상 꾸려간다면 행복하겠는가? 자신의 인생에서 내렸던 결정들이나 결론들이 불완전한 정보나 통찰력 혹은 불완전한 인생 경험에 기초해 왔다는 것을 이제 알겠는가?

## 【4단계】 긍정적인 면을 찾아라

인생의 원칙들은 항상 그에 따른 보상이 있다. 그로써 조금은 당신이 왜 그렇게 오랫동안 그 원칙들을 놓지 못했는지가 설명된다. '항상 110%의 노력을 쏟아라' 라고 하는 원칙이 직장에서 근면한 사람이라는 명성을 가져다준 적이 있는가? '항상 다른 사람이 먼저' 라는 원칙은 사람들이 당신을 좋은 사람, 심지어는 '천사' 라고 생각한다는 것을 의미하는가? '항상 잘 대처하고 불평하지 않는다' 는 원칙은 자신이 무슨 일을 겪더라도 가족만은 부양해야 한다는 것을 의미하는가? 혹은 '항상 하는 모든 일에 최고가 되어야 한다' 는 원칙은 당신을 출세의 사다리로 이끌거나 성공을 위해 노력하도록 했는가?

원칙의 긍정적인 면을 생각해 보는 것은 뒤로 한발 물러서는 것처럼 느껴질 수도 있다. 하지만 원칙으로부터 자신이 얻을 수 있는 것이 무엇인지를 분명히 아는 것은 매우 중요하다. 회복 중인 알코올 중독자들은 장기간 금주하려면 편안함을 느끼거나 환각을 겪게 하는 술로부터 얻을 수 있는 장점들을 대신할 만한 것이 필요하다는 것을 알고 있다. 이는 원칙과도 조금 비슷한 면이 있다. 원칙과 비슷한 정도의 이득을 가져다 줄 수 있는 대안을 생각해 내지 못하는 한 도움이 안 되는 원칙일지라도 쉽게 떨쳐 버리지는 못할 것이다. 따라서 자신이 생각하는 보상들 혹은 원칙의 이점들을 적어 보자. 예를 들면 단 한 번도 대립 관계를 겪어 본 적이 없을 만큼 그 원칙은 나를 쓸모 있는 사람처럼 느끼게 해 준다던가 하는 것을 말한다. 자신의 원칙을 포기하는 데 있어 염려되는 일이라도 있는가? 어떠한 손해가 있을 것이라고 생각하는가? 예를 들면 인생에서 어떤 위치에도 도달하지 못할 것 같다거나 직장에서 비난 받을지도 모른다는 것 등이다. 일단 모두 적었다면 5단계로 넘어가자.

## 【5단계】 단점을 나열해 보자

원칙에 따라오는 보상들을 모두 나열해 보았을 때 당신은 그것들을 자세히 들여다보고 실제로 얼마나 도움이 되는지를 판단해 볼 수 있다. 예를 들어 절대 불평불만하지 않는다는 원칙이 직장에서 잘 적용되어서 당신에게 성가시지 않은 존재라는 평판을 가져다준다고 하자. 하지만 그것이 당신을 화나게 만들진 않는가? 당신은 집으로 와서 감정을 진정시키거나 기분을 나아지게 하기 위해 냉장고나 과자 상자로 손을 뻗진 않는가? 혹은 상사가 당신은 분명 불평하지 않을 사람이라는걸 알고 있기 때문에 주기적으로 자신에게 잔업을 떠넘긴다는 걸 의미하지는 않는가? 뭐든지 참는다는 자신의 원칙이 다른 사람과의 관계에 부정적인 영향을 미치지는 않는가? 누구에게도 부탁을 하지 않는다는 원칙이나 다른 사람과의 관계에서 필요한 것을 결코 요구하지 않겠다는 원칙이 자신의 우정이 일방적인 경향이 있다거나 가벼운 선을 넘지 못한다는 것을 뜻하진 않는가?

자신의 원칙이 스스로를 돕고 있다고 느낄 때조차도 사실은 정반대의 상황이거나 당신을 기회에서 멀어지게 하고 있을 가능성이 있다. 아마도 당신은 오늘날 자신을 이 자리에 있게 해준 '난 모든 일에 완벽해' 라는 원칙에 감사하고 있을지도 모른다. 하지만 단순히 모든 일에 열심히 하는 대신 좀 더 영리한 방법으로 자신의 에너지를 쏟아 부었다면 지금쯤 어디에 서 있을지를 생각해 보라. 만약 '난 결코 다른 사람들이 진짜 나를 알지 못하게 할 거야' 라는 원칙이 친구들을 사귀는 걸 도왔다고 확신하고 있다면 얼마나 많은 친구나 배우자가 될 뻔한 사람들이 당신의 이중인격을 이해하지 못하고 돌아섰는지 생각해 본 적이 있는가? 그리고 다른 사람들 역시 '난 나보다 다른 사람들을 우선순위에 놓는다' 는 당신의 원칙을 인정한다고 확신하는가? 실제로 남의 동정이나 얻으려고 앓는 소리를 잘하는 사람으로 이해되고 있지 않은가?

이제 우리 모두가 마음 속으로 바라고 있는 목록을 보도록 하자. 목록을 '난

~가 하고 싶어' 라는 문장으로 써 본다. 예를 들면 '난 40파운드를 빼고 싶어' 라거나 '난 의지할 수 있는 배우자를 만나서 가족을 이루고 싶어' 혹은 '난 좀 더 창의적인 직업을 갖고 싶어' 또는 '난 사람들에게 얘기할 때 좀 더 편안하게 할 수 있었으면 좋겠어' 라고 쓰는 것이다. 이제 차례로 하나씩 살펴보고 내 원칙들이 정말로 이 바람들을 도울 수 있을지를 반문해 보자. 만일 그렇다면 왜 그 일은 여전히 목표일 뿐, 현실이 되질 않는가? 만약 자신의 원칙이 지금까지 돕질 못했다면 다른 것을 시도해 보고 그 원칙 없이 어떤 일이 가능한지 알아볼 가치가 있지 않은가?

여전히 삶의 원칙이 가치 있는 보상을 가져다준다고 믿는다면 장단점을 확인하는 연습을 해 보자. 우선 종이를 한 장 준비해서 중간에 수직으로 선을 하나 그어라. 왼쪽에는 삶의 원칙으로 부터 얻을 수 있는 장점과 원칙을 포기했을 때 잃는 것이나 일어날 수 있는 일을 적는다. 오른쪽에는 단점을 적어 보자. 어느 쪽이 더 설득력 있는가? 만약 단점이 장점보다 많다면 당신은 새로운 원칙을 찾을 필요가 있다. 하지만 그것이 꼭 긍정적인 보상을 버려야 한다는 것을 뜻하는 것은 아니고 개인적인 손해를 보지 않고 이점만을 취할 수 있는 다른 방법을 찾아야 한다는 것이다.

### 【6단계】 좀 더 도움이 되는 새로운 원칙을 생각해 보자

어려운 상황에 직면했을 때 불안감에 사로잡히는 것보다 조금만 염려하는 걸로 끝나는 감정을 상상해 보자. 그 상황에서 자신이 얼마나 잘하고 있는지 말해 준다거나 계속해 나가도록 용기를 북돋아 주는 내면의 목소리를 가지고 싶은가? 당황하지 않고 문제와 대면하거나 커다란 재앙이라고 생각하기보다 단순히 해결해야 할 애로 사항 정도로 문제들을 다루고 싶지 않은가? 예전의 원칙을 새로운 것으로 바꾸는 것을 통해서 이 모든 것들이 가능하다.

우리는 이미 새로운 원칙이 예전의 원칙보다 가능한 많은 보상들을 줄 수 있어야 한다고 얘기했다. 하지만 가장 중요한 것은 융통성이 있고 상황이나 환경이 바뀌어도 여전히 유용하도록 적응력이 있어야 한다는 것이다. 따라서 모 아니면 도거나 흑과 백이 분명한 원칙들은 빼야 한다. 그런 말들은 '난 ~해야만 한다' 나 '만약 ~한다면 정말 최악일 거야' 라는 말보다 '나는 ~를 원한다' 혹은 '난 ~하는 것을 좋아한다' 또는 '~하는 건 괜찮다' 라는 표현들이 될 것이다. 원칙의 표현 부분을 다시 한 번 보자. 새로운 원칙은 예전의 것과 마찬가지로 '만약…' 으로 시작하겠지만 '그러면…' 으로 계속되어야 한다. 예를 들어 '만약 누군가가 나를 비판한다면 아마 내가 그럴 만해서 비판하는 걸거야' 라는 생각을 '만약 누군가가 나를 비판한다면 내가 그럴 만해서일지도 모르지만 꼭 그래서는 아니야. 그리고 내가 비판 받아 마땅한 행동을 했다면 그건 내가 실패했다는 걸 뜻하는 것도 아니고 단지 나도 다른 이들과 같은 보통 사람이라는 걸 의미할 뿐이야' 라는 생각으로 바꿔야 한다.

감정적인 벽에 부딪쳤을 땐 다른 사람들이 자신에게 물어봤다면 알려줬을 원칙을 상상해 보라. '나는 사람들과 만나고 함께 있는 걸 좋아하지만, 내가 만나는 모든 사람들이 나를 좋아해 주길 바라진 않아' '때로는 110%가 아닌 그냥 충분한 것을 목표로 해도 괜찮아' 라는 원칙이나 혹은 당신의 아이들에게도 전해 줘도 괜찮을 새로운 버전의 원칙을 생각해 낼 수 있는가? 중요한 상황에서 내가 할 수 있는 최선을 다하는 것은 모든 일에 완벽해지려고 애쓰는 것보다 나를 한발 더 앞으로 이끌어 줄 것이다.

만일 새로운 원칙이 예전의 것보다 더 길거나 복잡하더라도 걱정하지 마라. 그것은 좋은 신호이다. 새로운 원칙이 좀 더 다차원적이고 실생활에 어떻게 작용할지 깊이 이해하는 데서 기초했음을 의미한다. 하지만 만일 짧아도 뜻이 분명한 명언에서 영감을 얻었다면 그것을 주문처럼 사용할 수 있는 구절로 바꿔 보아라. '나는 있는 그대로의 나이고 그것만으로도 충분하다' '완벽한 것보다는 충분하다 정도가 낫다' '나는 다른 누군가를 사랑하기 전에 나 자신을 먼저 사랑해야만 한다' 같은 것들이다.

새로운 원칙과 씨름하느라 많은 시간을 보내진 마라. 대략적인 생각을 적고 나중에 얼마나 잘 맞는지 혹은 수정해야 하는지 아니면 완전히 다른 새로운 원칙을 시도해 봐야 하는지 1~2주간 지켜보자.

### [7단계] 새로운 규칙을 시험해 보자

새로운 규칙이 맘에 든다면 이제 실천에 옮길 필요가 있다. 우선 의식적으로 자신의 삶에 적용해 보도록 하고 결과를 관찰해 볼 필요가 있다. 재고하는 것은 단지 첫 단계일 뿐이고 최고의 스승은 결과가 어떻게 달라질 수 있는지를 알 수 있는 지접적인 경험뿐이라는 것을 기억하자. 따라서 새로운 원칙이 자신에게 잘 맞는다는 것을 확신하기 위해서는, 자신이 다른 이와 마찬가지로 꽤 괜찮은 사람이고 다정하고 힘을 주는 관계를 맺을 만큼 가치 있는 사람이라고 오랫동안 믿어왔던 것처럼 생각하며 살아가려고 애쓸 필요가 있다. 이를 실천하기 위한 최선의 방법을 찾기 위해 계속해서 이 책을 읽어 보자.

## 이것이 잘 되기 위한 조언

Tips for making this work

- **자기 발견의 일기**Journal**를 쓰라.** 오직 당신 자신만을 위해서다. 177페이지의 제목을 따라가 보아라. (혹은 178~180페이지의 Jackson잭슨의 블로그를 읽어보는 것이 도움이 될 수 있다). 그리고 앞으로 몇 주간은 매일 자신의 일기를 자세히 읽고 아침에 일어난 후나 밤에 잠자리에 들기 전 등 하루에 최소한 한 번이라도 자신에게 스며들도록 해 보자. 하루를 시작할 때에는 그날을 위한 바른 마음가짐을 갖도록 해 줄 것이고 하루를

마감할 때는 그 원칙이 무엇을 바꾸었는지를 생각해 보자. 목표는 자신의 새로운 원칙이 의식에 스며들게 해서 기분이나 생각에 영향을 미치고 힘든 시간을 보낼 때에도 영향을 미칠 수 있도록 하는 것이다.

- **찾아볼 수 있는 어떤 곳에든 메모해 놓아라.** 당신이 필요할 때마다 상기시켜 줄 수 있게 새로운 원칙을 휴대폰에 메모해 두자. 혹은 작은 카드에 메모해서 지갑의 투명한 부분에 보일 수 있게 지니고 다니면 돈을 쓸 때마다 항상 확인할 수 있고 비참하다고 느낄 때나 어려운 상황에 직면했을 때도 항상 들여다볼 수 있을 것이다.

- **예전 원칙을 조심하라.** 좋은 대안을 찾아서 새로운 원칙으로 삼았지만 당신은 여전히 오래된 원칙을 무너뜨릴 때 불안감을 느끼거나 걱정할지도 모른다. 당신은 이번 주말에 나와서 일을 해 달라는 상사의 요구에 이미 주말 계획을 세워놨기에 안된다고 말한 후 몇 시간 동안을 안절부절못할지도 모른다. 그렇다고 이 방법이 자신에겐 잘 적용되지 않는다는 걸 의미한다거나 아무것도 변한 게 없다고 단정 짓지는 마라. 이제 당신은 어떤 것이 자신의 기분을 바꾸는지를 알게 되었고 이것은 그에 관해 좀 더 객관적이게 될 수 있다는 것을 뜻한다. 당신은 이제 '이유가 있어서 주말 근무를 거절하는 것이 잘못이 아니라 내 예전 원칙이 나 자신을 우선시하거나 싫다고 대답하는 것을 허락하지 않았기 때문에 이런 기분을 느끼는 거야' 라고 자신에게 얘기할 수 있다. 때때로 '시대에 뒤떨어진 오래된 원칙이다' 라고 간단히 말하거나 또 격려할 수도 있다. 이전에 썼던 원칙의 장 · 단점을 읽고 왜 시대에 뒤떨어졌고, 새로운 원칙이 목표를 이루고 행복하기 위해 어떤 도움이 되는지 보라. 나중에는 아무런 거리낌없이 이 단계를 극복할 수 있을 것이다.

● **구체적으로 하라.** 이렇게 하기 위해서는 계획이 필요하다. 단순히 '슈퍼우먼이 되는 것을 포기해야지' 라고 생각하지는 말아라. 당신이 피곤할 때는 집정리를 하지 않고도 그냥 자러 가거나 요리할 시간이 없을 때는 다른 가족들이 해먹도록 그냥 둔다거나 하는 것을 결정할 필요가 있다. 매일의 활동 일기를 보고 작은 실험을 하듯 이러한 변화를 어디에 끼워 맞출지를 찾아보자. 그리고 그러한 새로운 행동이 당신이 자신에 대해 어떻게 느끼도록 만들었는지, 다른 사람들의 반응은 어떠한지, 그리고 그러한 반응 또한 당신에게 어떤 기분이 들게 하는지를 관찰해 보자. 전체적으로 그러한 것들이 새로운 원칙이 자신에게 맞는지 아닌지를 보여 주는지를 확인해 보자.

● **자신에게 쉬는 시간을 주라.** 자신의 새로운 원칙이 사실이라고 믿는 것처럼 행동하는 것은 처음에는 불편하게 느껴진다. 죄책감을 느낄 수도 있고 자신의 진짜 기분을 표현하는 것과 같은 새로운 방식으로 행동하는 것에 대해 걱정이나 불안감을 가질 수도 있다. 만일 이러한 일이 일어난다면 생길지도 모른다고 걱정하는 일(다른 사람이 자신에게 소리친다거나, 논쟁을 벌인다거나, 거절당하는 것과 같은 것)이 무엇인지 말해 줄 수 있겠는가? 그것을 확인해 보기 위해 당신은 또 다른 작은 실험을 시도해 볼 수 있다. 예를 들면 배우자가 사람들이 많은 곳에서 당신을 깎아내리는 행동을 했다면 혼자가 됐을 때 그런 행동에 기분이 좋지 않았고 자신은 그런 대접을 받을 만한 사람도 아니고 그 상황은 거기에 있던 다른 누구라도 당황스러운 상황이었을 것이라고 말해 보자. 실험을 계속할 계획이지만 그것을 견디지 못하는 자신을 발견한다고 해서 자신에게 화내지 말고 자신을 비판하지 않도록 하라. 자신을 힘들게 하지 말고 처음 시작한 때로 되돌아왔다고 단정 지어서는 안된다. 자신과 오랜 시간을 함께 해왔

고 게다가 어느 정도의 장점까지 가지고 있는 오랜 습관을 바꾸는 것이 힘들고 때론 무섭기까지 한 것은 지극히 자연스러운 일이다. 힘들 때일수록 스스로를 너그럽게 대하고 할 수만 있다면 '당신의 속마음을 얘기하면 거부당할지도 모른다' 와 같은 불편한 감정 뒤에 있는 생각들을 찾아내기 위해 지금까지 배웠던 것을 사용해 보자. 질문을 해 보고 자신에게 좀 더 도움이 될 수 있는 것이나 '그가 변명을 늘어놓거나 화를 낼지도 모르지만 그가 만일 나를 사랑한다면 변하려고 노력할 거야' 라는 것을 사실인지 아닌지 확인할 수 있는 대안들을 찾아보아라.

- **포기하지 마라.** 새로운 원칙이 제2의 습관으로 느껴지기까지는 6~8개월 정도의 긴 시간이 걸릴 수 있다는 것을 알 것이다. 냉정함을 유지하고 계속 실행하자! 지금껏 자신이 얼마나 많은 것을 해내 왔는지 스스로 되새기며 의욕을 유지할 수 있도록 하자. 스스로에게 계속 동기를 부여하기 위해 목표를 세우는 것도 도움이 될 것이다.

- **메모해 온 기록들을 유지하라.** 자신의 진행 사항을 파악하는 가장 좋은 방법은 이 책의 연습 활동들을 해보고 지금까지 해 온 것처럼 꾸준히 작업 계획표를 채워 보는 것이다. 계획표를 여러 장 복사해서 가능한 한 많이 채워 보자. 격려나 칭찬이 필요한 순간에는 언제든지 지금까지 해 온 것을 되돌아보자.

## 원칙을 변화시키자 : 나의 일기

나의 예전 원칙은 :

이 원칙들은 내 삶에 다음과 같은 영향을 미쳤다 :

나는 다음과 같은 이유로 이 원칙을 가지고 살고 있다 :

그 원칙이 어디서 비롯되었는가 :

왜 그 원칙이 불합리한가 :

내 원칙의 보상은 :

그것의 단점은 :

좀 더 현실적이고 융통성 있고 도움이 되는 원칙은 :

새로운 원칙을 시험해 보기 위해서 내가 필요한 것은 :

## 원칙을 변화시키자 : JACKSON 잭슨 의 일기

**나의 예전 원칙은 :** 나는 모든 일에 110%의 노력을 쏟아 부어야만 하고 그렇게 하지 않으면 인생에서 아무것도 이루지 못할 것이다.

**이 원칙들은 내 삶에 다음과 같은 영향을 미쳤다 :** 나에게는 항상 일이 우선이었다. 내가 뭔가를 성취하고 있다는 기분이 들지 않으면 편안하게 쉴 수가 없다. 나는 항상 제일 마지막으로 퇴근하고 가장 먼저 출근한다. 물론 내가 직장에서 잘 해내고 있다는 것은 알지만 그럼에도 편하게 쉴 수가 없다. 내가 조금이라도 게으름을 피우기 시작한다면 사람들은 내가 사실은 나태한 사람이라고 생각할 것만 같다. 나는 항상 비판받지 않을까 걱정하고 내 상사가 만족스럽지 않아하는 기색에만 신경을 곤두세우고 있다. 나는 정말 많은 스트레스를 받고 가끔은 그것 때문에 몸이 아프지만 회사는 절대 쉬지 않는다. 하지만 다른 무엇보다 그 원칙은 인간관계에 가장 큰 타격을 입혔다. 아내는 내가 늦게까지 일하거나 집으로 일을 가져오는 것이 불만이다. 그녀는 휴일에 일하는 것을 싫어한다. 그리고 나 역시 아이들과 시간을 보내지 못하면서 많은 것들을 놓치고 있다는 것을 알고 있다. 하지만 아이들과 함께 할 때도 마음이 편치 않다. 아이들과 정원에서 공놀이를 할 때에도 아이들이 '올바르게' 놀지 않아서 짜증이 나기도 하고 숙제를 도와줄 때에도 그들이 완벽하게 해내지 못하는 것을 참지 못해서 결국은 내가 대신하게되고 만다.

**나는 다음과 같은 이유로 이 원칙을 가지고 살고 있다 :** 난 믿을 수 없을 정도로 많은 스트레스를 느끼고 약간의 공황 상태까지 느끼기 시작했다. 난 끊임없이 모든 것을 검토해야 하고 때로는 밤새 일하기도 한다. 그러고는 회사에 가면 잠을 깨기 위해 카페인에 의존할 수밖에 없다. 혹시나 내가 평소만큼 잘 해내지 못했다는 생각이 들면 지금까지 이뤘던 모든 것들이 단지 요행일 뿐이고 난 패배자일 뿐이라는 생각이 들 정도로 낙담하고 만다.

**그 원칙은 어디서 비롯되었는가 :** 나의 부모님은 엄격하게 대하는 것이 아이를 사랑하는 것이라 믿었고 반대로 격려하는 것은 자식을 망치는 길이라고 생각했다. 그래서 나를 칭찬해 주는 대신 내가 정말 잘했을 때에도 비판거리를 찾곤 하셨다. 그들은 내 행동이 칭찬 받을 만큼 훌륭하지 않으며 더 열심히 노력하지 않으면 앞으로 어떤 일도 해낼 수 없을 것이라고 하셨다. 지금은 그들이 나를 자랑스럽게 여기셨다는 것을 알고는 있지만 그런 말을 입 밖으로 꺼낸 것을 단 한 번도 기억할 수 없다. 커가면서 내가 모든 일을 더 잘하고 완벽하게 해낸다면 부모님이 나를 더 사랑할 것이라고 생각해 왔다.

**왜 그 원칙이 불합리한가 :** 나 역시 마음 깊은 곳에서는 그 원칙이 항상 옳지만은 않다는 것을 알고 있다. 다른 사람들 역시 일을 잘 해내지만, 그들은 내가 쏟는 절반의 노력만 했을 뿐이다. 모두가 실수를 하고 대부분의 사람들은 이 정도면 충분히 잘 했다는 것을 받아들이는데 왜 나는 그렇지 못한가?

**내 원칙의 보상은 :** 내가 일을 잘 한다는 것은 우리가 좋은 집에 살고 괜찮은 삶을 살고 있다는 것을 뜻한다. 난 회사에서 존경받고 있고 내가 110%의 노력을 쏟을 때, 내 자신을 똑바로 바라볼 수 있는 자신감도 있다. 일을 잘했다는 의견을 들으면 그날은 스스로가 자랑스럽기도 하다.

**그것의 단점은 :** 10년 전 내가 처음 일을 시작했을 때처럼 오늘 보고서를 쓰는데 긴장이 된다. 내가 감독하고 있는 프로젝트에 문제가 있다면 당연히 그것이 내 잘못이고 내가 뭔가 실수해서라고 단정지을 것이다. 심지어 나는 가벼운 부정적인 견해조차도 심각한 비판으로 여기고 머릿속에서 끊임없이 되새긴다. 만일 주말에도 어떤 문제가 생기면 그들은 당연히 내가 해결하리라는 것을 알기 때문에 항상 회사로 불려 가곤 한다. 최근에는 일을 완벽하게 해내지 못할까봐 새로운 도전들을 피하기 시작하고 있다. 사람들이 나를 존경한다고는 생각하지만 그들이 나를 편안하게 생각한다고 느끼지는 않는다. 최근에는 몇몇의

단체행사에 제외되기도 하고 점점 더 친구가 줄어들고 있는 것 같다. 나의 모든 시간과 관심은 내 일에 쏟아 붓고 그건 마치 손을 뗄 수 없는 생활 같은 느낌이 되어 버렸다.

**좀 더 현실적이고 융통성 있고 도움이 되는 원칙은 :** 때로는 '꽤 잘했어'만으로도 충분하다. 내가 110%의 노력보다 80%만 해도 나는 여전히 가치 있는 사람이다.

**새로운 원칙을 시험해 보기 위해 내가 필요한 것은 :**

- 내가 요약해 놓은 것을 읽고 정말로 스스로에게 스며들게 하라.
- 항상 스스로 되새길 수 있도록 휴대폰에 새로운 원칙을 메모해 놓자.
- 상사에게 일하는 시간을 줄일 생각이라고 얘기하고 최소한 일주일에 4일은 6시 30분까지 집으로 돌아올 수 있도록 하라.
- 아이 학교에서 부모님 참관수업을 위해 아침 일은 빠질 수 있도록 하라.
- 다시 한 번 배드민턴을 계속하도록 하자.
- 내가 대답할 수 없는 질문을 받았을 때 '잘 모르겠어'라고 말한다면 어떤 일이 벌어질지 확인해 보라.
- 부정적인 견해와 비판을 잘 정리해 이것을 배움의 기회로 삼아라.
- 다음 프로젝트에 투자할 시간을 정해 놓고 그 시간을 지키도록 하라.
- 급한 일이 생겨 시간 외 근무를 해야 할 때는 혼자서 다 해내려고 하기보다 사무실에 근무 당번 표를 만들어 두도록 하라.
- 전화를 받을 수 없는 상황에는 전화기를 꺼 두고 이메일로 답변하라.
- 스트레스와 압박감의 징후를 잘 지켜보고, 오래된 원칙들이 다시 떠오르려고 한다고 느낄 때에는 일어나서 주변을 산책해 보라.
- '충분히 잘 해냈어' 만으로도 충분하다는 것을 기억하라.

## 이 단원에서 꼭 숙지해야 할 것들

Essential take-home messages from this chapter

- 원칙들은 어렸을 때부터 계속해서 습득해 온 것이고 수년 동안 당신과 함께해 온 것이지만 평생을 당신과 함께해야만 하는 것은 아니다. 당신은 새롭고 좀 더 도움이 되는 현실적인 원칙들을 만들어 낼 수 있다.
- 도움이 안 되는 원칙들은 불합리한 기준과 실현 불가능한 기대감으로 당신을 실패하게 한다. 초인적인 힘을 발휘하길 바라면 보통 사람처럼 행동하면 기분이 상할 수밖에 없다.
- 원칙들은 바텀라인에 대처하는 방법을 나타내지만 그것을 바꾸는 데 도움이 되지는 못한다. 사실 원칙들은 제자리걸음만 시킬 뿐이다.
- 당신은 도움이 되지 않는 원칙들의 하나 혹은 몇몇의 장점에 너무 많은 비용을 지불하고 있다. 같은 정도의 보상을 얻기 위한 더 간단한 방법들이 얼마든지 있다.
- 때로는 자신의 요구와 필요가 가장 우선시 되거나 자제심을 잃더라도 당신은 스스로에게 만족할 수 있다.

### 교훈

당신이 항상 해 온 대로만 한다면 늘 얻었던 것만 얻을 것이다.

# 8

# 당신은 어떤 사람이 되고 싶은가

## WHO WOULD YOU LIKE TO BE

그동안 책에 나와 있는 대로 훈련을 잘 따랐다면 변화가 생기기 시작했음을 눈치 챘을 것이다. 이번 단원에서는 이러한 변화들을 통합해서 삶을 변화시켜 줄 새로운 바텀 라인New Bottom line을 만드는 과정을 알아볼 것이다. 새로운 바텀 라인은 오랫동안 자신의 사고방식과 행동을 지배해 온 부정적인 신념들을 대체 할 것이다. 만약 그게 정말 가능할까 의심하는 내면의 목소리가 들린다면 자신이 지금껏 얼마만큼 해냈는지를 돌아보는 시간이 필요하다. 다음은 부정적인 바텀 라인을 떨쳐내기 위해 자신이 이미 해 왔던 여러 과정들이다.

- 2단원에서는 부정적인 신념들이 어떻게 자라는지 배웠다. 인생 경험에 비추어 봤을 때 부정적인 신념이 만들어질 수밖에 없었다고 이해하더라도 이제 당신은 그러한 신념들이 사실이 아니라 '의견Opinion'에 불과하다는 것을 알고 있다. 자신에게 일어나는 일들에 대한 부정적인 생각이나 편견은 그러한 신념들을 계속 불러일으킨다. 그래서 당신은 인생에 잘 대

처하고 좀 더 나은 기분이 들기 위해 자신만의 특별한 삶의 원칙을 만들었다. 그러나 이 원칙은 길게 봤을 때 이점보다는 해가 더 많았으며 불안하고 일그러진 바텀 라인을 키워 왔다.

- 3단원에서는 자신이 세운 삶의 원칙이 무너질 위기에 있다고 느낄 때 최악의 상황을 예상하게 되고 이런 불안한 예측들이 자기비판적인 생각들을 유발할 수 있다는 것을 알았다.

- 4단원에서는 확실할 것만 같은 예측을 무조건 받아들이는 대신 불안한 예측에 질문을 던지고 스스로 시험해 보는 방법을 배웠다.

- 5단원에서는 기분을 안 좋게 만들고 자신감마저 떨어뜨리는 자기 내면의 비판 목소리를 줄이는 방법에 대해 알아보았다.

- 6단원에서는 매일의 일상 속에서 작은 즐거움과 성취감을 계획하는 것이 자신감을 키우는 데 얼마나 필요한지 배웠다.

- 7단원에서는 기존에 갖고 있던 삶의 원칙들이 왜 적절하지 않은지와 자신의 잠재력을 발휘하는 것을 어떤 식으로 방해하고 있었는가에 대해 알아보았다. 나아가 좀 더 현실적이고 스스로에게 도움이 되도록 원칙을 바꾸는 방법까지 배웠다.

이러한 과정을 거치면서 바텀 라인에 대한 자신의 신념을 조금씩 제거해 왔기 때문에, 처음 이 책을 읽기 시작했을 때보다 과거의 바텀 라인으로부터 스스로 많이 분리되었다고 느낄 것이다. 이미 몇몇 사람들은 자신감을 떨어뜨리는 자기비판적인 생각과 불안한 예측들의 악순환을 끊고 현실적이고 도움이 되는 삶의 원칙만을 받아들이게 됐다. 반면 어떤 이들은 여전히 부정적인 믿음을 바꾸기 어렵고 매일 생각과 행동에 변화를 주는 것을 힘들어하고 있다. 지금 당신이 어느 단계에 있건 간에 이번 단원은 낡고 부정적인 바텀 라인을 긍정적이고 확고한 믿음으로 바꾸는 과정을 알려주기에 매우 중요하다. 당신은 자기수용을 향한 여정을 거의 끝마쳤고 이번이 그 마지막 단계이다.

***이번 단원에서 당신은 …***

- 내면의 적을 바라보자! 바텀 라인에 집중함으로써 내면 깊은 곳에 있는 부정적인 믿음들을 알게 될 것이다.
- 좀 더 현실적인 새로운 바텀 라인New Bottom line을 만들 것이다.

당신은 이미 자신의 바텀 라인에 대해 잘 알고 있을 수도 있고 아니면 여전히 이해하기 어렵고 머릿속 한편에서만 떠돌고 있을 수도 있다. 이제는 쓰고 말로 표현하며 자신의 바텀 라인에 대한 명확한 정의를 내릴 때이다. 그리고 이번 단원에서 당신은 그에 필요한 모든 도구를 발견하게 될 것이다. 여기서 할 각각의 활동들은 조금씩 다른 접근법을 모두 시도해 볼 가치가 있다. 또한 이해 불가능한 감정들을 분명히 하는 데 도움을 주거나 지금까지 인식하지 못한 바텀 라인의 원리들을 밝혀줄 것이다.

이전 단원에서 삶의 원칙을 갖는 것이 가능하다는 것을 알게 되었다. 당신의 바텀 라인Bottom line도 마찬가지이다. 스스로를 열등하고 적응을 잘 못 하는 사람으로 생각한 Meena미나 처럼 한 가지 이상의 바텀 라인을 가질 수 있다. 이 경우에는 가장 바꾸길 원하는 것부터 시작해서 하나씩 체계적으로 풀어나가는 데 이번 단원을 이용하자. 단계를 거듭할 때마다 스스로가 얼마나 많은 것을 이루었는지 깨닫게 될 것이다.

### ♣ 직접해보기

**자신의 바텀 라인을 적어 보자.**

이번 활동의 최종 목표는 다음 문장을 완성하는 것이다.

나의 바텀 라인은 : '나는 …'

불안함과 자기비판적인 생각을 평가했을 때와 마찬가지로, 자신이 바텀 라인Bottom line을 어느 정도 믿고 있는지 213~214페이지에 나와 있는 '나의 바텀 라인 개선 표'에 기록해 보자.

당신은 기분이나 상황에 따라 어떤 특정한 날에 자신의 바텀 라인이 더 믿음직 하다는 것을 느낄 것이다. 왜냐하면 많은 과정을 거치면서 이제는 자신이 많은 압박감을 느끼거나 당황스러운 일이 생겼을 때에만 바텀 라인을 믿게 된다는 것을 알기 때문이다. 이제 매일 일상에서와 그 믿음이 가장 확신될 때 두 가지 상황으로 나누어 연습해 보는 것이 좀 더 도움이 될 것이다.

이 책에 나와 있는 모든 생각과 연습 활동들을 해 보았다면 처음 시작했을 때보다 자신의 바텀 라인이 변했다는 믿음이 생겼을 것이다. 그렇다면 책을 읽기 전까지 자신의 바텀 라인을 얼마나 강하게 믿고 있었는지 평가해 볼 수 있는가? 그리고 지금은 어떻게 변했는가? 자신이 시도했던 여러 노력 중에서 특히 어느 부분이 가장 큰 변화를 일으켰는지 알아볼 필요가 있다. 그것은 내면의 비판 목소리에 대항하는 것을 배우는 부분이었는가? 아니면 불안함을 유발한 원인은 알았지만 아직 최악의 두려운 상황은 일어나지 않았음을 알게 해주는 부분이었는가? 혹은 긍정적인 면에만 집중하며 자신도 행복할 권리가 있다고 스스로를 대하기 시작하는 부분이었는가? 인생의 새로운 원칙을 실생활에 적용해 보는 부분이었는가? 이렇듯 지금까지 자신에게 영향을 주었던 부분을 밝히는 작업은 앞으로도 어떻게 노력해야 할지를 말해 주기 때문에 매우 중요하다. 자신의 바텀 라인에 대한 믿음이 변할 때는 슬픔Sadness, 좌절Depression, 걱정Worry, 죄책감Guilt, 자포자기Desperation와 같은 감정들도 함께 변한다. 당신이 바텀 라인에 집중할 때 생기는 감정들이 처음 책을 접했을 때보다 훨씬 약해졌음을 느꼈다면 이것은 그동안 훈련을 잘 해왔다는 증거이다. 하지만 만일 이 훈련을 시작할 때부터 감정적인 벽에 부딪히게 된다면 다음의 단서들이 도움을 줄 것이다.

## 바텀 라인 검증을 도와주는 6가지 단서들

Six clues to help identify your Bottom Line

### 단서 1 : 나의 역사

지금쯤 당신은 자신감 부족의 원인이 대부분 과거의 기억들 때문임을 알고 있을 것이다. 자신의 주요 기억, 사건, 경험들을 떠올려 보고 그 실체들을 바텀 라인으로 통합하는 것이 가능한지 살펴보자. 유아나 청소년기의 어떤 기억이 떠올랐는가? 자신이 부족한 사람이라고 느끼게 한 일은 무엇이었는가? 학교에 가거나, 부모가 이혼한 때와 같이 스스로에 대한 감정이 변했던 인생의 특정 시기를 정확하게 꼬집어 볼 수 있는가? 스스로에게 엄격해질 때는 머릿속에 누구의 목소리가 들리는가? 그리고 그들은 무슨 말을 하는가?

### 단서 2 : 불안한 예측들

불안한 예측에 대해 알아봤던 4단원의 활동을 다시 한 번 살펴보자. 두려운 예측과 두려움이 사실이 되는 걸 멈추기 위해 자신의 바텀 라인에 대한 단서를 찾아야 한다. 최악의 상황이 일어났다고 가정해 보자. 당신은 어떤 사람이 되어 있는가? 예를 들어 62~64페이지에 나온 Tara타라의 경우 최악의 두려움은 친구들로부터 냉대받는 것이었다. 그래서 그녀는 모임 자리를 피하면 친구들이 '지루한 사람' 이라는 자신의 진짜 모습에 대해 알 수 없을 것이라 확신했다.불안한 예측이 현실이 되지 않게 하기 위해 어떤 자기 방어적 행동을 하는지 살펴보자. 만일 불안함의 원인이 다른 사람들이 생각하는 자신의 인상에 집중되어 있다면 예방책은 '진짜' 당신을 숨기는 데 있을 것이다. 그렇다면 진짜 당신은 무엇인가? 어떤 생각이 자신의 진짜 모습을 보여주기 두려운 마음이 들게 하는가?

### 단서 3 : 자기비판적인 생각들

5단원에서 내면의 비판 목소리에 맞서기 위해 자신이 한 일들을 돌아보자. 내면의 목소리는 바텀 라인과 직접적으로 연결되어 있다. 자기비판을 유발하는 일을 할 때 스스로를 어떻게 비판하는가? 비판에는 일정한 유형이 있는가? 자신의 머릿속에 무엇이 가장 먼저 떠오르는가? 멍청하다거나 나쁘다 등의 자기비판을 하게 되는 상황이나 행동은 무엇인가? 예를 들어 Paul폴은 매력적인 여성에게 말을 걸었을 때 그녀가 관심을 보이지 않으면 스스로를 한심한 사람이라고 생각했다. 왜냐하면 '나는 사랑받지 못하는 사람이야' 가 그의 부정적 바텀 라인이었기 때문이다.

### 단서 4 : 스스로에게 관대해지는 것을 막는 것은 무엇인가?

6단원에서는 자신의 장점을 나열하고 잘한 일에 대해서는 칭찬을 하는 등 스스로 애정을 가지고 대하면서 그 장점들이 제 역할을 하는지 관찰하는 데 초점을 두었다. 그 단원을 읽을 때 어떤 의구심이 떠올랐는가? 자신에 대한 좋은 점을 받아들이려고 할 때 내면에 어떠한 멈춤 표시가 나타났는가? 그리고 그 표시들이 보여주는 자신에 관한 신념은 무엇이었는가? Jackson잭슨은 자신이 숫자에 정확하다는 것을 자랑스럽게 여기지만 스스로를 칭찬하려고 애쓸 때는 '늘 완벽히 정확하지는 않아' 라는 생각이 머릿속에 끊임없이 떠올랐다. 그건 그의 부정적 바텀 라인이 '난 완벽하게 잘하지 못해' 였기 때문이다.

## 단서 5 : 삶의 원칙들

7단원에서는 삶의 원칙들을 밝혀 보았다. 어떤 경우에는 이 원칙들이 바텀 라인을 보여주는 단서가 되기도 한다. 자신의 원칙이 '만약 …' 이나 '~이지 않는 한' 으로 시작한다면, '그렇다면 …' 다음에 쓴 내용을 주의 깊게 살펴보자. 예를 들어 '만약 내가 실수를 한다면 난 무능한 것이다' 일 때, 갖고 있는 바텀 라인이 '난 무능한 사람이다' 임을 발견할 수 있다.

또는 '난 늘 뭔가를 성취해야만 한다, 그렇지 않으면 난 인생의 패배자다' 와 같이 자신의 원칙이 '난 ~를 해야만 한다' 로 시작한다면, '그렇지 않으면 …' 다음에 무엇이 오는지를 확인해 보자.

## 단서 6 : 하향식 화살 기법

7단원에서 배웠던 하향식 화살 기법이 삶의 원칙을 밝히는 데 유용했다면 바텀 라인에도 똑같이 적용할 수 있다.

- 자신에 대해 나쁜 감정이 생기는 한 가지 특정한 상황을 생각하자.
- 어떤 감정을 느꼈는가?
- 어떤 생각이 가장 힘이 있었는가?

이는 다음 질문들을 하기 위한 시작점이다.

어떤 생각이 가장 힘이 있었는가?

⬇

그 생각이 정확했다면 자신에 관한 무엇을 뜻하는가?

⬇

결국 그 생각은 자신에 대해 무엇을 말해 주는가?

⬇

그 생각이 사실이었다면 자신을 어떤 사람으로 만드는가?

⬇

그 생각은 자기 스스로에 대한 어떤 믿음을 나타내는가?

'나는…' 으로 시작하는 문장을 완성하는 것이 이번 활동의 최종 목표임을 기억하자. 만일 문장을 완성할 수 없다면 스스로에 대해 안 좋은 감정을 갖게 되는 또 다른 상황으로 다시 시작해 보자. 그리고 Charlotte샬롯이 이 하향식 화살 기법을 어떻게 활용했는지 확인해 보는 것도 도움이 될 것이다.

자신의 바텀 라인을 명확히 정의했다고 생각되면 213~214페이지에 나와 있는 '나의 바텀 라인 개선표' 에 적고 0에서 10까지 믿음 정도를 평가한다. 평가는 상황에 따라 다를 수 있다. 10은 완전한 믿음을 의미하고 5는 합당한 의심을 가지고 있다는 것, 1은 거의 믿지 못하는 것을 뜻한다.

## CHARLOTTE샬롯의 하향식 화살 기법

상황 : 직장 상사가 오늘 아침 엘리베이터에서 나를 알아보지 못했다.

감정 : 당황스러움, 걱정, 죄책감

생각 : 그는 분명 내가 한 어떤 일이 마음에 들지 않은 것이다.

⬇

그게 사실이라면 나에 관한 무엇을 뜻하는가?

⬇

내가 직장에서 일을 잘하지 못한다는 것을 뜻한다.

⬇

그것은 결국 자신에 대해 무엇을 말해주는가?

⬇

내가 이 일을 요행으로 얻었고 이제야 그가 진짜 나를 알아봤다.

⬇

만일 그렇다면 진짜 나는 어떤 사람인가?

⬇

일에 많은 비중을 두지 않는 사람

⬇

만일 사실이면 나라는 사람에 대한 스스로의 믿음에 어떤 의미인가?

⬇

나는 멍청이이다.

---

## 낡고 부정적인 바텀 라인 개선하기

Updating your old bottom line

이제는 부정적 바텀 라인에서 벗어나 조금 더 긍정적이고 유용한 새로운 바텀 라인을 만들 때이다. 만약 자신이 왜 그래야 하는지 의아함을 느끼고 이미 바텀 라인을 충분히 이해하고 있다고 생각한다면 다음을 한번 생각해 보자. 당신의 바텀 라인Bottom line은 가장 형편없는 자신의 모습을 확인시켜 주는 다양한 사진과 말, 좋지 않은 기억이나 경험으로 가득 찬 페이스북 페이지와 같다. 원할 때면 언제든 생각의 클릭 한 번으로 들어가 볼 수 있고 항상 그 자리에 있다. 하지만 지금까지 자신의 장점을 보여주는 기억이나 좋은 경험, 힘이 되는 생각들로 가득 찬 정신적 페이지는 없었다. 때문에 새로운 바텀 라인을 위해서는 새로운 페이지가 필요하며 앞으로 스스로에게 만족하는 기분이 필요할 때마다 꺼내서 읽어볼 수 있을 것이다.

새로운 바텀 라인은 '난 열등한 사람이 아닐 거야' 라며 예전 바텀 라인을 부정하는 것에서부터 '나도 다른 사람들만큼 훌륭한 사람이야' 처럼 긍정적인 바텀 라인을 지지해 주는 정보와 경험에 초점을 맞추는 데 도움을 준다. 또한 스스로에 대한 느낌, 자신에게 일어난 일들에 관한 생각과 관점을 바꿔 주기 때문에 인생을 살면서 긍정적인 면을 받아들이는 데 반드시 필요하다.

당신은 이미 마음속에 형태를 잡아가고 있는 새로운 바텀 라인을 갖고 있을 수도 있다. 자신의 자질, 장점이 무엇인가에 대해 알아본 6단원에서 적었던 메모를 다시 한 번 보자. 이러한 긍정적 내용을 모두 포함한 바텀 라인을 생각해볼 수 있는가? 자신의 장점을 인정하고 단점을 폭넓게 바라보게 하는 새로운 바텀 라인은 어떤 것인가?

### ♣ 직접 해 보기

### 〈새로운 바텀 라인 만들기〉

### ● 방법

새로운 바텀 라인에 대한 그림이 어느 정도 그려졌다면, 213~214페이지에 있는 '나의 바텀 라인 개선표' 에 추가해 보자. 그리고 과거 부정적 바텀 라인에 관한 신념을 평가한 것처럼, 새로운 바텀 라인을 얼마나 믿는지 평가해 본다. 만일 어떤 때에는 좀 더 혹은 덜 확신이 간다면 그러한 감정의 변화도 포함하자. 평가할 때는 집중해서, 어떤 감정이 떠오르고 얼마나 강하게 느껴지는지를 기록해야 한다. 자신이 작성한 표와 새로운 바텀 라인을 굳건하게 해

주는 증거들에 주목하며 신념이 어떻게 변하는지 확인해 보자.

## ● 이 활동이 잘 되도록 하기 위한 조언들

- **사적인 것으로 만들어라.** 자신의 '새로운 바텀 라인'을 스스로 이해하고 받아들여야 한다. 어떤 바텀 라인은 단순히 예전과 정반대일 수 있다. 예를 들면 '난 지루한 사람이다'에서 '난 다른 사람들만큼 재미있는 사람이다'로 바뀌거나 혹은 '내 감정보다 다른 사람들의 감정이 더 중요하다'가 '내 감정도 다른 사람들의 감정만큼이나 중요해'로 바뀌는 것이다. 반면 좀 더 복잡한 새로운 바텀 라인도 있다. 예를 들면 '난 뚱뚱하고 못생겼어'에서 '난 있는 그대로의 나 자신을 사랑하며 기분이 나아지기 위해 다른 사람의 인정은 필요하지 않아'가 되는 것이다. 또 다른 몇몇 바텀 라인들은앞의 두 가지 경우 사이에 있는데 정확한 표현은 이 책을 읽고 있는 자신이 내려야만 한다.

- **강요하지 마라.** 계속해서 심적 장애물에 부딪히더라도 걱정할 필요 없다. 이번 단원의 남은 부분을 계속 연습해 나간다면 새로운 바텀 라인에 대한 생각이 확고해질 것이다. 다음 문장의 빈 곳을 채워 보자 : '만약 내가 ~하지 않았다면 ~가 되고 싶다' 앞에는 한심하다거나 싫은 당신의 예전 바텀 라인을 채우고, 뒤에는 호감이 가거나 괜찮게 생각하는 새로운 바텀 라인을 넣는다. 그리고 실제로 시도해 보면서 점차 편하게 느껴지는지 관찰해보자. 만약 그렇지 않다면 다른 것을 시도해 봐야 한다.

- **현실성을 갖자.** 이 책은 당신이 현실적인 관점을 갖도록 도와주는 것이지 스펙트럼의 반대쪽처럼 부정적인 관점을 비현실적으로 긍정적인 면으

로 바꾸려는 것이 아니다. 결점과 약점을 자신의 일부분으로 받아들여서 계속 가지고 있을지 아니면 변화시킬지에 대한 것이지 한 사람으로서 자신의 모든 가치를 무시하기 위한 이유가 되어서는 안 된다. 어떤 것이든 100%가 되는 것은 불가능하다. 이제 당신이 아는 사람들에 대해 생각해 보자. 100% 호감이 가거나 재미있거나 참을성 있는 사람들이 있는가? 새로운 바텀 라인을 만들 때 이점만은 꼭 기억하자. 무조건 100%를 보여줄 필요는 없다. "이 정도면 만족스러워" 정도로도 충분하다.

만일 새로운 바텀 라인을 생각했지만 여전히 완전한 확신을 할 수 없더라도 걱정할 필요 없다. 당신은 한동안 부정적인 자아 신념을 가지고 살아왔기에 새로운 바텀 라인이 사실처럼 느껴지는 데에는 많은 시간과 연습이 필요하다. 지금까지는 책을 읽으면서 예전 바텀 라인의 근거들을 조금씩 잘라낸 정도였지만 이제는 완전히 뿌리 뽑을 때가 되었다. 여기 당신이 따라 해야 할 4단계가 있다.

## 새로운 바텀 라인을 만드는 4단계

Four steps to creating a new bottom line

### 【1단계】 자신의 낡고 오래된 '증거Evidence'들을 재평가하라

'부정적 바텀 라인을 믿는 이유' 라는 제목으로 편집된 자신만의 DVD를 다시 돌려 보면서 그 증거들을 검토해 보자. 당신의 생각과 기억에 있는 편견을 아는 지금, 자신의 '배경이 되는 이야기' 에 관한 다른 관점을 찾을 수 있겠는가? 이것은 자신의 과거를 지우거나 다시 쓰자는 말이 아니라 한발 물러서서 객관적인 관점을 갖자는 것이다. 즉, 새로운 사고방식으로 접근하게 된다면 과거의 일이 다르게 보일 수 있는지 그 가능성을 허용하자는 것이다.

부정적 바텀 라인을 뒷받침하는 '증거' 들은 단순히 과거의 인간 관계일 수도 있고 지난 사건과 최근의 일들이 합쳐진 것일 수도 있다. 그것이 어떤 형태이든 당신에게는 특별한 것이다. 또 어느 순간 갑자기 증거들이 떠오를 수도 있다. 그럴 때는 각각의 증거들을 자세히 들여다보고 어느 것이 자신의 바텀 라인을 뒷받침하는 진짜 증거인지 알아봐야 한다.

자신의 예전 바텀 라인을 잘 뒷받침해 준다고 생각하는 '증거' 를 찾아냈다면 213~214페이지에 있는 나의 바텀 라인 개선 표에 적어 보자. 그리고 이 증거들을 객관적으로 시험해 보면서 자신이 예전의 것과 새로운 바텀 라인을 어느 정도 믿는지 그것들을 생각하면 어떤 기분이 드는지 평가해 보자. 변화가 보이는가? 그렇다면 그 차이를 만든 건 무엇이었는가? 만일 그렇지 않았다면 당신이 찾지 못한 더 많은 증거가 있진 않은가?

## 오래된 '증거' : 힘든 시간들

Charlotte샬롯은 다른 빚과 함께 갚아야 할 학자금 융자가 너무 많아서 대학을 그만두었다. 그녀의 첫 직업은 보수가 적었고 그녀가 살던 도심부 아파트의 월세를 내는 데 한 달 수입의 대부분을 써야만 했다. Charlotte은 기본적인 공과금을 내기 위해 마이너스 통장까지 쓰면서 이리저리 돈을 긁어모아야만 했고 그렇게 한 달을 메우고 나면 다음 달까지 돈이 없어서 회사까지 걸어 다녔다. 물론 수백 명의 젊은이들이 겪는 일일 수 있지만, Charlotte에게 그것은 '한심한 사람' 이라는 자신의 바텀 라인에 대한 부인할 수 없는 증거였다. 그렇게 그녀는 자신의 상황을, 삶에서 극복해야 할 하나의 장애물이 아닌 나약함의 표시로 생각했다.

**재평가하자** : 문제와 어려움은 대개 수많은 요소들이 동시에 일어나면서 생기는 결과물이지만 때로는 아무런 이유 없이 일어나기도 한다. 하지만 이러한 문제나 어려움들이 결코 당신이 무능하다거나 기본적으로 잘못되었음을 나타내 주는 징후는 아니다. 어려운 시간을 겪고도 남의 이목을 끌만큼 능력이 좋은 사람들도 많기 때문이다. 만일 친구에게 어려운 일이 생겼다면 당신은 그 상황을 어떻게 재평가할 것인가? 혹은 자신이 상담사이고 사람들이 그 문제로 상담을 위해 찾아온다면 어떻게 할 것인가? 어렵고 힘든 상황에 대해 좀 더 관대하고 합리적인 설명을 생각해 보자.

### *오래된 '증거' : 도움이 필요하다*

자신의 문제를 혼자서만 해결하려고 하거나 다른 사람에게 도움을 청하는 것을 실패라고 생각하는가? 도움을 청하는 일은 실패가 아니라 다른 의견을 들어 보기 위한 것일 수도 있고, 가까운 사람들에게 자신의 일부분을 알리는 것일 수도 있다. Jackson잭슨의 상사가 제때 끝마쳐야 하는 큰 프로젝트의 보조 역할을 그에게 맡겼을 때, 그는 자신이 실패했거나 상사가 자신이 그 일을 잘 해내지 못한다고 생각하는 표시로 받아들였다. 하지만 사실 그의 상사는 Jackson에게 호의를 베풀고 있다고 생각하고 있었다.

**재평가하자** : 때로는 혼자서 일처리를 할 수 있다는 것이 유능한 것이지만 그렇다고 해서 도움을 요청하는 것이 나약함이나 무능력의 표시가 되는 것은 아니다. 다른 이들이 당신에게 도움과 지지를 요청했던 순간에 당신은 무슨 생각을 했는가? 그들을 한심한 사람이라고 결론지으며 하찮게 생각했는가? 아니면 그들의 요구가 합리적이고 이치에 맞는다고 여겼는가? 그렇다면 과거

자신이 도움이 필요했던 때를 왜 예전 바텀 라인을 뒷받침하는 증거로 생각하는가? 사실 당신을 생각해 주는 주변 사람들에게 도움을 요청하면 그들은 자신이 쓸모 있고 필요한 사람이 된 것처럼 느낄 수 있다. 또한 그것은 당신이 감성 지능의 소유자라는 증거가 될 수도 있다.

### 오래된 '증거' : 과거의 실패들

비눗방울 속처럼 현실과 동떨어진 곳에 살지 않는 한 분명히 당신은 신경질적이고 무책임하고 무모했던 순간이 있었을 것이다. 우리는 모두 인간이고 나약함을 가지고 있기에 매 순간 다 잘 할 수는 없다. 만일 자신이 건강한 자신감을 가지고 있다면 움츠러들어도 스스로 기운을 차리고 경험으로부터 무언가를 배우며 한 걸음 더 나아가게 될 것이다. 그러나 자신감이 부족하다면 자신을 나무라기 위해 기억을 사용하고 예전 바텀 라인을 뒷받침해 주는 부인할 수 없는 증거로 그것을 남겨 둘 것이다. 예를 들어 Meena미나는 회사 파티에서 긴장한 탓에 조금 많은 술을 마셨고 높은 구두 굽 때문에 바닥에 넘어져서 동료들의 도움을 받은 일이 있었다. 물론 그녀는 그 주 내내 사무실에서 웃음거리가 되었다. 하지만 그 농담들은 지나가는 가벼운 것들이었고 그녀가 넘어진 일도 곧 잊혀졌다. 하지만 Meena에게 그 사건은 자신이 열등하고 부적응자이기 때문에 분명 회사에서도 자신을 인정하지 않고 받아들이지 않을 것이라는 확고한 증거가 되어 버렸다.

**재평가하자** : 자신이 누구이고 무엇을 해야 하는지 혼란스러운가? 실수나 잘못 판단한 행동이 자신이 나쁜 사람이라는 것을 의미하진 않는다. 또 과거에 실패했다고 해서 영원한 패배자가 되는 것도 아니다. 당신은 그저 보통 사람

일 뿐이고 우리는 누구나 '시간을 되돌릴 수 있다면 그때와는 다르게 행동했을 텐데' 하는 후회를 가지고 있다.

하지만 과거는 당신의 일부가 아닌 그저 지나온 것일 뿐이다. 지금 이 순간, 현재 당신이 누구인가가 더 중요하다. 다음의 예를 생각해 보자. 만약 당신이 한 가지 좋은 일을 했다면 그것이 당신을 정말 좋은 사람으로 만들어 주는가? 그게 아니라면 단 한 가지 실수 때문에 자신이 정말 나쁜 사람이라고 스스로 비판하는 것은 어떠한가? 바텀 라인의 증거가 아니라 자신이 보통 사람이라는 증거로써 과거의 후회들을 생각할 수 있겠는가? 당시의 상황과 맥락도 염두에 두자. 자신이 말하고 했던 일들은 그 때의 상황에 비춰보면 불가피한 것이었거나 충분히 예측 가능한 일이었다. 누구든지 긴장하면 평소보다 술을 좀 더 마실 수 있고 어설퍼지기도 한다. 물론 스스로를 좀 더 너그럽게 대하라는 것이 과거의 실수를 상관없는 것처럼 여기고 그냥 잊어버리라는 뜻은 아니다. 그 실수에 관해 다른 측면에서 생각하는 법도 배우자는 것이다. 단지 한순간 멍청하고 무례한 행동을 했다고 해서 당신이 평생 멍청하고 무례한 사람이 되는 것은 아니다.

### *오래된 '증거' : 자신이 경험한 문제들을 구체화하자*

자신감이 강한 사람들은 자신이 완벽하진 않지만 끊임없이 변화하며 진보할 수 있다고 생각한다. 하지만 자신감이 없는 사람들은 완벽하지 않은 상태를 극복 가능한 문제가 아닌 자신들이 부족하고 모자란 증거로 여긴다. KEVIN케빈은 복잡한 융자신청서를 작성하면서 어려움을 겪었을 때, 이 경험을 자신의 멍청함의 증거라고 생각했다. 사실 그 신청서를 작성하는 것은 난독증이 없는 사람에게도 복잡하고 힘든 일이었음에도 말이다.

**재평가하자** : 당신은 똑같은 문제를 가지고 있는 친구들을 늘 그런 식으로 무시하고 비판할 것인가? 왜 당신은 자신이 직면한 어려움을 모두 스스로가 부족하고 잘못한 증거로 확신하는가? 잘 잊어버리는 것, 항상 늦는 것, 대화를 잘 못하는 것 역시 당신의 바텀 라인이 정확하다는 증거인가? 그것은 정상적인 것이고 자신이 좀 더 나아지고 싶어하는 점을 깨닫고 있는 보통 사람임을 나타낼 뿐이다. 스스로에게 좀 더 관대한 접근을 하는 것은 자신을 한발 앞으로 나아갈 수 있게 도와주고 발길을 잡는 내면의 비판 목소리를 줄여 주는 데에도 도움이 될 것이다.

## 오래된 '증거' : 자신을 바라보는 방식

자신의 몸을 포토샵Photoshop으로 쉽게 수정할 수 있다면 어떤 부분을 바꾸겠는가? 지방을 없애고 복근을 만들겠는가? 코를 줄이고 피부를 좋게 하고 치아를 고르게 만들겠는가? 누구나 자신의 외모 중 바꾸고 싶은 부분이 있다. 하지만 자신감이 부족한 사람이라면 잠깐 꿈꿔 보는 정도를 넘어설 것이다. 당신은 당신 마음에 들지 않는 몸의 일부를 응시하다가 그 곳을 마음에 들게 고치지 않는 한 절대 행복해질 수 없고 사람들에게 100% 인정받지 못할 거라고 확신한 적이 있는가? Nicki니키의 바텀 라인은 특정 몸무게 즉, 그녀가 바라는 몸무게 이하가 되는 데에 있었다. 체중계 눈금이 70kg 이하면 그 날은 기분이 괜찮았다. 그러나 그보다 조금이라도 더 나가는 날이면 기분이 곤두박질치면서 스스로가 아무런 매력도 없는 사람처럼 느껴졌다. 비록 하루 전에는 스스로에게 만족감을 느꼈지만 지금은 자신이 뚱뚱하고 못생겼다는 증거를 가지게 된 것이다.

**재평가하자** : 사람들은 자신감을 키우기 위해 다양한 상자 앞에 서 있다. 만일 자신이 원하는 상자를 얻지 못하면 당신은 자신에 관한 부정적인 믿음 앞에 속수무책인 기분이 들 것이다. 그런데 당신이 얻고자 하는 상자는 단지 외모만이 아니다. 일적인 부분에서도 마찬가지이다. 성공을 위해 경력을 쌓으려고 할 때 자신이 잘못한다는 의미를 담은 쓸모없는 상자를 고르지 않기란 꽤 어렵다. 이렇듯 완전히 자신의 통제 하에 있지 않은 것들까지 자신감에 의지하는 것은 언제든 자신감을 잃기 쉽도록 만들고 과거 바텀 라인을 증명하는 증거만을 갖게 된다. 만일 자신감이 외모에 달렸다면 단순히 나이가 드는 것만으로도 자신이 열등하고 매력적이지 않다는 바텀 라인을 뒷받침하게 될 것이다. 혹은 좋은 엄마가 되는 것에 모든 만족을 느낀다면 아이들이 집을 떠나게 될 때쯤 '나는 쓸모없게 되었다'라는 생각을 갖기 쉽다.

이러한 증거들을 재평가하기 위해 122페이지 자신의 장점 목록을 다시 한 번 보자. 그 목록의 많은 특징과 장점, 재능들이 자신감의 근원이 되지 않았는가? 유명인이 아닌 실제로 자신이 아는 사람들 중에 존경하는 사람들을 떠올려 보고 그들로부터 가치 있다고 생각하는 점들을 적어 보자. 아마 그들의 용기, 활발함, 평정심을 유지할 수 있는 능력 등이 될 것이다. 그렇다면 이제 자신이 그것을 가치 있게 여기는 이유를 생각해 보자. 자신의 옷장이 얼마나 멋진 옷으로 가득 찼는지 날씬한지 혹은 집이 항상 멋지게 보이는지가 과연 얼마나 중요한 것인가?

Nicki[니키]의 자신감은 온통 그녀의 몸무게에 달려 있었다. 하지만 유머 감각, 사람에 대한 관심과 애정, 뛰어난 요리 실력, 일할 때의 창의성과 문제 해결 능력 등 스스로가 가진 장점들을 나열했을 때, 그녀는 저울의 눈금이 아니라 이러한 것들이 자신이 누구인지를 말해주는 진짜 증거임을 알게 되었다. 또한 자신이 좋아하고 존경하는 사람들의 목록을 만들고 그들의 매력이 무엇인지를 적어 보았다. 마르고 날씬하다는 것은 거의 눈에 띄지 않았고 가장 눈에 띄는 장점은 유머 감각, 신뢰성, 상식 등이었다. 이러한 연습을 통해 Nicki는 몸무게만이 아닌 진짜 자신을 받아들이기 시작하는 큰 변화가 생겼다.

## 오래된 '증거' : 개인의 차이들

당신이 얼마나 재미있고 매력적이고 똑똑하건 간에 당신보다 훨씬 더 재미있고 더 매력적이고 똑똑한 사람을 분명 발견하게 될 것이다. 자신감이 부족한 사람은 자신과 다른 사람들을 비교하는 경향이 있고 그들이 발견한 것을 자신의 바텀 라인을 뒷받침하는 증거로 본다. 예를 들면 Paul폴은 늘 직장에서 듣는 다른 사람들의 생활과 자신의 생활을 비교하면서 '난 가진 게 없는 사람'이라고 느낀다. 이렇듯 Paul은 자신만의 특별한 인생을 펼치는 것이 아니라 남과 비교하며 '나는 사랑받을 수 없다' 고 생각하는 잘못된 방식을 사용했다.

**재평가하자** : 남들이 어떤 부분에서 더 뛰어나다고 해서 당신이 그것을 잘 못한다는 것을 뜻하지는 않는다. 항상 누군가는 더 큰 집에서 안정적인 생활을 하고 더 멋진 직업과 매력적인 외모를 갖고 있기 마련이다. 하지만 그 누구도 모든 면에서 뛰어나지는 않다. 럭비 선수와 발레리나, 의료 종사자를 비교할 때 과연 누가 더 적임자고 기술이 좋고 능력이 있는지 말할 수 있는가? 당신은 뒤로 한발 물러나서 자신과 다른 사람들의 차이점을 찾아볼 수 있겠는가?

## *오래된 '증거' : 다른 사람들의 행동*

당신이 바텀 라인을 세우는 데 중심 역할을 했던 가족, 친구, 사회 등 주변 사람들에 의해 아이 취급을 받았던 것을 알고 있다. 만약 당신이 나쁜 대우를 받은 것이 스스로 나쁜 사람이기 때문이라고 여기며 자랐다면 어른이 되어서 마주했던 불편한 대우들 역시 자신의 부정적 증거 목록에 추가될 것이다. 무례한 판매원이나 기분이 안 좋은 동료, 사려 깊지 못한 배우자, 믿을 수 없는 친구 모두가 당신이 나쁜 사람이고 그런 대우를 받아도 된다는 증거가 된다.

**재평가하자** : 다른 사람이 당신에게 무례하게 굴거나 부정적으로 반응한다면 당신은 '난 그럴 만한 사람이고 어떤 식으로든 내가 그것을 유발했을 거야' 라고 생각할 것이다. 이는 자신에게 무례하고 공격적이고 성질 나쁜 사람이 다른 이에게는 천사 같고 정중하게 대하는 것처럼 생각하게 만든다. 배우자의 경우를 예로 들어보자. 배우자가 나보다 다른 사람들을 더 친절하게 대하는 것 같다면 이것은 배우자의 잘못인가 아니면 내 잘못인가? 자신의 자존심을 다른 사람들의 감정과 행동 탓으로 돌리는 것은 그것을 날씨 탓으로 돌리는 것과 마찬가지이다.

당신도 분명 비슷한 수준의 통제력을 가지고 있지만 그 통제력은 비논리적이다. 만약 같은 오후에 어떤 사람은 당신의 자신감을 추켜세워 주며 친절히 대하고, 다른 사람은 당신의 자신감을 무너뜨리면서 자신을 모욕한다면, 이것은 무엇을 말해주는가? 이것이 괜찮다고 생각하는가?

당신의 바텀 라인 속에 '난 남들이 싫어하는 사람이야, 인정받을 만한 가치가 없어' 등의 내용이 포함되어 있다면 세상 어느 누구라도 모든 사람의 호감을 얻고 항상 인정받는 것은 아니므로 당신은 자신의 부정적 바텀 라인을 뒷받침할 증거들이 결코 부족하지 않을 것이다. 솔직히 말해서 당신은 만나는 모든 사람들을 좋아하는가? 그러면서 왜 모든 사람들이 자신을 좋아하기를 바라는가? 모두를 즐겁게 하는 것은 인간 카멜레온이 되지 않는 한 불가능한 일이다. 만약 주기적으로 연락하는 특정 사람이 당신에 대해 부정적인 믿음을 갖고 있다면 그들이 왜 그럴지 개인적인 감정에서 한발 물러나서 생각해 보아라. 만일 그 사람이 배우자나 부모와 같은 가까운 사람이거나 선생님, 상사와 같은 권위자라면 한발 물러나서 보는 것이 쉽지는 않다.

하지만 당신이 그들 인생에 포함되어 있든지 없든지 간에 적어도 그들이 나쁘게 행동할 가능성을 상상해 볼 수 있지 않는가? 그들은 모든 사람들에게 비판적인가 아니면 당신에게만 그러는가? 아마도 그들의 기본 감정은 냉소거나 불신일 것이다. 혹은 스트레스를 받고 있거나 술이나 약물 남용의 문제, 병을 가지고 있을 수도 있다.

## 오래된 '증거': 당신의 아이들의 행동

8살 된 내 아이가 다른 친구를 때리고 왔다면 당신은 '그건 내 잘못이야' 또는 '내가 아이에게 관심이 부족했구나' 라는 생각이 가장 먼저 들 것이다. 혹은 13살 된 자신의 아이가 파티에서 술에 취에 왔다면 무슨 생각을 하겠는가? '내가 잘 지켜봤어야만 했어' 는 아닌가? 16살 된 딸이 섭식 장애를 가지고 있다면 당신은 내가 무엇을 잘못했는지부터 고민하고 있지 않은가? 좋은 부모가 되는 것은 결코 쉽지 않다. 하지만 당신이 자신감이 부족하다면 아이가 길을 잘못 들었을 때 그것을 자신의 부정적 바텀 라인을 뒷받침하는 증거로 여기며 스스로를 비판하게 된다.

**재평가하자** : 부모가 되면 죄책감을 갖거나 자기비판을 하게 되는 일이 많이

생긴다. 때문에 항상 완벽한 부모가 된다는 것은 불가능하다. 하지만 기적이 일어나거나 요행으로 당신이 이 세상의 첫 번째 완벽한 부모가 된다고 하더라도 완벽한 아이를 낳지 못할 가능성이 여전히 존재한다. 이런 식으로 다른 인간의 감정이나 행동, 태도를 조절한다는 것은 불가능하다. 결국 아이가 특정 나이가 되었을 때 당신은 더 이상 아이와 매일 매 순간을 함께할 수는 없게 된다. 아이들이 나이가 들어 갈수록 친구나 선생님 또는 대중매체로부터의 영향들이 그들의 관심을 차지할 것이다. 아이의 행동에 기대하는 당신의 바텀 라인은 스스로에게 실패감을 줄 뿐 아니라 아이에게도 좋지 않다. 당신의 자아가치가 위태로울 때 문제에 과잉 반응을 보이지 않기란 어려운 일이다. 따라서 그것은 악순환을 만들게 되고 화나 실망감 때문에 더 다루기 어려운 태도를 유발할 수 있다. 책임감 있는 부모가 되고 아이를 향해 한계를 정하고 한결같고, 항상 열려 있고, 든든하고, 여유가 있고 애정이 있는 부모가 되는 것, 이것은 모두 스스로 만족하는 기분을 느끼게 하는 이유들이다. 하지만 당신의 자신감의 근거를 아이가 학교에서 잘하는지 문제는 없는지 좋은 진로를 선택하는지와 같은 것에 둔다는 것은 합당하지 않은 일이다.

### 【2단계】 새로운 증거를 수집하라

이제 당신은 자신의 오래된 증거들이 상당히 신뢰할 수 없는 것이고 새로운 대안을 찾을 필요가 있다는 것을 알게 되었다. 설사 자신의 새로운 바텀 라인을 완벽히 마무리 짓지 못했더라도 좋은 증거 모으기를 시작할 수는 있다. 새로운 증거들은 낡고 오래된 바텀 라인을 약화시키는 데 도움이 되고 마음속에 자리 잡고 있는 새로운 바텀 라인을 확고히 해주는 데도 도움을 줄 것이다.

앞서 2단원의 '생각 필터'를 떠올려 보자. 당신이 주위 세상을 바라볼 때 생기는 편견들이 어떻게 당신을 바텀 라인을 지지하는 정보들에만 집중하게 하고 그것에 반박하는 정보는 걸러내게 했는지를 기억하라. 이제 적극적으로 정반대로 시도해 보면서 자신의 오래된 바텀 라인을 직접적으로 반박하는 정보를 기록하고 자신에 대한 좀 더 현실적이고 긍정적인 관점을 뒷받침할 때이다. 먼저 자신이 찾고 있는 것을 정확히 골라 보아라. 이것은 당신의 예전 바텀 라인에 달려 있다. 예를 들어 만일 당신의 예전 바텀 라인이 '나는 외톨이야' 그리고 새로운 바텀 라인이 '나는 괜찮은 사람이야' 라면, 당신이 찾고 있는 것은 위원회에 선발된다거나 공적인 행사에 초청된다거나 당신의 조언이나 의견을 구해 온다거나 하는 당신이 괜찮은 사람이라는 증거이다. 혹은 만일 당신의 예전 바텀 라인이 '나는 사랑 받지 못해' 이고 새로운 바텀 라인이 '나는 사랑 받을 만한 사람이야' 라면, 당신이 필요한 것은 생일날 많은 카드를 받는다거나 친구가 안아 준다거나 자신의 세 살된 아이가 사랑한다고 말해 준다거나 하는 등 자신이 사랑받고 있다는 증거를 모으는 것이다.

당신이 찾고 있는 증거는 낡고 오래된 바텀 라인이 시대에 뒤떨어지고 잘못된 것임을 밝힐 뿐 아니라 새로운 바텀 라인이 현실적이고 믿을 만한 것임을 뒷받침해 줄 수 있어야 한다. 앞서 2단원에서 만났던 사람들이 이 활동을 했을 때 무엇을 얻었는지 다음 표를 보도록 하자.

### 새로운 바텀 라인의 증거

| | 예전 바텀 라인 | 새로운 바텀 라인 | 새로운 바텀 라인을 뒷받침하는 증거 |
|---|---|---|---|
| CHARLOTTE 샬롯 | 나는 진지하지 않고 한심한 사람이다 | 나는 있는 그대로의 나이고 그것만으로도 괜찮다 | 내 디자인 등 내가 이루어 온 것들<br>내 업적 – 대회에서 꽤 잘 해냈다<br>내 동기 – 건강한 먹거리를 먹고 몸매를 유지하려고 노력한다<br>나의 관계 – 나를 그들 자신의 삶에 포함시키려고 하는 좋은 사람들을 갖는 것<br>나의 장점들 |
| KEVIN 케빈 | 나는 멍청하다 | 나는 적응력이 빠르다 | 난독증이 있음에도 인생에서 성공한 방법<br>모든 상황에서 최선을 다하는 능력<br>사람들과 함께 일하면서 좋은 분위기를 만드는 능력 |

| | 예전<br>바텀 라인 | 새로운<br>바텀 라인 | 새로운 바텀 라인을<br>뒷받침하는 증거 |
|---|---|---|---|
| NICKI 니키 | 나는 뚱뚱하고 못생겼다 | 나는 있는 그대로도 매력적이다 | 외모와는 상관없이 내가 가지고 있는 장점들 (매일 적어두었던 장점 목록)<br><br>내가 매력적이라고 말해 주는 남자와의 결혼 생활<br><br>항상 내게 미소 짓고 내 농담에 웃어 주고, 나를 만나는 것을 좋아해서 내 옆에 함께 있는 사람들처럼 나에게 따뜻하게 대해주는 사람들 |
| ANNA애나 | 나는 하찮은 사람이다 | 나는 중요한 사람이다 | 나의 장점들 (계속해서 기록해 둘 것)<br><br>나의 새 아파트나 친구들, 일과 같은 내가 가지는 것이 마땅한 인생의 좋은 일들<br><br>음악에 대한 열정과 피아노를 잘 연주하기 위한 동기<br><br>해로운 관계를 끝내는 용기 |

| | 예전 바텀 라인 | 새로운 바텀 라인 | 새로운 바텀 라인을 뒷받침하는 증거 |
|---|---|---|---|
| PAUL폴 | 나는 사랑 받지 못하는 사람이다 | 나는 사랑 받는 사람이다 | 좋은 친구들과 내 생일파티를 계획한다거나, 나에게 전화를 한다거나, 같이 휴가를 가자고 하는 등 그들이 나를 신경 쓰고 있다고 보여주는 것들<br><br>나의 충성심이나 사려깊음, 책임감 있게 행동하는 등 내가 사랑받을 만한 사람이라는 것을 의미하는 내 안의 장점들 |
| MEENA미나 | 나는 열등하다<br><br>나는 부적응자다 | 나는 가치 있는 사람이다<br><br>나는 내 위치를 가지고 있다 | 나를 위해 항상 그 자리에 있어주는 사람들<br><br>사람들을 편안하게 해주는 능력<br><br>일이 너무 많다고 얘기했을 때 내 상사의 지지와 긍정적인 반응<br><br>나의 장점 목록 |

| | 예전 바탕 라인 | 새로운 바탕 라인 | 새로운 바탕 라인을 뒷받침하는 증거 |
|---|---|---|---|
| JACKSON잭슨 | 나는 훌륭하지 않다 | 나는 충분히 훌륭하다 | 사람들의 참여나 나의 열정에 자극받은 모습 등 내가 나를 자유롭게 풀어줬을 때 사람들의 긍정적인 반응들<br><br>파티에서 나의 재미있는 이야기에 웃어주는 사람들<br><br>작업하는 시간에 제약을 두었음에도 따냈던 마지막 계약<br><br>아내와 아이들, 친구의 사랑<br><br>나의 부모님은 결국 나를 자랑스러워한다고 얘기했다 |
| CAROL캐롤 | 나는 무능하다 | 나는 능력이 있다 | 전 상사로부터의 빛나는 추천서와 일을 잘했던 시간들<br><br>새로운 직장에 나를 추천해주는 동료들<br><br>상담사로 재교육 받을 수 있는 코스에 합격한 것과 다른 사람을 돕기 위해 사용할 내 경험들 |

## 【3단계】 당신의 이론들을 시험해 봐라

이제 또 테스트를 해 볼 시간이다. 만약 당신이 새로운 바텀 라인에 대해 좋은 생각을 가지고 있다면 이제 다 끝났다는 생각이 들기 시작할 것이다. 물론 오랜 길을 걸어 왔다는 것은 사실이지만 지금 포기하는 것은 마라톤에서 결승점이 눈에 들어오기 직전에 그만두는 것과 같다. 자신의 새로운 바텀 라인이 무의식의 일부가 되어서 생각하고 행동하고 느끼는 모든 방식에 영향을 주고 있다는 것을 확신하기 위해 당신은 의지할 만한 약간의 긍정적인 경험을 얻는 것이 필요하다. 이제 당신의 새로운 바텀 라인들이 사실인 것처럼 행동하는 실험을 통해 그동안 낮은 자신감이 당신 주변에 만들어둔 벽을 허물 시간이다. 불안한 예측의 유효성을 시험하고 자기비판적인 생각에 대항하고 인생의 새로운 원칙을 시험해 보기 위해 실험을 했었다면 이제 다음에 무엇이 나올지 이미 알 것이다. 만일 이것을 하는데 불안하거나 두려운 생각이 든다 해도 걱정하지 마라. 당황하지 말고 책을 덮고 다른 일을 하려고 변명하지도 말자. 대신, 자신이 다르게 행동하는 걸 상상해 보고, 새로운 상황을 시도하거나 다른 사람들 앞에서 진짜 당신이 된다는 걸 상상했을 때 마음속을 가로지르는 생각들을 냉정하게 지켜보려고 노력하자. 그러면 감정들 뒤에 숨어 있는 불안한 예측과 자기비판적인 생각들을 발견할 가능성도 있다. 만일 그렇다면 실험을 시작하기 전에 당신의 예상과 자기비판적인 생각에 좀 더 현실적인 대안을 생각해 두어라.

실험을 할 것인지 결정했는가? 자신에 대한 새로운 관점을 뒷받침할 경험들을 찾아보자. 불안한 예측을 다룰 때 피했던 상황에서 아이디어를 얻을 수 있을 것이다. 혹은 자기 인정과 삶에 대한 보상과 즐거움을 만들 때 했던 작업에서 영감을 얻을 수도 있다. 그러한 작업들이 올바른 경험들을 찾는 데 어떻게 도움을 줄 수 있을까? 여기 2단원에 나왔던 사람들의 실험 예가 있다.

## 나의 새로운 바텀 라인에 대한 실험

| | 새로운 바텀 라인 | 새로운 바텀 라인을 뒷받침하는 증거 |
|---|---|---|
| CHARLOTTE샬롯 | 나는 있는 그대로의 나이고 그것만으로도 괜찮다 | 부모님께 나의 새 디자인이 나오는 다음 시즌 패션쇼에 오시도록 부탁드린다<br>나 자신을 위한 보상과 즐거움을 준비한다<br>인생 계획이라는 저녁 수업을 신청했다 |
| KEVIN케빈 | 나는 적응력이 빠르다 | 난독증을 극복하기 위해 지역의 성인 교육과정을 찾고 있다<br>문제가 없는 척하려고 애쓰기보다 사람들에게 문제를 얘기한다<br>상사에게 진급에 관해 얘기한다 |
| NICKI니키 | 나는 있는 그대로도 매력적이다 | 매일 아침 몸무게 재는 것을 그만둔다<br>쇼핑을 가서 내 몸을 감추거나 사람들이 사이즈에 관심을 보이지 않을 것 같은 옷보다는 내가 정말 좋아하는 옷을 고른다<br>다음 달에 있는 결혼식에 가서 끝줄에 앉아 보기만 하는 것 대신 일어나서 춤을 춘다 |
| ANNA애나 | 나는 중요한 사람이다 | 필요할 때는 사람들에게 도움을 요청한다<br>사람들이 기분이 어떤지 물어볼 때 항상 괜찮은 척하지 않고, 내가 그들의 시간과 관심을 받을 자격이 있다는 듯 행동한다<br>다음 달 내 생일은 내가 좋아하는 식당에서 함께 하자고 친구들에게 이야기해 본다 |

| | 새로운 바텀 라인 | 새로운 바텀 라인을 뒷받침하는 증거 |
|---|---|---|
| PAUL폴 | 나는 사랑 받는 사람이다 | Helen헬렌에게 데이트를 신청하고 얼마나 그녀를 좋아하는지 고백한다<br><br>나의 과거에 대해 좀 더 마음을 연다<br><br>내가 믿는 사람들이 다가오기만을 기다리는 것보다 내가 먼저 다가간다 |
| MEENA미나 | 나는 가치 있는 사람이다<br><br>나는 내 위치를 가지고 있다 | 미팅에서 의견을 말하고 다른 사람들이 먼저 채어 가기 전에 내 생각을 표현한다. 생각들을 적어두고 상사에게 제안한다<br><br>상사가 일을 너무 많이 줄 때는 얘기를 한다<br><br>하루에 최소한 한 시간이라도 편안하게 쉬거나 즐거운 일을 한다 |
| JACKSON잭슨 | 나는 충분히 훌륭하다 | 작업과 서류를 준비하는 시간을 줄인다<br><br>매일 6시 30분에는 퇴근한다<br><br>질문에 대답할 수 없을 때는 모른다고 말한다 |
| CAROL캐롤 | 난 능력이 있다 | 직장 변호사에게 불공정한 해고에 대한 소송에 관해 얘기한다<br><br>이력서를 새롭게 쓰고 일자리를 구하기 시작한다 |

그렇지 않으면 당신의 새로운 바텀 라인을 가진 사람을 마음속에 그려 보고 그들이 직장이나 사교 활동, 가까운 관계에서 매일매일 어떻게 행동할지를 생각해 보자. 당신은 일상에서 이러한 것들 중 하나라도 작은 실험으로써 시도해 볼 수 있겠는가?

### 【4단계】 모든 것을 합쳐 본다

당신의 생각들을 나의 바텀 라인 개선하기 작업 표Updating Bottom Line Worksheet에 추가하라. 당신의 실험들 중 가장 나은 것을 찾기 위해서는 당신의 실험들을 다시 훑어보고 어떻게 진행되었는지를 메모해야 한다. 이것은 자신의 마음속에서 단호한 증거가 되고, 새로운 바텀 라인을 확신시켜 주는 새로운 경험 모음 중 일부가 될 것이다. 당신의 새로운 방식이 태도로 잘 자리잡힐 때, 그것을 당신의 긍정 노트에 추가하고 언제든 자극이 필요할 때 다시 읽을 수 있도록 하자.

## 나의 바텀 라인 개선표 Updating bottom line worksheet

나의 예전 바텀 라인 :

| | 믿음 | 감정 (0~10) |
|---|---|---|
| 예전 바텀 라인이 가장 확신을 줄 때 | ______ % | ______ |
| 가장 덜 확신을 줄 때 | ______ % | ______ |
| 내가 이 책을 시작했을 때 | ______ % | ______ |

나의 새로운 바텀 라인 :

| | 믿음 | 감정 (0~10) |
|---|---|---|
| 새로운 바텀 라인이 가장 확신을 줄 때 | ______ % | ______ |
| 가장 덜 확신을 줄 때 | ______ % | ______ |
| 내가 이 책을 시작했을 때 | ______ % | ______ |

나의 예전 바텀 라인에 대한 증거와 새로운 해석

| 증거 | 새로운 해석 |
|---|---|
| | |

이러한 새로운 해석을 고려했을 때 나는 이제

나의 예전 바텀 라인을 믿는다 : ______ %

이러한 새로운 해석을 고려했을 때 나는

새로운 바텀 라인을 믿는다 : ______ %

| 나의 새로운 바텀 라인을 뒷받침해 주는 예전이든 현재의 것이든 증거<br><br><br><br>이러한 증거를 고려했을 때 나는 이제<br>나의 예전 바텀 라인을 믿는다 : ______ %<br>이러한 증거를 고려했을 때 나는<br>새로운 바텀 라인을 믿는다 : ______ % |
|---|
| 나의 새로운 바텀 라인에 대한 증거로써 인지된 것들<br><br><br> |
| 시험해 보기<br><br><br> |

## MEENA미나의 바텀 라인 개선표 Updating bottom line worksheet

나의 예전 바텀 라인 : 나는 열등하다 / 나는 부적응자다

| | 믿음 | 감정 (0~10) |
|---|---|---|
| 예전 바텀 라인이 가장 확신을 줄 때 | 95 % | 불안감 9 절망감 9 |
| 가장 덜 확신을 줄 때 | 30 % | 불안감 4 절망감 3 |
| 내가 이 책을 시작했을 때 | 75 % | 불안감 7.5 절망감 6 |

나의 새로운 바텀 라인 : 나는 가치 있는 사람이다/나의 위치를 가지고 있다

| | 믿음 | 감정 (0~10) |
|---|---|---|
| 새로운 바텀 라인이 가장 확신을 줄 때 | 50 % | 자신감 7.5 만족감 6 |
| 가장 덜 확신을 줄 때 | 30 % | 자신감 1 만족감 1 |
| 내가 이 책을 시작했을 때 | 0 % | 자신감 0 만족감 0 |

나의 예전 바텀 라인에 대한 증거와 새로운 해석

| 증거 | 새로운 해석 |
|---|---|
| 나는 한 번도 학교에서 잘 어울려 본 적이 없다. | 나는 부끄럼이 많았고 학교에 있는 사람들은 우리와 같은 부류가 아니라는 부모님의 태도는 도움이 되지 않았다. 그리고 내가 말할 때 다른 여자애들도 전혀 반응을 보이지 않았다. |
| 직장에서 승진되지 못했다. | 아직 승진할 시기가 오지 않았다. |
| | 내 앞에서 승진한 사람들은 다른 일을 하고 있었다. |
| | 지금까지 나는 잘 보이는 곳에 나를 드러낼 만큼 자신감을 가져본 적이 없었다. 이미 나는 바뀌고 있다. |

| 내가 처음으로 진지하게 생각했던 남자 친구가 나를 찼다. | 그는 그 이후로도 그가 만났던 모든 여자들을 찼고 누군가와 오래 만난적이 한 번도 없다. |
|---|---|

이러한 새로운 해석을 고려했을 때, 나는 이제

나의 예전 바텀 라인을 믿는다 : 30 %

이러한 새로운 해석을 고려했을 때, 나는

나의 새로운 바텀 라인을 믿는다 : 75 %

나의 새로운 바텀 라인을 뒷받침해 주는 예전이든 현재의 것이든 증거

우리 부모님은 나를 사랑했고 나에게 좀 더 나은 삶을 살게 하기 위해서 할 수 있는 모든 걸 하셨다.

하지만 그들은 자신의 자신감 문제를 나에게 물려주었다.

나는 학교에서 멋진 아이들과 어울리진 못했다, 하지만 오늘까지도 연락을 하고 지내는 좋은 친구들을 만들었다.

나는 괜찮은 광고대행사에 일자리를 구했고 나의 상사가 나를 가치 있게 생각하고 나에게 의지한다는 것을 알고 있다.

나는 작년에 다른 에이전시로의 이직을 권하는 헤드헌터의 연락을 받았다.

나는 정말로 나를 생각해주는 좋은 친구들이 많이 있다.

나의 가장 친한 친구는 내가 다른 사람들을 편하게 해주고 모두가 말할 수 있게 들어주는 멋진 저녁식사 초대 손님이라고 얘기해 주었다.

이러한 증거를 고려했을 때 나는 이제

나의 예전 바텀 라인을 믿는다 : 20 %

이러한 증거를 고려했을 때 나는

나의 새로운 바텀 라인을 믿는다 : 85 %

| 나의 새로운 바텀 라인에 대한 증거로써 인지된 것들 |
| --- |
| 내가 신경 쓰는 사람들이 정말 나와 연락하길 원하는 것처럼 나에게 전화하고 문자와 이메일을 보낸다.<br>새롭게 만나는 사람들은 내가 말하는 것에 관심을 보이고 다시 만나기를 제안한다.<br>직장에서 나의 상사는 나의 의견을 경청한다. |
| **시험해 보기** |
| 일이 너무 많다고 느낄 때나 다른 사람들이 내 생각을 가로채서 인정을 받을 때, 좀 더 적극적으로 행동해야 한다.<br>내가 생각한 것을 말할 용기를 가지고 결과를 지켜보아라.<br>나 자신을 위한 선물과 즐거움을 계획하라.<br>지역의 육상 동호회에 가입하고 운동하고 야외활동을 하면서 관심사를 공유할 남자를 만나라.<br>승진 기회가 있는지에 관해 상사와 얘기하라. |

- **하룻밤의 기적을 바라지 마라.** 만일 당신의 예전 바텀 라인이 그 자리에 그대로 있다면 시간이 좀 더 걸릴 것이다. 새로운 것에 대한 확신이 강해지도록 인내와 연습이 필요하다. 당신의 새로운 바텀 라인을 완전히 확신한다고 느끼기까지는 시간이 조금 걸릴지도 모른다. 하지만 당신이 그것을 믿는 것처럼 행동하기 위해서 아주 조금이라도 태도를 바꾸는 것은 도움이 될 것이다.

- **당신은 정리가 필요하다!** 예전 바텀 라인을 뒷받침하는 데 사용했던 어둡고 우울하고 자신감을 무너뜨리는 증거들은 던져 버려라. 당신은 더 이상 그증거들이 필요 없다. 대신에 바텀 라인을 뒷받침하고 자신감이 자라도록 희망과 기운을 북돋아주는 긍정적인 증거로 대체하라.

## 이 단원에서 꼭 숙지해야 할 것들

Essential take-home messages from this chapter

- 자신감을 키우는 것은 '나는 진짜 거의 완벽해' 와 같이 부풀려진 바텀 라인을 만드는 것이 아니다. 또한 여기에 나온 연습들은 긍정적인 생각의 힘을 말하는 것이 아니다. 따라서 당신은 스스로에게 '매일 모든 면에서 나는 점점 더 좋아지고 있어' 라고 얘기할 필요는 없다. 모든 연습과 훈련은 진짜 세상에서 살아가는 것에 관한 것이다. 자신감이 있다는 것은 자신의 나약함이나 단점에 대해 얼버무리는 것을 뜻하거나 더 이상 개선을 위한 자리가 없는 척하거나 더 배울 것이 없다는 것을 말하는 것이 아니다. 진정한 자신감은 현실적이고 자신의 나약함과 강점, 장점과 단점의 균형을 맞추며 왜곡되지 않은 관점을 가지는 것을 뜻한다.

**교훈**

만약 당신이 항상 사랑받고, 유능하고, 가치 있고, 늘 똑똑하거나 매력적이었다면, 당신은 그 정도의 완벽함을 이룬 유일한 인간이었을 것이다.

# 9

# 미래를 설계하라

SHAPE YOUR FUTURE

책의 막바지에 다다랐기에 당신은 자신의 인생에 큰 변화가 생기고 있음을 느끼고 있을 수도 있다. 이제 스스로에 대해 얻은 통찰력이 의식 속에 밝게 빛나고 있고, 결코 예전의 부정적 바텀 라인으로는 돌아가지 않겠다고 생각할 것이다. 하지만 이러한 통찰력과 새로운 바텀 라인은 책을 덮고 다시 일상으로 돌아갔을 때는 사라질 수도 있다. 또 많은 것을 배웠다는 느낌이 들지만 여전히 자신을 향한 새로운 사고방식과 행동은 실체가 없다. 특히 당신이 오랫동안 자신감이 부족한 채로 살았고, 이 점이 인생을 설계하는 데 큰 역할을 해왔다면 더더욱 그렇다.

***이번 단원에서 당신은 …***

- 자신감을 보호하는 계획서 Self-Confidence Protection Plan 작성 방법을 배울 것이다. 이 계획서는 지금껏 책에서 배운 것들을 통합하고, 새로운 바텀 라인이 미래의 사고방식과 행동의 중심에 있도록 도와줄 것이다.
- 자꾸만 과거로 돌아가려 할 때 해야 할 일과 지금까지 자신이 이룬 변화들이 얼마나 자기에게 잘 맞는지 빠르게 살펴볼 것이다.

## 퍼즐 조각들이 얼마나 잘 맞는가
How the jigsaw fits together

책을 읽는 동안 당신은 많은 것을 해냈다! 자신감 부족이 어디서 비롯되었는지를 알고, 부정적으로 생각하는 습관에 의문을 제기했다. 또 다양한 실험과 새로운 삶의 원칙을 시도했을 뿐 아니라 바텀 라인까지 새롭게 만들었다. 하지만 이 모든 것들이 당신에게 얼마나 잘 맞는가? 다음 흐름도를 살펴보자.

**자신감을 갖기까지 나의 여정** My journey to Confidence

사람들과의 관계나 사건 등 어떤 경험들이
나의 부정적 바텀 라인에 씨를 뿌렸는가?
부정적인 바텀 라인이 계속 자랄 수 있도록 도움을 준 것은 무엇인가?
스스로를 낮게 평가하는 것을 뒷받침했던 증거는 무엇이었는가?

⬇

**삶의 원칙 변화시키기** Changing my rules for living

과거 삶의 원칙은 무엇이었는가?
그것들은 나를 어떻게 방해했는가?

어떤 원칙이 나에게 잘 적용되었는가?

난 그것을 어떻게 시험해 보았는가?

⬇

**자신의 예전 바텀 라인 밝혀 보기** Identifying my old bottom line

부정적인 신념 중 특히 어떤 것이 나에게 가장 중요하고 깊게 작용했는가?

어떤 증거 evidence 가 그것을 믿게 하였는가?

이러한 증거에 대한 나의 새로운 관점은 무엇인가?

⬇

**새로운 바텀 라인 만들기** Creating a new bottom line

좀 더 현실적이고 나에게 도움이 되는 바텀 라인은 무엇인가?

새로운 바텀 라인을 지지하고,

예전 것을 부정할 수 있는 증거는 무엇인가?

새로운 바텀 라인이 잘 적용되고 있음을 보여주는 변화는 무엇인가?

## 악순환을 끝내자!

The end of the vicious circle

이제 다시는 스스로에 대한 나쁜 생각을 하지 않을 것이라고 보장할 수 없다. 특정 상황이나 사람들 때문에 과거의 부정적 바텀 라인이 또 튀어나올 수도 있다. 하지만 이제 당신은 낮은 자신감의 악순환을 유발하는 불안한 생각이나 기분저하를 막을 효과적인 정지 버튼을 갖고 있다.

어떤 감정, 생각, 태도는 예전 바텀 라인을 상기시키기도 한다.

| 부정적 예측들 | 도움이 안 되는 행동 | 자기비판적인 생각 |
| --- | --- | --- |
| 멈춰라! 확인하고 질문하고 실험해 보자. | 멈춰라! 피하려는 것과 마주하며 불필요한 예방책을 버리고, 성공에만 집중하라. | 멈춰라! 확인하고 질문하라. 자신을 격려하고 칭찬하며, 가치 있는 사람처럼 대하라. 자신의 장점을 인지하고, 성취한 것에 대한 공로를 인정하라. |

결론 : 걱정과 좌절의 싹을 빨리 자르면, 예전 바텀 라인은 약해진다.

## 위기를 미리 예방하자

Do some risk-prevention

스트레스를 받거나 기분이 안 좋거나 피곤할 때 당신은 예전의 부정적 바텀 라인이 서서히 반복되는 느낌을 받을지도 모른다. 자신을 향한 비판의 말들이 마음속을 지나갈 수도 있고, 생각이 부정적으로 변하거나, 잘못되고 있는 것에만 집중하게 될 수도 있다. 또한 태도도 미묘하게 변하기 시작할 것이다. 과거 바텀 라인에 의존하며 더 열심히 일하도록 스스로를 다그칠 수도 있고, 사회적으로 위축되고 매일 몸무게를 재던 때로 돌아가는 것이다. 휴식과 재미를 위해 시간을 내는 것을 멈출 수도 있다. 물론 스스로에게 지금은 단지 바쁜 것일 뿐이라고 얘기하지만 기분과 함께 자존심도 떨어질 것이다.

그러나 이것은 일반적이라는 것을 깨닫자. 이제 당신은 자신감을 저하시키는 악순환의 고리를 깨는 방법을 알고 있으므로 전혀 당황할 필요가 없다. 또한 과거로의 역행이 언제든지 일어날 가능성이 크다는 사실을 받아들여야 한다. 과거와 달리 지금은 예전 바텀 라인이 돌아온다는 초기의 경고 표시를 알아채고, 가능한 한 빨리 예전 바텀 라인에 멈춤 사인을 내밀 수 있다. 결국 당신은 '나는 예전의 바텀 라인이 돌아오는 게 필요하지 않아', '나에겐 아무 소용없어' 라고 간단하게 생각할 수 있는 정도에 다다르게 될 것이다. 도전에 직면하는 것이 항상 나쁘지는 않다. 자신감이 일시적으로 떨어질 때마다 당신은 무언가를 배우게 되는데, 그것은 건강하고 새로운 바텀 라인의 깊이와 넓이를 더해주는 데 도움이 될 수도 있다. 하지만 어느 정도 미래 계획을 세우는 것도 좋다. 위기상황을 예측함으로써 감정의 기복과 혼란을 최소화할 수 있기 때문이다. 이를 위한 한 가지 방법은 자신의 새로운 생각들을 통합하고, 자신감 보호 계획을 세우고 미리 좌절에 대한 대비를 하는 것이다.

### ♣ 직접 해 보기

#### 1. 자신감 보호 계획

자신감 보호계획은 228~231페이지에 있는 '직접 해 보기 : 7가지 중대한 질문에 대답하기' 처럼 2페이지 짜리 문서가 될 것이다. 읽기 쉬운 형식에 이 책에서 배운 모든 내용을 담은 커닝 페이퍼와 같다. 새로운 생각과 통찰력은 스스로 정말 믿을지라도 의식에서 멀어질 수 있다. 자신감 보호 계획은 일상생활을 하는 동안에도 새로운 바텀 라인과 사고방식을 강화하는 방법이다. 이 계획을 제대로만 한다면 자신에게 가장 강력한 힘을 발휘할 것이다.

## 2. 방법

**초안 1** : 7가지 중요 질문에 대한 대답을 가능한 자세하게 종이에 적어 보자. 이것은 자신감 보호 계획의 초안이 될 것이다. 그동안 책을 보면서 해왔던 메모들, 특히 작업표와 긍정 노트를 잘 보고 중요한 것을 빠뜨리지 않았는지 살펴보자. 다 작성했다면 이것을 2~3주 동안 직접 실행해 보고, 마지막 날 그것에 대해 다시 검토하는 시간을 갖는다.

- 지금 당장 일기나 달력에 자신이 검토한 날짜와 시간을 적어라. 미루거나 잊지 말고 꼭 해야 한다. 이것은 자신을 위해 매우 중요한 일이며 해 볼 만한 가치가 있다.

**초안 2** : 첫 번째 초안의 성공을 검토하라. 당신의 계획이 얼마나 도움이 되었는가? 또 실행에 옮겼을 때 어떻게 작용했는가? 실생활에 옮길 수 없었던 것도 있었는가? 혹은 도움이 될 만한데 빠진 것도 있었는가? 수정할 부분을 모두 작성하는 것이 두 번째 초안이 된다. 최소 3달 후의 검토 날짜를 일기에 적어 두고, 두 번째 초안을 실행해 본다.

**초안 3** : 두 번째 테스트 기간이 끝나면 마지막 검토를 할 때이다. 오랜 기간을 두고, 자신의 계획이 얼마나 도움이 되었는지를 확인했는가? 계획들이 자신에게 필요한 지지를 해줬다고 느끼는가? 자신감에 어떤 차이를 만들었는가? 그것은 자신이 훌륭하게 해낸 일들을 통합시켜 주었는가? 자신감 성장에 어떤 식으로든 영향을 주었다고 느끼는가? 계획이 좌절을 효과적으로 다룰 수 있도록 도와주었는가? 아니면 만일의 사태에 대비한 또 다른 계획이 필요한가? 당신은 또 다른 어떤 변화를 만들기를 원하는가?

## 이것이 잘 되기 위한 조언

- 초안을 만들고 시험해 보는 것은 귀찮은 일일 수도 있다. 당신은 검토를 건너뛸 생각을 하거나, 한 번에 잘해낼 수 있다고 확신할지도 모른다. 만일 검토하고 싶지 않다면 첫 번째 초안으로 끝내도록 하라. 그나마 자신감 보호 계획이 전혀 없는 것보다는 낫다. 아니면 한 번의 검토를 거쳐서 잘 되었다면 당신의 두 번째 초안이 마지막 초안이 될 수도 있다. 하지만 나중에 자신이 예전 버릇에 빠지려 하거나, 계획에 약간의 빈틈이 있어서 다시 한 번 검토를 해야 할 가능성도 있다. 따라서 어떤 변화든 스스로 동의하는 한정된 기간 동안 반드시 실행, 검토하고 다시 써 보도록 하라.

- 변화에 대비하라. 당신이 매우 정확한 수정 구슬을 갖고 있지 않는 한, 자신감 보호 계획이 주변의 모든 변화와 좌절을 예상할 수는 없다. 따라서 원칙적으로 당신은 계속해서 초안을 작성해야만 한다. 그것이 지금 당장 얼마나 노움이 되건 시간이 흐르고 인생이 진행될수록 계획이 시대에 뒤떨어지게 됨을 느낄 것이다. 미래의 어느 순간에는 새로운 관계나 당신이 맡게 되는 새로운 역할을 고려해서 계획을 수정할 준비를 해라. 최고의 자신감 보호 계획은 융통성이 있어야 한다.

- 검토하기 좋은 상황을 만들어라! 자신이 좋아하는 카페나 식당에서 점심을 먹거나, 집안의 평화로운 장소나 방해받지 않고 시간을 보낼 수 있는 곳을 찾아라.

- 똑똑하게 굴어라. 7가지 중대한 질문에 대답을 시작하기 전에 다음의 조언을 따르고, 계획을 작성할 때처럼 마음 한페이지에 똑똑한 원칙SMART rules을 유지할 수 있도록 하라.

**S** : 간단Simple하면서도 구체적Specific인가? 계획서가 2장 이하인가?

**M** : 측정 가능Measurable한가? 자신이 계획한 것을 이루었는지를 어떻게 측정할 수 있는가? 계획을 6달 동안 실행한 후에 자신이 어떤 것을 느끼기를 기대하는지 적어라. 일상생활은 어떠할 것인가? 당신이 지금 하고 있지 않은 어떤 것을 하고 있을 가능성이 있는가?

**A** : 합의Agreed되었는가? 자신의 계획이 주변 사람들에게 어떻게 영향을 줄지 생각해 본 적이 있는가? 당신은 그들의 지지를 얻었는가?

**R** : 현실적Realistic인가? 시간, 재정, 신체적 심리적 건강 상태, 친구, 가족과 동료들의 지원 정도를 모두 고려한 계획인가?

**T** : 기간은 합리적Timescale인가? 계획을 실행에 옮기는 데 하루에 얼마나 많은 시간이 필요한가? 그 계획이 잘 돌아가는지를 평가하기 위해 검토하는 데는 시간이 얼마나 필요한가?

## 당신의 변화는 주변에 얼마나 영향을 미치는가?

How changes in you affect those around you

당신의 변화는 필연적으로 가장 가까운 사람들에게 영향을 미친다. 물론 당신의 변화가 긍정적이고 삶의 질을 높여 주는 것이므로 그 파급효과로 인해 주변 사람들의 삶 역시 혜택을 볼 것이다. 하지만 사람들이 새로운 당신에게 익숙해지는 동안 처음에는 약간의 조정 기간이 있을 수도 있다. 특히나 감정을 좀 더 표현하는 등 적극적이게 되는 당신의 변화들은 주변 사람들이 미처 예상하지 못했을 때는 당황스럽고 심지어는 두려운 일일 수도 있다. 따라서 지인들을 변화에 참여시켜서 그들이 무엇을 예상해야 하는지를 알게 하자. 아마도 당신이 자신감을 키우기 위해 노력하고 있고, 그들의 도움과 인내가 필요하다는 것을 설명할 수 있을 것이다.

만일 자신이 좋아하는 일과 집안일에 좀 더 많은 시간을 줄 필요가 있다고 결정했다면, 가족들에게 왜 변화가 필요한가를 잘 설명하고 그들이 구체적으로 해야 할 일을 설명할 필요가 있다. 물론 가족들이 처음에는 당신의 제안을 따르는 것을 꺼릴 수도 있고, 그들이 제안을 제대로 이해할 때까지는 자신이 어떤 일이 일어나길 원하는지 몇 번이고 얘기해야 할 수도 있음을 고려해야 한다. 물론 직접적으로 다른 이들을 참여시키고 싶지 않을지라도 자신의 변화가 주변 사람들에게 미치는 영향을 생각해 볼 가치는 있다. 그들이 어떤 식으로든 부정적으로 행동할 것 같은가? 당신은 무엇을 예감하는가? 그리고 부정적인 반응들은 어떻게 다룰 것인가?

### ♣ 직접 해 보기

#### 7가지 중요한 질문에 대답하기

이 질문에 대한 대답이 자신감 보호계획을 구성할 것이다. 설명과 함께 몇 페이지 뒤에 있는 Paul의 계획을 보는 것도 도움이 될 것이다.

1. 자신감 성장을 방해한 것은 무엇인가?
2. 자신감을 떨어뜨린 요인은 무엇인가?
3. 이 책을 통해서 배운 것은 무엇인가?
4. 나에게 가장 도움이 되지 않는 생각, 원칙, 신념들을 찾았다면 그것을 대신할 어떤 것을 찾았는가?
5. 자신감을 키우기 위해 스스로에게 어떤 도움을 줄 수 있는가?
6. 나의 위험 지대는 무엇인가?
7. 좌절에 직면했을 때 나는 무엇을 할 수 있을까?

### Q1〉 자신감 성장을 방해한 것은 무엇인가?

7단원의 166~167페이지에서 작성했던 배경 이야기를 다시 한 번 보자. 더 추가할 내용이 있다고 느껴진다면 지금 다시 써 본다. 자신감이 자연스럽게 자라는 걸 막는다거나, 예전 바텀 라인을 그대로 유지하는 사건, 경험, 관계들에 관한 짧은 개요를 내용에 포함한다.

### Q2〉 자신감을 떨어뜨린 요인은 무엇인가?

자신이 괜찮다고 느끼기 위해 어떤 도움이 안 되는 삶의 원칙들을 만들었는가? 당신의 사고방식이 어떻게 자신감을 저하시켰는가? 자기비판적인 생각과 불안한 예측은 무엇이었는가? 그동안 무시하고 못 본 척했던 당신의 긍정적인 면들은 무엇인가? 불안한 예측이 비현실적임을 배우지 못하게 막는 자기 방어적인 태도는 무엇인가?

### Q3〉 이 책을 통해서 배운 것은 무엇인가?

지금까지 배운 것을 검토하고 가장 흥미로운 것, 정곡을 찌르는 생각만 뽑자. 어떤 연습과 내용이 가장 만족스러웠는가? 어떤 새로운 습관을 배웠는가?

### Q4〉 나에게 가장 도움이 되지는 않는 생각, 원칙, 신념들을 찾았다면 그것을 대신할 것을 찾았는가?

종이 한가운데에 수직으로 선을 긋고 왼쪽에는 '도움이 되지 않는 생각들', 다른 쪽에는 '긍정적인 대안들' 이라고 제목을 붙인다. 왼쪽에는 불안한 예측, 자기비판적인 생각, 인생에 전혀 도움이 되지 않는 원칙, 과거 바텀 라인을 쓰고 오른쪽에는 각각 도움이 되는 대안들을 간결하게 써 보자.

## Q5〉 자신감을 키우기 위해 스스로에게 어떤 도움을 줄 수 있는가?

미래에 더 많은 통찰력, 이해, 배움을 얻기 위해 무엇을 할 필요가 있는가? 완전한 자신감을 키우기 위해 여전히 필요한 일은 무엇인가? 주위 세상을 이해하는 방법에 관해 더 많은 것을 배울 필요가 있는가? 책의 특정 부분으로 돌아가서 몇몇 부분을 다시 한 번 보고 연습할 필요가 있는가? 혹은 다른 책을 더 읽도록 자극을 받을 수도 있고 일대일 온라인 트레이닝에 관해 궁금증이 생길 수도 있다. 다음은 숙고해 봐야 할 몇몇 견해들이다.

- 자신감 저하가 어떻게 생겼는지, 그리고 무엇이 그것을 지속시켰는지 이해하는 데 불분명한 부분이 있는가? 만일 그렇다면 분석을 어떻게 시작할 것인가?
- 여전히 불안감을 느끼게 하는 특정한 상황이 있지만 그 이유를 확신할 수 없는 것이 있는가? 자기 내면에서 무슨 일이 일어나는지 어떻게 알 수 있는가? 솔직해지자. 자신이 여전히 자기 방어적인 예방책을 가지고 접근해야 하는 상황들이 있는가? 그러한 예방책들은 어떻게 하면 포기할 수 있는가? 나중에도 당신을 불안하게 만드는 상황에 직면할 가능성은 매우 높다. 그런 상황에 어떻게 대처할 것인가?
- 자기비판적인 생각들이 자리 잡기 전에 마음속의 레이더가 어떻게 그것을 감지하도록 할 것인가? 자신의 오래된 습관들이 슬금슬금 돌아온다는 첫 신호는 무엇인가?
- 바쁠 때도 당신은 끊임없이 자신을 격려하고 장점, 기술, 강점을 인정하겠는가? 자기 확신을 위해 장점 노트를 계속 이용할 필요가 있는가? 시간이 없는 날에도 최소한 예전에 작성한 몇 장이라도 살펴볼 수 있겠는가?
- 당신은 일상의 업무, 잡일Chore, 의무Obligation 등을 포함한 '성과'를 뜻하는 'A' 활동들과, 즐거움과 편안함을 뜻하는 'P' 활동의 균형을 매일

잘 유지하는 것이 쉽다고 생각하는가? 자신의 긍정 노트를 다시 한 번 살펴보자. 만일 스트레스를 받을 때 균형 유지가 더 어렵다면 얼마간의 장래 계획이 도움되는가?

- 자신의 삶의 원칙들이 스스로에게 얼마나 확신을 준다고 생각하는가? 여전히 새로운 원칙이 좋은 것인지 확신하지 못하거나 잘 작용하는 데 어려움을 겪는다면 그 원칙들을 믿고 받아들이기 위해 할 일은 무엇인가? 원칙 바꾸기 작업 표를 다시 읽어 보는 것이 도움이 되는가?
- 어떻게 하면 새로운 바텀 라인에 대한 믿음을 굳건하게 할 수 있을까? 자신이 불행하다고 느끼거나 스트레스를 받을 때 당신을 어떻게 보호할 수 있는가? 매일 관심을 두고 주목할 필요가 있는 자신에 대한 작은 실마리들은 무엇인가? 바텀 라인 개선하기 작업 표를 다시 읽는 것이 도움이 될 것인가? 끊임없이 자신의 한계를 밀어내기 위해, 일상 속에 심어 둘 작은 실험들은 무엇인가?

## Q6〉 나의 위험 지대는 무엇인가?

과거의 부정적 감정이나 자신감 저하를 불러올 수도 있는 미래의 어떤 상황을 예상할 수 있는가? 앞서 3단원에서 과거에 당신의 예전 바텀 라인을 활성화시킨 것은 무엇인가에 대해 작성했던 메모는 여기서 도움이 될 수 있을 것이다. 개인적인 위험 지대는 무엇이고, 인생에서 가장 취약한 분야는 무엇인가? 몇몇 일반적인 위험 지대는 질병, 관계에서 겪는 어려움, 돈 문제, 자신의 바텀 라인을 무너뜨리는 특정한 가족 구성원과 시간을 보내는 것 등이다. 그러나 미리 경고했던 것은 대비할 수 있다. 예전 감정을 완전히 막을 수는 없지만 자신이 과잉반응하지 않고, 그 감정들에 사로잡히지 않게 하기 위한 준비가 되었다는 것을 확인할 수는 있다.

### Q7〉 좌절에 직면했을 때 나는 무엇을 할 수 있을까?

우선 자신의 초기경고 시스템이 보내는 신호Signal를 무시하지 마라. 아무 일도 일어나지 않은 듯 행동하는 것은 솔깃한 일이다. 하지만 여기서 당신은 멈춰서서 생각하고 약간의 변화를 만들 필요가 있다. 스트레스 수치가 올라가거나 자기비판적인 생각이 생기거나, 오래된 습관이 다시 나타났을 때, 당신은 정말로 어떤 일이 벌어지고 있는지를 알 필요가 있다. 스스로에게 왜 3일 연속으로 오후 산책을 건너뛰었는지 물어보아라. 정말 바빠서였는지 아니면 나 자신을 돌보는 것을 최우선으로 생각하는 것을 멈췄기 때문인지를 물어보자. 내가 왜 그랬을까? 지난주에 내 몸무게에 관해 엄마가 한 말이 정곡을 찔렀던 것일까? 혹은 만약 당신이 배우자와 다투고 나서, 자신의 진짜 감정에 관해 입을 다물고 최소한의 반응만 하기로 했다면, 스스로에게 나의 요구가 중요하지 않다고 생각하게 하는 건 무엇인지 물어봐라. 예전 바텀 라인의 그림자가 다시 되돌아온 것일까? 만일 그렇다고 의심된다면 나중으로 미루지 말고 지금 당장 행동에 옮겨라. 매 순간이 중요하다.

## 만일 절망을 경험한다면 무엇을 해야 할까

What to do if you experience a setback

예전 바텀 라인이 당신 삶으로 되돌아오고 있다는 초기경고 표시를 알아챘다면 어떻게 할 것인가?

- 냉정함을 유지하라! 당신은 이미 믿을 수 없을 만큼 긴 여정을 거쳤고 오는 동안 많은 불안과 장애물이 있었다. 하지만 당신이 바른 방향으로 계속 가고 있는 한 괜찮다. 선견지명을 가지려고 노력하자. 당신은 이미 먼 길을 걸어왔고 결코 왔던 길로 돌아가지 않을 것이다. 자신 안의 무언가

가 움직였고, 그것이 커다란 변화를 만들었다. 하지만 이제 당신은 세상에 대한 새로운 시각을 키울 필요가 있고 특히, 자신이 상처 받기 쉬울 때 오랜 습관으로부터 당신을 보호할 필요가 있다. 이는 곧 늦기 전에 행동해야 하는 것을 말한다. 만일 직장에서 당황스러운 경험을 했다면 조용한 곳을 찾아서 10분 동안 자신의 긍정 노트를 다시 읽어 봐라. 친구나 배우자와 말다툼을 했다면 잠시 시간을 갖고 긴장을 풀어 주듯 스스로의 몸을 쉬게 해 주어라. 그 후 자신의 장점 목록을 다시 읽어 보아라. 이 때 상상력을 발휘하면 각각의 활동을 더 적극적으로 할 수 있다.

- **연습활동을 다시 해 본다.** 만약 자신이 불안한 예측 상태로 들어갔다면, 불안 예측 표Anxious Predictions Worksheet를 다시 채워 보자. 예측한 대로 해 보고, 좀 더 현실적인 대안을 생각한 다음, 대안을 시험해 볼 실험 방법을 찾아보자. 자신을 위해 시간을 내는 데 죄책감이 들고 인생이 어디로 가는지 모르겠다는 기분이 드는가? 매일의 활동 일기를 다시 쓰면서 자신에게 즐거움과 성취감을 주는 것들이 포함되어 있는지 확인한다. 이 활동들은 퇴보가 아니라 자신이 지금까지 배운 것을 통합하는 것이다.

- **한발 더 나아가라.** 만약 좌절을 겪는다면 일대일 치료법을 생각해 본다. 이 책에 나와 있는 대로 했음에도 여전히 전문적인 도움이 필요하다고 느낀다고 해서 실패한 것이 아니다. 당신이 이 책에 나와 있는 생각들이 마음에 들고, 그 생각들이 자신에게 잘 작용한다고 생각되면 인지 행동 치료사가 당신을 앞으로 한발 더 나아가게 도와줄 것이다.

## PAUL폴의 자신감 보호 계획

**이것은 PAUL이 생각해 낸 계획이다.**

### 1. 자신감 성장을 방해한 것은 무엇인가?

어머니는 내가 태어났을 때 나와 유대감을 형성하는 데 어려움을 겪었다. 난 몇 주 동안 인큐베이터에 있었고 부모님은 내가 죽을지도 모른다고 생각했다. 내가 집으로 돌아왔을 때에도 어머니는 혹시라도 내가 죽을까봐 늘 노심초사 했고 결국 산후 우울증을 겪었다. 우울증 탓에 어머니는 내가 우는 것과 수유문제에 제대로 대처할 수 없었다. 게다가 그녀는 매우 어렸고 아버지가 일하는 동안 나와 난 둘이서 시간을 보내야 했다. 내가 자랄수록 아버지는 대부분의 저녁 시간을 술집에서 보냈고, 부모님은 떨어져 지내기 시작했다. 두 분의 별거는 어머니에게 더 많은 스트레스를 주었고, 세상과 단절되는 기분을 일으키는 약을 복용하며 내 어린 시절 내부분을 흐리멍텅한 상태로 있었다. 나는 엄마가 나에게 충분한 관심과 사랑을 주지 않는 것이 다 내 잘못이고, 난 사랑받지 못하는 사람이라고 생각하며 자랐다. 이것이 나의 바텀 라인이었다. 이러한 생각이 자리잡을 때쯤, 나의 바텀 라인을 확신시켜주는 일들이 일어났다. 거의 엄마처럼 여기고 따랐던 할머니가 열 살 때 돌아가셨고 곧 부모님은 이혼하셨다. 아버지는 나와 연락하려는 어떤 노력도 하지 않았으며, 어머니는 곧 건강을 되찾고 재혼해서 두 명의 아이를 낳았다. 하지만 그녀가 나에게 주지 않았던 관심과 보살핌, 애정을 그 아이들에게 쏟는 것을 보며 역시 모든 것이 내 잘못이었고 나는 사랑 받지 못한다는 것을 더 확인하게되었다.

## 2. 자신감을 떨어뜨린 요인은 무엇인가?

나는 내가 정말 사랑 받지 못하는 사람이었다는 듯이 살았다. 나와 다른 사람들 사이에 벽을 쌓았다. 아이였을 때는 나만의 틀에 갇혀서 방에서 책을 읽으며 대부분 시간을 혼자 보냈다. 결코 남에게 부탁해 본 적이 없었고 그들에게 내 기분을 말한 적도 없었다. 나는 무엇을 고치는 것에 능했고 새로운 기술도 잘 쓸 줄 알았지만, 갱들과 어울려 다니고 그들 중 하나로 생활하기도 했다. 하지만 결코 친구들과 가까이 지내지는 않았는데, 만일 가까워지면 그들이 내가 사랑 받지 못하는 사람이었다는 걸 알게 될 것으로 생각했다. 친구들이 여자 아이들에게 데이트를 신청할 때는 나 혼자만 거절당할 것이라 생각했기 때문에 관심 없는 척하기도 했다. 친구들과 파티나 클럽에 가는 것보다 집에 틀어박혀 공부하곤 했다. 대학에 들어가서야 나는 친구를 사귀었고 남들처럼 술도 마시고 파티에도 갔다. 하지만 여자들이 나와 가까워지고 싶어하는 듯 보이면, 벽을 만들어 여자들을 밀어냈고, 아무도 내가 얼마나 사랑 받지 못하는 사람인지 알 기회를 가질 수 없었다.

## 3. 이 책을 통해서 배운 것은 무엇인가?

나의 어린 시절 경험과 부모님의 사랑이 부족했던 걸로 비추어 볼 때, 나의 예전 바텀 라인은 이해할 만한 것이었다. 하지만 그것이 내가 그럴 만하다는 것이나 내가 어떤 식으로든 원인을 만들었다는 것을 의미하지는 않는다. 그건 단순히 운이 없는 일이었을 뿐이고 불행했던 사건들의 결과일 뿐이다. 살아남기 위해서 나 자신을 보호하고 기분을 좀 더 괜찮게 만들어 주는 인생의 원칙을 만들어 냈지만 그 원칙들이 내가 진정 원하는 삶, 사랑하는 사람과의 관계와 가족을 이루는 것을 방해하고 있다는 것을 배웠다. 나의 장점에 초점을 맞추고 불안한 예측을 살펴봄으로써 나는 나에 대한 인식을 바꿀 수 있었다.

### 4. 나에게 가장 도움이 되지는 않는 생각, 원칙, 신념들을 찾았다면, 그것을 대신할 어떤 것을 찾았는가?

| | | |
|---|---|---|
| 나는 사랑 받지 못하는 사람이다. | ➡ | 나는 사랑 받는 사람이다. |
| 다른 사람들을 가까이한다면, 그들이 내가 얼마나 사랑 받지 못하는 사람인지 알고 나를 거부할 것이다. | ➡ | 다른 사람들을 가까이한다면, 내게 필요한 따뜻함과 애정을 얻을 것이다. 대부분의 사람들은 친절하게 나를 대할 것이고, 다른 사람들로부터 나 자신을 보호할 수 있다. |
| 만일 내가 필요한 것을 부탁한다면 나는 실망하게 될 것이다. | ➡ | 사람들에게 부탁하는 것은 그들이 나에게 필요한 사람이라는 느낌이 들게 하고, 그들과 더 가까워질 수 있게 해 준다. 그들은 나의 부탁을 들어주기 위해 힘쓸 것이다. |

### 5. 자신감을 키우기 위해 스스로에게 어떤 도움을 줄 수 있는가?

나의 새로운 원칙과 바텀 라인에 관한 표를 읽으면서 내가 배웠던 것을 철저히 주입시킬 것이다. 그것들이 진짜인 것처럼 행동하고 어떤 차이를 만드는지 보아라. 스스로 또 불안해지고 보호벽을 만들고 있다고 느껴지면, 내가 일어날지도 모른다고 걱정했던 것이 무엇인지 알아내기 위해 노력한다. 한발 물러나서 실현 가능성이 어느 정도인가를 평가하고 그것을 대체할 관점을 찾아본다.

자기비판을 조심한다. 그것은 오래된 습관이고 시작되기 전에 애초에 싹을 자를 필요가 있다. 긍정 노트를 계속 본다. 그건 몇 분밖에 안 걸리는 일이고 정말로 나에게 잘 작용한다. 여자들에게 좀 더 마음을 열고, 내가 정말 좋아하는 사람을 알기 위해 더 많은 노력을 해라.

### 6. 나의 위험 지대는 무엇인가?

내가 정말 좋아하고 가까워진 여자에게 거절당하는 것이나, 거절당할 것 같다고 걱정하는 것. 좋은 친구들과 멀어지는 것.

### 7. 좌절에 직면했을 때 나는 무엇을 할 수 있을까?

초기 경고 표시를 알아차린다. 자기비판과 불안한 예상, 보호 행동을 조심한다. 내가 움츠러들기 시작하고 다른 이들을 밀어내기 시작하는가? 문제가 있는 사람에게 마음을 열고 내가 어떻게 느끼는지 설명하라. 작업 표와 자신감 보호 계획, 책을 읽으면서 쓴 메모를 다시 읽고 내가 얼마나 많은 것들을 해냈는지 상기하고, 연습 활동을 다시 해 볼 수도 있다. 위험을 감수하고 여성과 가까워졌지만 관계가 잘 이루어지지 않는다고 해도, 내가 사랑 받지 못할 사람이기 때문이라고 단정짓지 않는다. 나 자신에게 좀 더 애정을 가지고 만약 내가 계속해서 어려움에 직면한다면 지금까지 해왔던 일들을 더 굳건히 하기 위해 상담 시간에 투자한다.

## 이 단원에서 꼭 숙지해야 할 것들

Essential take-home messages from this chapter

- **당신의 변화는 다른 사람에 대한 변화도 의미한다.** 그들의 도움과 지지를 요청함으로써 그들을 당신에게 가장 가깝게 두는 것은 자신의 새로운 방식이 순조롭게 이행되는 것을 도와줄 수 있다. 만일 그것이 불가능하다면, 계속해서 주변 사람들에게 보고하고 자신이 무엇을 하고 있는지와 그로써 당신이 행동하는 방식이 어떻게 변할지를 설명하라. 하지만 이를 계속 해 나가기 위해서 그들의 허락이나 인정이 반드시 필요한 것은 아님을 기억하라. 당신이 필요한 유일한 인정은 자신 안에서 나온다.

- **당신은 자신감 보호 계획이 필요하다.** 우리는 당신이 바쁜 삶을 살고 있고, 모든 시간을 자신감 북돋기 프로젝트에 쏟을 수는 없다는 것을 알고 있다. 하지만 몇몇 필수적인 유지법들을, 시간을 내어 매일의 일상에 끼워 넣을 방법을 생각해 볼 수 있겠는가? 자신에 대해 느끼는 것은 관계, 경력, 건강해지기 위한 동기 등 모든 부분에 영향을 미친다는 것을 기억하라. 7가지 중요한 질문에 대답하는 것은 당신을 위해 잘 적용할 전략을 생각해 내는 것을 도와줄 것이다.

- **만약 당신의 계획표를 사용하지 않는다면 잃어버리고 말 것이다.** 그렇다고 해서 쌓아 놓기만 하고 잊어버리거나, 자국이 생기게 아무렇게나 놓여 있게 두지는 마라. 이는 당신의 계획표가 중요하지 않다고 자신에게 얘기하는 것과 같다. 보관할 수 있는 플라스틱 통이나 봉투에 넣어서 안전하고 개인적이면서 손에 닿기 쉬운 책상 서랍이나 침대 옆 탁자와 같은 곳에 보관해 두어라.

- **차질을 예상하라.** 당신은 자신의 새로운 자신감을 즐기고 있고 벌써 그것이 자신의 삶에서 만드는 차이점을 볼 수 있을 것이다. 그래서 이제는 예전 방식으로는 결코 돌아가지 않을 것 같다고 느낄 것이다. 자신감 보호 계획에 매달리는 것은 이러한 감정이 지속하도록 하는 가장 좋은 방법이다. 하지만 일에 차질이 생기는 것을 완전히 피할 수는 없다. 미래를 완벽히 예측할 수 없고, 기대하지 못했던 것이 당신의 새로운 확신을 시험할 기회도 물론 있을 것이다. 만약 당신이 좋은 습관을 유지한다면, 난관을 극복할 수 있을 것이다. 자신감에 대한 모든 도전은 자기 자신에 대해 배우고 사람들과 얼마나 잘 어울리고 세상이 어떻게 돌아가는지를 배울 수 있는 값을 매길 수 없는 만큼 소중한 기회임을 기억하자.

### 교훈

만약 당신이 이 책에서 딱 한 가지 교훈을 얻을 수 있다면 '생각은 단지 생각일 뿐이다'라는 것이다. 이 말이 무엇을 뜻하는가? 비록 자신이 무언가를 강하게 믿을지라도, 그 생각이 반드시 사실이 되지는 않는다는 것이다. 어떤 생각은 그냥 단순히 잘못된 것이고 몇몇은 습관 그 이상이 될 수 없다. 당신의 생각은 당신이 아니고, 반드시 정확하거나 도움이 되는 것도 아니다. 생각하는 법을 변화시키는 것으로 정말 인생을 바꿀 수 있다. 연습과 노력을 통해 좀 더 생산적이고 도움을 줄 수 있는 방향으로 자신에 대한 관점을 바로잡아 보자. 그렇게 하면 결국에는 있는 그대로의 자기 자신을 받아들이고 감사할 수 있는 자신감을 갖게 될 것이다.